书法教育教学丛书

行书教程

XINGSHU JIAOCHENG

傅如明◎著

北京师范大学出版集团
BEIJING NORMAL UNIVERSITY PUBLISHING GROUP
北京师范大学出版社

图书在版编目(CIP)数据

行书教程/傅如明著. —北京：北京师范大学出版社，
2015.7

(中小学书法教师教学必备丛书)

ISBN 978-7-303-18795-9

Ⅰ.①行… Ⅱ.①傅… Ⅲ.①行书－书法－教学法－中
小学－师资培训－教材 Ⅳ.①G633.955.3

中国版本图书馆 CIP 数据核字(2015)第 071608 号

出版发行：北京师范大学出版社 www.bnupg.com
　　　　　北京新街口外大街 19 号
　　　　　邮政编码：100875

印　　刷：北京易丰印捷科技股份有限公司
经　　销：全国新华书店
开　　本：787mm×1092mm　1/16
印　　张：12.75
字　　数：208 千字
版　　次：2015 年 7 月第 1 版
印　　次：2015 年 7 月第 1 次印刷
定　　价：26.00 元

策划编辑：张洪玲　　　　　责任编辑：李轶斐
美术编辑：纪　潇　　　　　装帧设计：纪　潇
责任校对：陈　民　　　　　责任印制：李汝星

前　言

　　本书的编写目的是引导学书者形成正确的技法临摹与创作观念，探讨行书临摹与创作的基本技法，让学生通过理论知识的学习和可操作性的技法实践，创作出完整的有技术、有品位的行书艺术作品。同时，让读者学会欣赏行书，提高鉴赏能力和艺术素质。本书主要是为高等院校书法专业和非书法专业的学生学习行书而编写的教材，也可适应于书法爱好者作为入门学习使用。

　　本书重点突出以下两个方面：知识的系统化，本书系统介绍了行书的相关概念和历代行书发展的基本特点、书家及其作品，学生能够从概念到观念较为全面地了解行书的基础知识和发展脉络；技法训练实用性和可操作性，本书注重临摹与创作环节中实际动手操作能力的训练，结合具体范例解析技法，直观到位。在注重传统的同时鼓励创新，拓展视野，启发学生进行风格方面的探索，同时借鉴不同的艺术门类，使学书者时刻保持活跃的创作思想。

　　作者多年从事高校书法技法教学工作，积累了一定的教学经验。本书所涉及的内容主要是从一线教学实践中提炼总结而来的，经过实践检验，学生有所收益。当然也因为是一家之言，难免有所偏颇，或存在争议。同时能力有限，尚存不足和缺憾，诚恳地请读者多提意见，以便今后订正，致谢！

傅如明

2014 年 12 月

目 录

绪 论 ·· 1

上篇 理论部分

第一章 行书简述 ·· 5
第一节 行书的概念 ·· 5
第二节 行书的相关名称 ··· 6
第三节 行书的产生 ·· 6
第四节 行书的特点 ·· 8
第五节 行书技法教学 ·· 8
第二章 历代行书风格特点 ·· 9
第一节 以韵取胜的魏晋行书 ·· 9
一、汉魏之际行书及代表书家 ·· 9
二、魏晋时期行书及代表书家 ·· 10
三、王羲之及其行书 ··· 13
四、王献之及其行书 ··· 22
五、王珣及其行书 ·· 25
第二节 以秀美与法度并存的唐代行书 ··· 26
一、唐代行书发展概述 ··· 26
二、初唐行书代表书家及其作品 ··· 28
三、盛唐行书代表书家及其作品 ··· 35
四、晚唐行书代表书家及其作品 ··· 40
第三节 承上启下的五代十国行书 ··· 42
一、五代十国行书发展概述 ··· 42
二、杨凝式及其行书 ··· 42
第四节 尚意的宋代行书 ·· 44
一、宋代行书发展概述 ··· 44
二、宋代行书代表书家及其代表作品 ··· 49

第五节　复古的元代行书 ·· 60
　一、元代行书发展概述 ·· 60
　二、元代行书代表书家及其作品 ·· 63
第六节　流派纷呈的明代行书 ·· 69
　一、明代行书发展概述 ·· 69
　二、明代行书代表书家及其作品 ·· 72
第七节　多元取向的清代行书 ·· 86
　一、清代行书发展概述 ·· 86
　二、关于碑学与帖学 ··· 92
　三、清代行书代表书家及其作品 ·· 93
第八节　总述 ··· 101

下篇　技法部分

第三章　学习行书技法的相关问题 ·· 105
第一节　行行的艺术特征及学习行书的基本原则 ···························· 105
　一、行书的艺术特征 ··· 105
　二、学习行书的基本原则 ·· 106
第二节　学习行书的工具和材料 ·· 107
第三节　学习行书的方法与步骤 ·· 108
第四章　行书经典法帖释读与技法解析 ·· 110
第一节　《怀仁集王羲之圣教序》释读与技法解析 ······················· 110
　一、《怀仁集王羲之书圣教序》简介 ·· 110
　二、《怀仁集王羲之书圣教序》释读 ·· 111
　三、《怀仁集王羲之书圣教序》技法解析 ···································· 123
第二节　王羲之手札 ·· 148
　一、《姨母帖》 ··· 148
　二、《初月帖》 ··· 149
　三、《丧乱帖》 ··· 151
　四、《二谢帖》 ··· 152
　五、《得示帖》 ··· 154
　六、《频有哀祸帖》 ·· 155
　七、《孔侍中帖》 ··· 157
　八、《忧悬帖》 ··· 158

九、《平安》三帖 ··· 159

十、《寒切帖》 ··· 161

十一、《远宦帖》 ··· 163

十二、《快雪时晴帖》 ··· 164

第三节　王献之、王珣手札 ··· 165

　一、《廿九日帖》 ··· 165

　二、《十二月割至帖》和《中秋帖》 ··· 167

　三、王珣《伯远帖》 ··· 168

第四节　杨凝式《韭花帖》《卢鸿草堂十志图跋》 ····························· 170

　一、《韭花帖》 ··· 170

　二、《卢鸿草堂十志图跋》 ··· 172

第五节　米芾手札选临 ··· 173

　一、《清和帖》 ··· 173

　二、《张季明帖》《李太师帖》 ··· 175

　三、《临沂使君帖》 ··· 177

第六节　颜真卿《祭侄文稿》 ··· 177

第七节　苏轼《黄州寒食诗帖》 ·· 182

第五章　行书创作 ··· 185

第一节　行书创作意识 ··· 185

第二节　行书创作过渡 ··· 187

第三节　行书创作形式 ··· 189

绪　　论

　　篆、隶、草、行、楷是汉字的五种字体，行书是其中最常用的一种。自它产生之日起，由于其便捷、流美等特点，相较于其他书体，行书更实用、更快捷。

　　刘熙载《艺概》云："书凡两种：篆、分、正为一种，皆详而静者也；行、草为一种，皆简而动者也。"[①]这大体概括出字体的基本特点。行书不像楷书那样中规中矩、拘于守正，而是纵任奔逸、舒卷开合、潇洒灵动、随机应变。清代的张潮在《幽梦影》中说："楷书须如文人，草书须如名将，行书介于二者之间。如羊叔子缓带轻裘，正是佳处。"[②]正是因为如此，行书给书家留下了广阔的书写空间，成为在书法创作中看起来似乎容易、书写其实是最难也最具魅力的字体。

　　在中国的书法史中，王羲之的《兰亭序》、颜真卿的《祭侄文稿》、苏轼的《寒食诗帖》被后世称为"三大行书"，成为行书学习的典范。

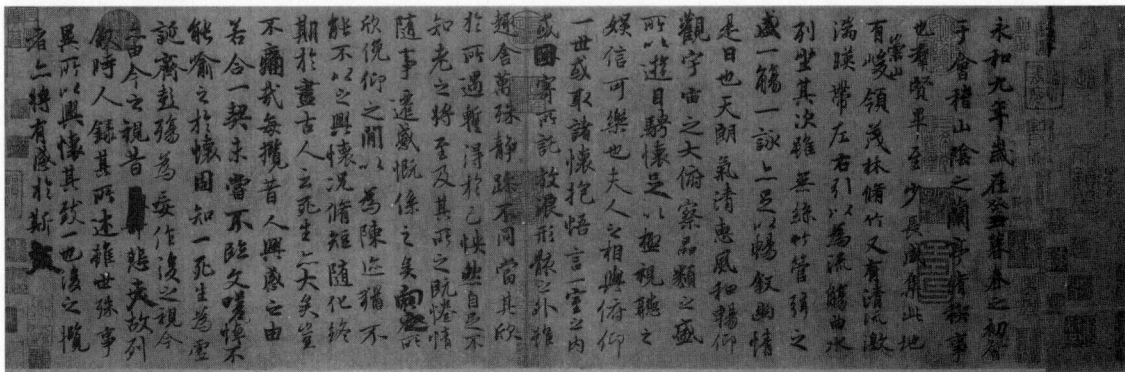

图 0-1　王羲之《兰亭序》

---

① （清）刘熙载《艺概》卷五。
② 张潮《幽梦影》，青岛出版社，2002 年，18 页。

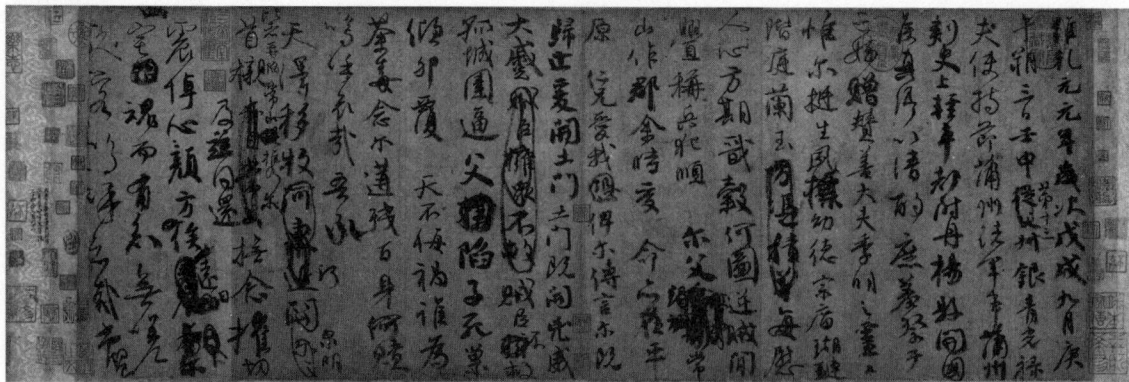

图 0-2　颜真卿《祭侄文稿》

图 0-3　苏轼《寒食诗帖》

　　对于初学者来说，看到图片，可能会产生疑问："三大行书"的艺术价值之高，已经得到后世的承认，但是对于初学者来说，文中有很多涂抹的痕迹，有些笔画写得很乱，有些字形看起来并不美观，为何还能称得上经典的"三大行书"？到底我们该怎样欣赏？行书何时出现？历经了怎样的发展，各个时代都有什么特点？有哪些代表书家？学习行书又该从哪里入手？如何循序渐进？如何创作一件满意的行书作品？如何从书法艺术的角度评判一件行书作品？带着这些问题，我们对行书发生发展进行简要的梳理，选取古代经典行书法帖，对其艺术特点及技法要素作以分析，以达到从理论到实践循序渐进地学习行书的目的，提高对古代经典行书的欣赏水平，学好行书，创作出有一定水平的行书作品。

上 篇

理论部分

第一章 行书简述

第一节 行书的概念

　　行书是介乎真书、草书之间的字体。它兼有楷、草两体的某些特色，① 既不像楷书那样中规中矩、森严工整，也不像草书那样点画勾连、结体省减。行书的点画书写灵活，将各种笔法熔为一炉，方笔、圆笔，中锋、侧锋，藏锋、露锋错综使用；结体比较自由，收放开合变化丰富，灵活化用篆、隶、楷、草诸体。总的来说，行书所包含的楷书和草书的笔法、结体特点多一些，故其概念也就比照着楷、草二体来描述。

　　唐虞世南《笔髓论·释行》云："行书之体，略同于真。"②

　　唐张怀瓘《书断》："即正书之小伪。务从简易，相间流行，故谓之行书。"③

　　唐张怀瓘《书议》云："夫行书，非草非真，离方遁圆，在乎季孟之间。"④

　　唐韦续《五十六种书并序》云："行书，正之小伪也。锺繇谓之行狎（xiá）书。"⑤

　　清刘熙载《艺概·书概》云："盖行者，真之捷而草之详。"⑥

　　……

---

　　① 欧阳中石、刘守安主编，何学森编著《行书津梁》，高等教育出版社，2001年6月第1版，1页。

　　②③④⑤⑥ 《历代书法论文选》，上海书画出版社，1979年10月第1版，112页，163页，148页，305页，668页。

第二节　行书的相关名称

古人把行书又称为行狎书。

羊欣《采古来能书人名》："锺有三体：一曰铭石之书，最妙者也；二曰章程书，传秘书、教小学者也；三曰行押书，相闻者也。三法皆世人所善。"①

蒋善国解释说："行书最初叫行狎书，也叫押书，押书就是署名的书。……署名古作亞，后假作押或狎，押是俗字。……行书又叫行押书，就是因为名书家锺繇用行书给人写信，自署名字的缘故。"②

张怀瓘《书议》云："兼真者，谓之真行；带草者，谓之行草。"③

项穆《书法雅言》云："似真而兼乎草者，行真也；似草而兼乎真者，行草也。"④

刘熙载《艺概·书概》云："行书有真行，有草行，真行近真而纵于真，草行近草而敛于草。"⑤

因此，现在对于行书的称呼一般分为两种：行楷（或称真行）和行草（或称草行），这是根据书写速度及简易程度来区分的。

第三节　行书的产生

从文字的发展来看，甲骨文、大篆、小篆、隶书，演进的脉络比较清晰，从隶书到草书、行书、楷书之间的关系则比较复杂。根据目前出土的大量简牍资料考察，行书萌芽可以追溯到西汉，正式产生的时间大体在汉末、魏晋之际。

史料上关于行书的记载，最早见于晋卫恒的《四体书势》："魏初，有锺（繇）、胡（昭）二家为行书法，俱学之于刘德升，而锺氏小异。"⑥

南朝羊欣《采古来能书人名》："刘德升善为行书，不详何许人也。颍

---

① 《历代书法论文选》，上海书画出版社，1979 年 10 月第 1 版，46 页。
② 《汉字形体学》，文字改革出版社，1959 年第 1 版，362—363 页。
③④⑤⑥ 《历代书法论文选》，上海书画出版社，1979 年 10 月第 1 版，148 页，526 页，687 页，15 页。

川锺繇，魏太尉，同郡胡昭，公车征。二子俱学于德升，而胡书肥，锺书瘦。"①

卫恒、羊欣及其他早期典籍的记述只是说明刘德升善写行书，并未将行书创造之功尽归于刘德升一人。

刘熙载《艺概》指出："世言汉刘德升造行书。而晋《卫恒传》但谓'魏初有锺胡二家为行书法，俱学之于刘德升'，初不谓行书自刘德升造也。"②

唐以后的书论将行书的滥觞归功于刘德升。

唐张怀瓘《书断·行书》："案行书者，后汉颍川刘德升所造也，即正书之小伪。""昔锺元常善行狎书也，尔后王羲之、王献之并造其极焉。""赞曰：非草非真，发挥柔翰，……刘子滥觞，锺胡弥漫。"③

郑杓、刘有定《衍极并注》云："曰行书，正之小变也，后汉刘德升所作。"④

其实，将行书的发明归功于一人，如同将小篆归功于李斯、隶书归功于程邈、楷书归功于王次仲、章草归功于杜度、草书归功于张芝一样，显然是不恰当的。王国维就认为："文字之形与势，皆以渐变，凡既有文字之国，未有能以一人之力创造一体者。"⑤但是可以说，刘德升在当时对于行书这种新兴的字体，进行了归纳总结并普及运用。

另外，值得注意的是，早期的行书包括在广泛意义上的"隶书"概念中。古书中的记载通常把这里的"隶书"理解为楷书，但根据史料的描述，我们应把其理解为楷书、行书更为合适。

《晋书·列传第五十》谓王羲之："及长，辩赡，以骨鲠称，尤善隶书。为古今之冠，论者称其笔势，以为飘若浮云，矫若惊龙。"这段话显然是在描述行书的特点。

宋代仍然把楷书、行书共同归入"隶书"之内。

《宋史·选举三》："书学生，习篆、隶、草三体；隶以二王、欧、虞、颜、柳真、行为法。"这里所说的隶显然是指楷书或者行书。

吕思勉《文字学四种》中认为："凡事皆合众力成之，本无创制之人，亦无创制之时可指也。"⑥根据目前的研究发现，行书的出现非一朝一夕，

①②③④　《历代书法论文选》，上海书画出版社，1979 年 10 月第 1 版，46 页，687 页，163—164 页，416 页。

⑤　王国维《史籀篇疏正序》，见《观堂集林》（一），中华书局，1959 年 6 月第 1 版，255 页。

⑥　《文字学四种》，上海教育出版社，1985 年第 1 版，142 页。

更非某一个人所能独创，而是发展到了一定时期，有人集中地做归纳整理工作，刘德升可能是其中的主要代表。

因此，我们可以这样认为：在隶变的过程中逐渐萌芽出行书的笔法，在快速的书写中萌芽出行书和楷书的基本笔画和结体。

第四节 行书的特点

行书用笔灵活多变，方笔、圆笔，中锋、侧锋，藏锋、露锋并用，点画之间连笔较多，篆、隶、楷、草诸体笔法皆可用于行书。

行书结体不像楷书那样森严工整，也不像草书那样点画勾连、结体省减、放纵不拘，其连写笔画可多可少，一字往往有许多种写法，潇洒灵活。

行书的章法安排较为自然随意，主要随着作者的性情，作品的内容等方面的变化而变化，体现作品形式的丰富性。

明项穆《书法雅言》云："真则端楷为本，作者不易速工；草则简纵居多，见者亦难便晓。不真不草，行书出焉。"①

第五节 行书技法教学

行书技法即行书的书写技术与方法，学书者主要是以古代经典行书法帖为范本，有选择地进行笔法、结体、章法的临摹，以达到能够进行自由创作的系统的技法训练过程。高等院校书法专业本科的行书技法教学课程主要是对古代经典行书法帖的临摹与创作的训练，它与篆书技法、隶书技法、楷书技法、草书技法教学构成了专业技法教学的主干课程，与书法史论教学并行。行书技法教学主要包括两个部分，一是理论教学，主题是行书的形成与风格演变；二是实践教学，主题是古典行书法帖的临摹与创作，其中，技法是主体，理论是辅佐，理论教学主要是为技法实践教学服务，通过对不同时代行书的发展及风格特点的理论分析，明确技法的时代特征，已达到"取法乎上"的目的。

---

① 《历代书法论文选》，上海书画出版社，1979 年 10 月第 1 版，148 页。

第二章 历代行书风格特点

　　行书自汉魏产生之后，便按照自身的特点向前发展而异彩纷呈。任何一段历史时期的书法发展都有贯穿始终的脉络和发展特点，前人曾经总结出一些富有哲理的话语：结字，晋人用理，唐人用法，宋人用意，不同的时期表现出不同的特征。

　　项穆认为："唐贤求之筋力轨度，其过也，严而谨矣；宋贤求之意气精神，其过也，纵而肆矣；元贤求性情体态，其过也，温而柔矣。期间豪杰奋起，不无超越寻常概观习俗风声，大都互有优劣。"①

　　不同时期的社会、政治、经济、文化，以至于审美都对于书法的发展产生一定的影响，并且形成了具有时代特征的风格特点。学习行书同样也需要对不同的时代取法即风格特点进行梳理，以便更好地把握行书的发展脉络。朱和羹《临池新解》谓："学书须先明源流，次谙法度，次明传习之异同。"②

第一节　以韵取胜的魏晋行书

一、汉魏之际行书及代表书家

　　汉魏是行书的形成期，对行书的了解主要见于文献记载。

　　根据史料记载，汉魏之际的代表书家有刘德升、锺繇、胡昭。

　　目前，我们已经看不到刘德升的书迹，只能凭借史书中的记载推断他的行书特点。

---

　　①②　《历代书法论文选》，上海书画出版社，1979 年 10 月第 1 版，512 页，731 页。

张怀瓘《书断·中·妙品》云："刘德升字君嗣，颍川人，桓灵之时，以造行书擅名，虽以草创，亦甚妍美，风流婉约，独步当时。"①

图 2-1 钟繇《贺捷表》

钟繇（151—230），字元常，颍川长社（今河南长葛）人。东汉时官尚书仆射，封东武亭侯，魏明帝时进太傅，封定陵侯。

胡昭（162—250），字孔明。颍川（河南禹县）人。

从钟繇的一些楷书作品比如《墓田丙舍帖》、《长风帖》来看，楷书中带有行书笔意，显得"古质"，张怀瓘《文字论》论曰："夫钟王真行，一古一今，各有自然天骨。犹千里之迹，邈不可追。②"

文献记载留下的是"胡书肥，钟书瘦"这么一个概念，我们现在并没有真正见到他们的行书真迹。

钟繇时代，"行书作为新兴的书体，笔法规范当然未遑建立，在这种情况下，对于当时行书权威钟繇来说，既然八分书最妙，隶书笔法自然精熟，作行书自然势必取隶书笔法。即使钟繇欲立行书笔法，亦难摆脱隶书笔法在书写习惯上的束缚"。③

汉魏时期，可见的书迹只限于一些残纸及器物上面的文字，这些书迹大多带有浓厚的隶书痕迹。《东汉永寿二年瓮题记》书于东汉永寿二年（公元 156 年），其上面的题记体势尚圆，笔势生动，行书气息较为浓厚。

图 2-2 《东汉永寿二年瓮题记》

二、魏晋时期行书及代表书家

魏晋时期，社会极度混乱，士人们为了避免复杂的斗争，纷纷遁迹山林，清谈玄学，雅好翰墨，从而在精神上获得了自由和解放。此时，造纸术已有相当的发展，藤纸和麻纸相继出现并且质地较好，长锋兔毫

①② 《历代书法论文选》，上海书画出版社，1979 年 10 月第 1 版，182 页，210 页。

③ 《中国书法全集》第 18 卷，荣宝斋出版社，2007 年 8 月第 1 版，18 页。

笔和鼠须笔也已出现，这些都为书法的发展提供了优厚的物质条件。同时，书法欣赏已经开始走向自觉并已成为当时士人们热衷谈论的话题。

明方孝孺《逊志斋集》云："晋、宋间人以风度相高，故其书如雅人胜士，潇洒蕴藉，折旋俯仰，容止姿态，自觉有出尘意。"①

晋代书法的最高成就之一表现在行书方面。

西晋（265—316）是行书继续演进时期。卫恒的《四体书势》云："魏初，有锺、胡而二家为行书法，俱学之于刘德升，而锺氏小异，然亦各有其巧，今盛行于世。"②说明当时的行书已经比较流行。

史料中对于卫瓘行书的描述可见当时行书的发展特点。羊欣在《采古来能书人名》中记载："觊（卫觊）子瓘字伯玉，为晋太保。采张芝法，以觊法参之，更为草藁。草藁是相闻书也。"③卫瓘集张芝与卫觊法为一体，"草藁"就是所谓的相闻书，与锺繇的行狎书是一类，实际上也就是后世所称的行书。由于真迹不见传世，所以卫瓘的行书面目到底是什么样的，我们也不得而知。

东晋（317—420）是行书发展的巅峰期。虞世南在《书旨述》中说："逮乎王廙、王洽、逸少、子敬，剖析前古，无所不工。八体六文，必揆其理，俯拾众美，会兹简易，制成今体，乃穷奥旨。"④上文中所谓的今体即指当时盛行的行书。在张怀瓘的《书断》中专门收录了王珉的《行书状》："邈乎嵩、岱之峻极，灿若列宿之丽天。伟字挺特，奇书秀出；扬波骋艺，余妍宏逸；虎蜦凤跱，龙伸蠖屈。资胡氏之状杰，兼锺公之精密；总二妙之所长，尽众美乎文质。详览字体，究寻笔迹，灿乎伟乎，如珪如璧。宛若盘螭之仰视，翼若翔鸾之舒翮。或乃放乎飞笔，雨下风驰，绮靡婉丽，纵横流离。"⑤经过王廙、王洽、王羲之、王献之、王珣等人的努力，东晋出现了清新简易的"新体"行书，除了上述所举的书家外，史书记载的书家还有卫铄、王导、庾翼、谢安等。

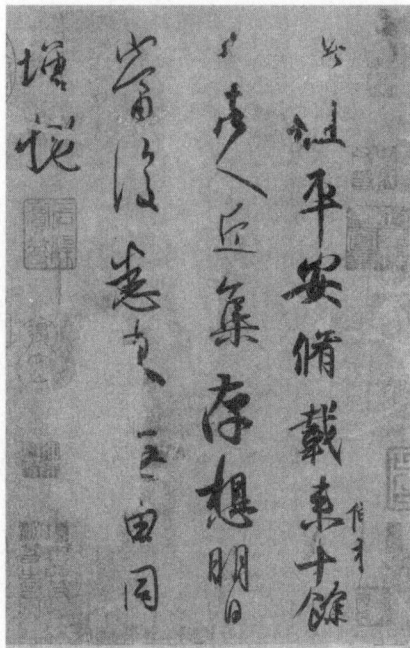

图 2-3 王羲之《平安帖》

---

① 《明清书论集》，上海辞书出版社，2011 年 5 月第 1 版，1689 页。

②③④⑤ 《历代书法论文选》，上海书画出版社，1979 年 10 月第 1 版，15 页，46 页，115 页，164 页。

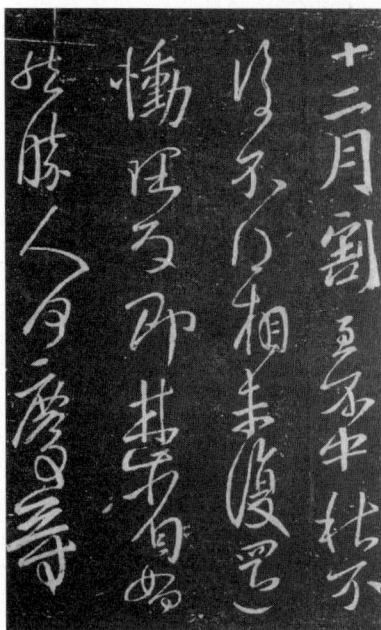

图 2-4　王献之《十二月割至帖》

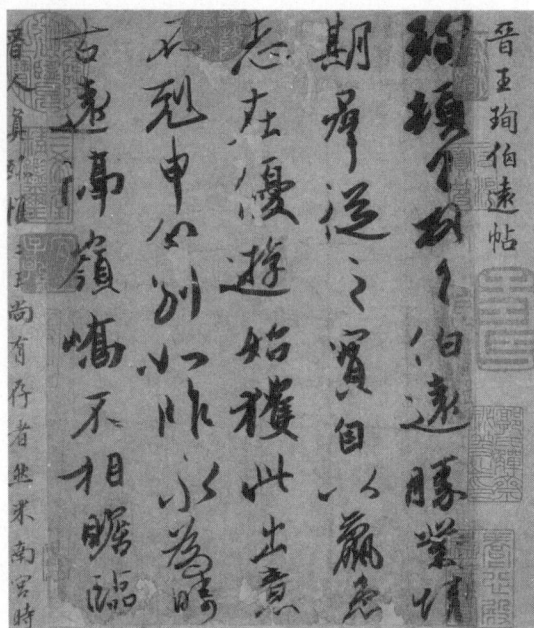

图 2-5　王珣《伯远帖》

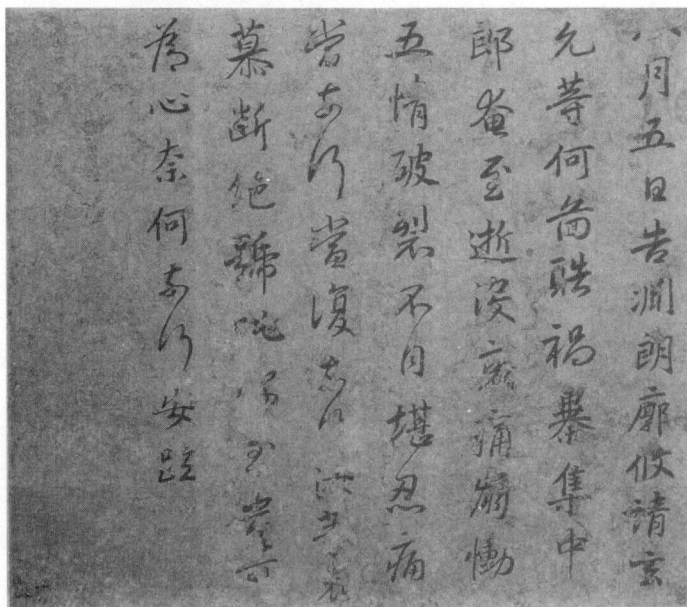

图 2-6　谢安《中郎帖》

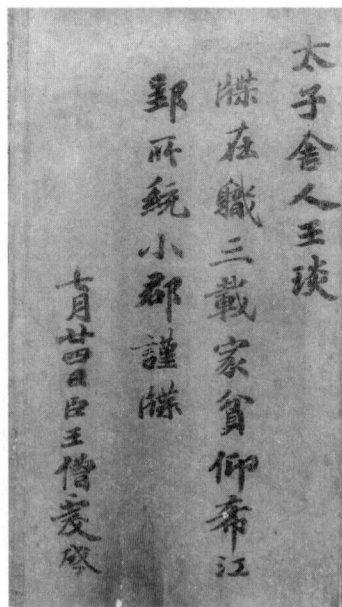

图 2-7　王僧虔《太子舍人帖》

　　南朝宋、齐之际推重王献之，梁、陈而下，因梁武帝之力，王羲之得到推崇。书风多笼罩在二王之下，代表书家有羊欣、薄绍之、王僧虔、王慈等。

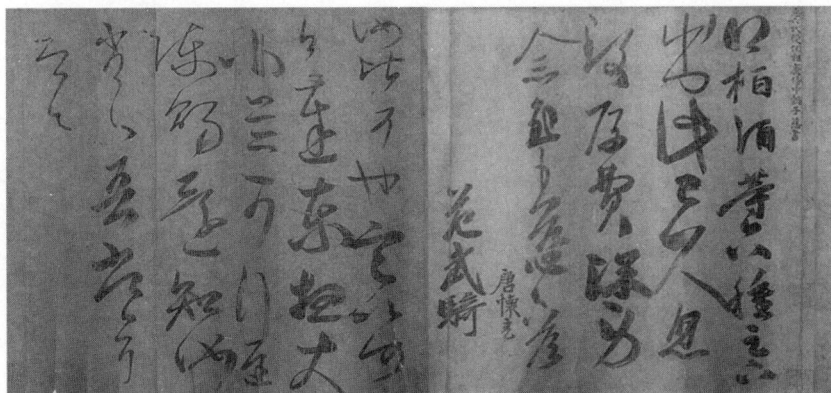

图 2-8　王慈《柏酒帖》

下面我们主要通过王羲之、王献之、王珣三位书家来介绍魏晋时期行书的发展特点。

三、王羲之及其行书

王羲之留下了千古绝唱《兰亭序》，遗憾的是今天只能看到唐代的摹本。唐代和尚怀仁花了 24 年时间集王羲之行书刻成的《怀仁集王羲之书圣教序》，被后世奉为圭臬。王羲之行书手札在唐武则天时期也被以响拓勾摹的办法留存下来。

（一）王羲之

王羲之（303—361）字逸少，山东琅琊人（今临沂），曾任秘书郎、右军将军和会稽内史，人称王右军。王羲之学书经历三个阶段：第一阶段，师从卫夫人，学习正楷；第二阶段，师从王廙，学习正楷和行书；第三阶段，学习锺繇、张芝书法。王羲之楷、行、草三体俱精，但是成就最大的是行书。据史载，他的书法作品有四百余件，但没有一件真迹流传下来，我们今天看到的王羲之的行书作品都是后人的摹本。

图 2-9　王羲之像

（二）王羲之的行书

王羲之的行书大致可分为三大类。

第一类是后人集王羲之的字而成的集字作品，最主要的代表作是《怀仁集王羲之书圣教序》，全称《唐释怀仁集晋右军将军王羲之书圣教序并记》。唐咸亨三年（公元672年）十二月立于长安大慈恩寺，由僧人怀仁花了24年的时间集王羲之行书而成，碑高315.3厘米，宽141.3厘米。原碑已断裂，现存西安碑林博物馆。另外一块集王羲之字碑是《兴福寺碑》，此碑又称《吴文碑》或《镇国大将军吴文碑》。继怀仁集王羲之行书而成"圣教序"后，开元九年（公元721年），僧人大雅又集王羲之行书刻成"兴福寺碑"，立于长安，徐思忠等刻字。碑高80厘米，宽103厘米。出土时仅存下半截，故称"半截碑"，此碑存

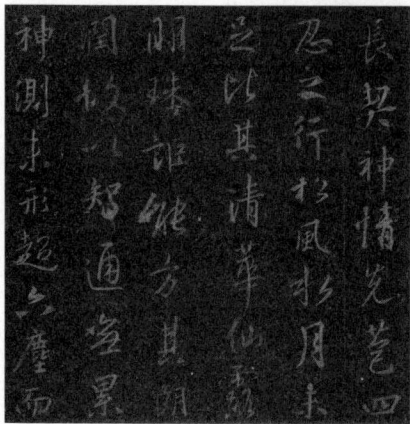

图 2-10　《怀仁集王羲之书圣教序》

35行，残存每行23、24、25字不等，中空3行，现存西安碑林博物馆。

第二类是行楷作品，代表作是《兰亭序》，严谨精到，真迹已失传。《兰亭序》是王羲之为永和九年于山阴会稽之兰亭雅集赋诗而写下的序，被后世喻为"天下第一行书"，成为千古绝唱。传至唐代，真迹不见，只留下了许多书家的摹本，其中流传下来的最好的是唐冯承素的摹本。

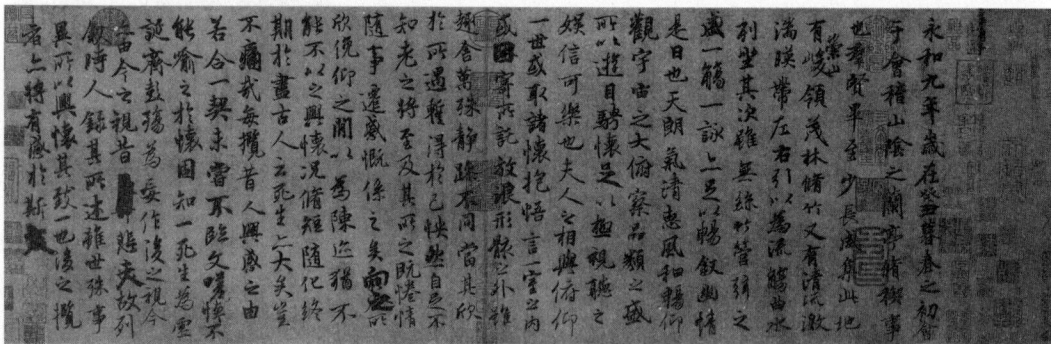

图 2-11　《兰亭序》

第三类为尺牍手札，是王羲之行书作品中数量最多的一类，著名的作品有：《姨母帖》《丧乱帖》《得示帖》《孔侍中帖》《平安帖》《奉橘帖》《频有哀祸帖》《初月帖》《妹至帖》《快雪时晴帖》《何如帖》等。每一个帖都具有不同的风格特点，其中《姨母帖》带有隶书意味，其他各帖则兼有草书意味，这些手札表现了王羲之早期行书的风貌。

另外，《淳化阁帖》卷六还收刻有王羲之行书《奄至帖》《日月帖》《昨得

帖》《奉告帖》《鲤鱼帖》《月半帖》《永兴帖》《四月廿三帖》。

王羲之行书的艺术特点：用笔圆转灵活而又平稳，笔法细腻，提按顿挫分明，行笔中速均匀，中侧锋并用；结字上因势生发，收放自如，开合有度，绝不雷同，字形妍美；章法上顺势取势，不激不厉，从容有节制，气韵生动。所以，王羲之的行书总体风格是醇厚典雅，具有中和之美。

王羲之对于行书发展的贡献在于他对于"古形"的改体，确立了后世所效法的行书的新面目。

1.《怀仁集王羲之书圣教序》

唐代僧人玄奘法师历尽千辛万苦，冒着生命危险去印度取经。他取经回归长安时，举国为之震动，太宗感动于玄奘艰苦取经的伟大精神，谓之"胜朝盛事"，对于他在佛学方面的成就，也极端推崇，于是在贞观十九年（公元 645 年）二月六日敕命他在长安弘福寺中，专门翻译梵经，并为其翻译的《瑜伽师地论》赐予序文，这便是《圣教序》的由来。

《圣教序》碑刻现在陈列在西安碑林博物馆。此碑螭首方座，高 315.3 厘米，宽 141.3 厘米，刻于唐高宗李治咸亨三年（公元 672 年）十二月。全文共 1904 字，其中包括唐太宗的序文及答敕，太子李治的一篇记及笺答，玄奘本人所译的

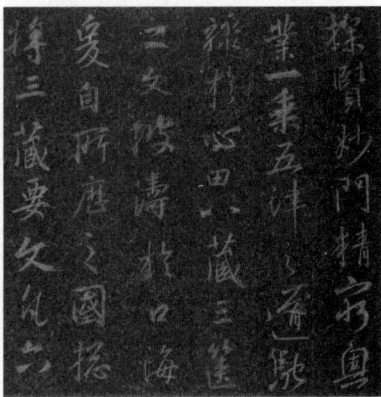

图 2-12　《怀仁集王羲之书圣教序》

《心经》三个部分。怀仁经过了长达 24 年的收集和拼凑、苦心经营，终成此碑。足见《圣教序》乃王羲之书法之集大成。

此碑摹刻颇为精到，广采王书之众长，注重变化和衔接，可以说是"圣帖"，每一个字都是从王氏书迹中精心挑选出来排列而成的，足以代表王羲之行书的精华，可称学习行书的最佳典范。目前所见的最早的拓本当为宋拓，字多肥大精美，笔锋使转处，既细如毫发，亦历历在目。王羲之墨迹后来逐渐散失，至明清仅存少数唐人的勾摹响拓本。王世贞云："《圣教序》虽沙门怀仁所集书，然从高宗内府借右军行书模出，备极八法之妙，真墨池之龙象，《兰亭》之羽翼也。"因此《怀仁集王羲之书圣教序》就显得弥足珍贵。

2.《兰亭序》

《兰亭序》书于永和九年（公元 353 年）三月初三，王羲之时任会稽太守，与谢安等四十二人在兰亭欢度上巳节，上巳节即以阴历三月上旬之巳日为节，后来固定在三月三日。此日在水边盥洗，名曰祓禊，据说可

驱秽纳吉。《兰亭序》即为这四十二人曲水流觞、饮酒赋诗之合集的序稿，王羲之以蚕茧纸，鼠须笔书就。此序通篇神采飞扬，可惜真迹不传，今仅见摹刻本。传《兰亭序》陪葬唐太宗李世民于昭陵，现在见到的《兰亭序》有临摹本和刻本两种，摹本以"神龙"居优，刻本以"定武"为佳。

神龙本《兰亭序》硬黄纸唐摹本，因钤有"神龙"二字长方形印，故名。元郭天锡跋云"此定是唐太宗朝供奉拓书人直弘文馆冯承素等奉圣旨于兰亭真迹上双摹"，后遂定为冯承素摹本。其次还有欧阳询、褚遂良、虞世南临本。定武本《兰亭序》传为欧阳询据真迹摹勒上石，因北宋庆历年间重见于定武（河北正定）而得名。《衍极》注云："独《兰亭》真本亡矣。世所传摹刻本极多，始唐太宗刻《兰亭》于石，石晋之乱，契丹自中原辇载宝货、图书而北。至真定，德光死，汉祖起太原，遂弃《兰亭》石刻于中山，士人李学究得之。韩忠献之守定也，李以墨本献公，公坚索之，李瘗之地中，别刻本呈公。李死，其子始摹以售人，世所谓定武本是也。"[①]

《兰亭序》各本皆互有得失，互有优劣，临习时多加体味。世人多以冯承素摹本为最佳范本。

3. 王羲之尺牍手札

(1)《万岁通天帖》

王羲之手札目前存世所能见到的大多是唐代的勾摹本，其中尤以武则天时期的《万岁通天帖》最为著名。

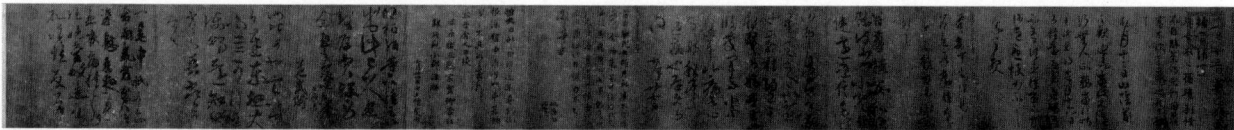

图 2-13　《万岁通天帖》

《万岁通天帖》或称《王氏一门书翰》，唐时称《宝章集》，宋岳珂《宝真斋法书赞》称作《万岁通天帖》。

武则天万岁通天二年（公元 697 年）王导十世孙王方庆献先祖二十八人书迹，武则天命人以双钩廓填本，双钩廓填本留在内府，原迹则赐还，称《万岁通天帖》。

今仅存七人十帖，现藏辽宁博物馆。分别是王羲之《姨母帖》《初月帖》，王荟《疖肿帖》《尊体安和帖》，王徽之《新月帖》，王献之《廿九日帖》，王僧虔《太子舍人王琰帖》，王慈《得柏酒帖》《汝比帖》和王志《喉痛帖》。

---

① 《历代书法论文选》，上海书画出版社，1979 年 10 月第 1 版，442 页。

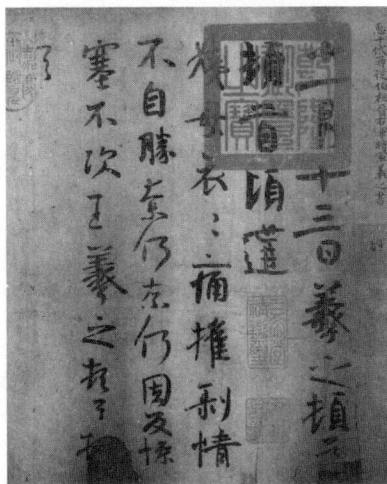
图 2-14　王羲之《姨母帖》

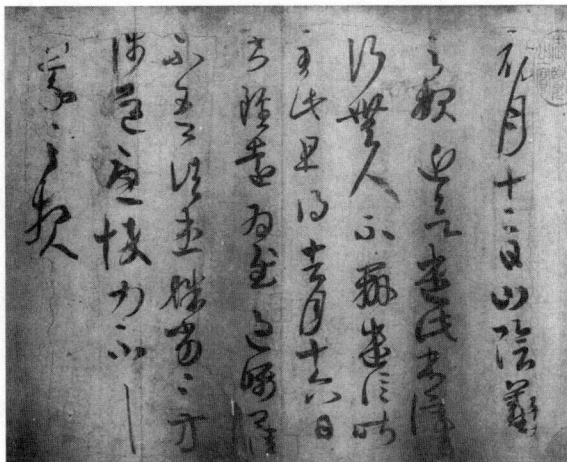
图 2-15　王羲之《初月帖》

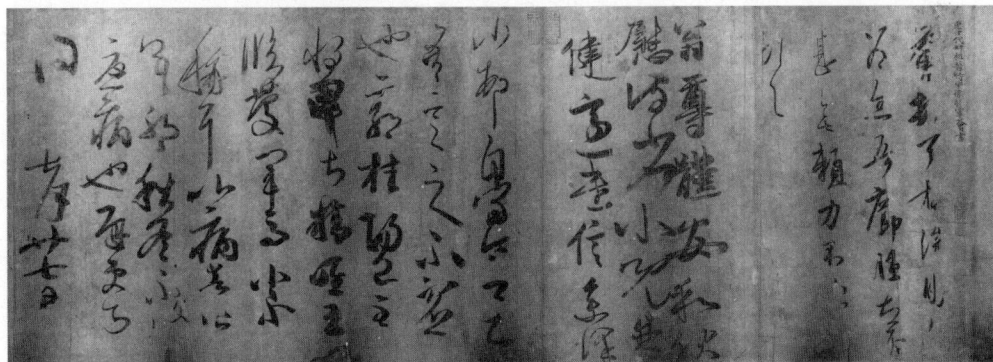
图 2-16　王荟《疖肿帖》《尊体安和帖》

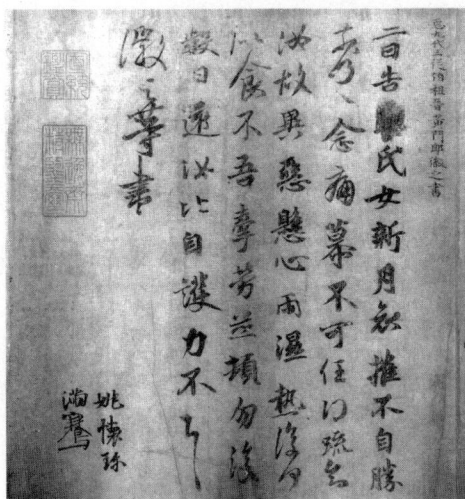
图 2-17　王徽之《新月帖》

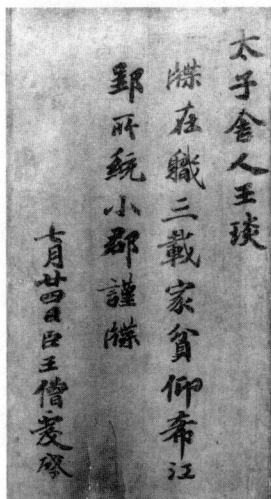
图 2-18　王僧虔《太子舍人王琰帖》

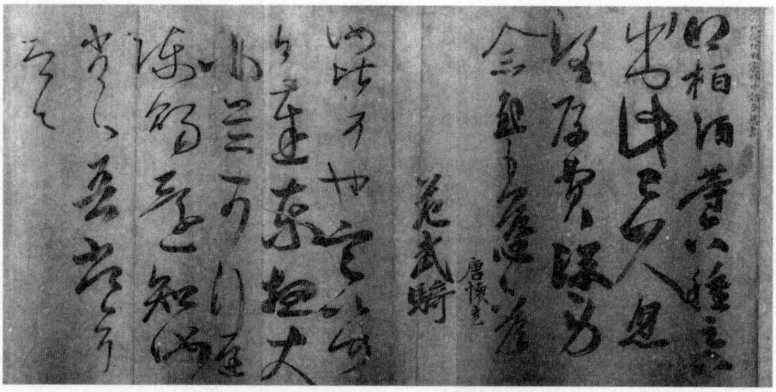

图 2-19　王慈《得柏酒帖》《汝比帖》

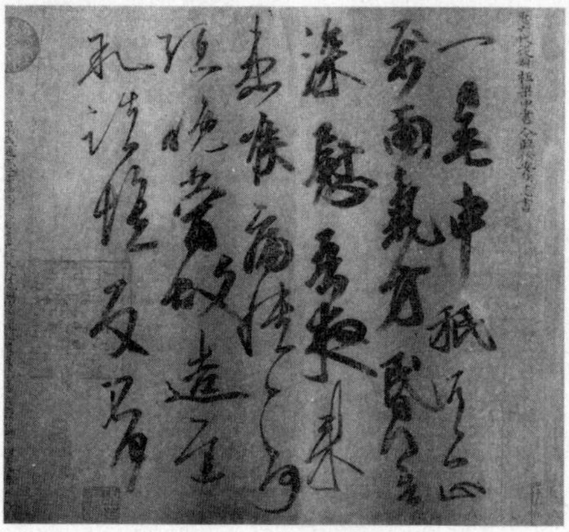

图 2-20　王志《喉痛帖》

　　启功《〈唐摹万岁通天帖〉书后》云："从书法艺术论，不但这卷中王羲之二帖精彩绝伦，即其余各家各帖，也都相当重要。……自晋以下，南朝书风的衔接延续，在王氏门中，更可看出承传的紧密。在这卷中，王荟、王慈、王志的行草，纵横挥洒，《世说新语》中所记王谢名流那些倜傥不群的风度，不啻一一跃然纸上。"①

　　(2)《快雪时晴帖》等手札

　　《快雪时晴帖》麻纸墨迹，4 行 28 字，现藏台北故宫博物院。《快雪时晴帖》，清高宗认为"天下无双，古今鲜对"，并在帖后跋语"龙跳天门，虎卧凤阙"，与《中秋帖》《伯远帖》同置"三希堂"，称为"三希堂法帖"。此帖风格主要是行楷。

　　《平安》《何如》《奉橘》三帖共摹一纸，硬黄纸唐摹，现藏台北故宫博物院。此三帖书法风格接近。

———————————

　　①　《启功书法论丛》，文物出版社，2003 年 12 月第 1 版，44 页。

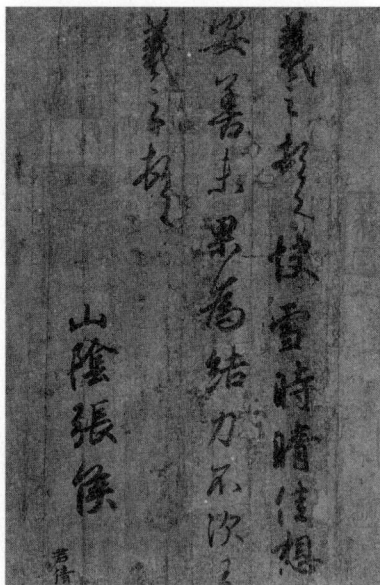

图 2-21 王羲之《快雪时晴帖》

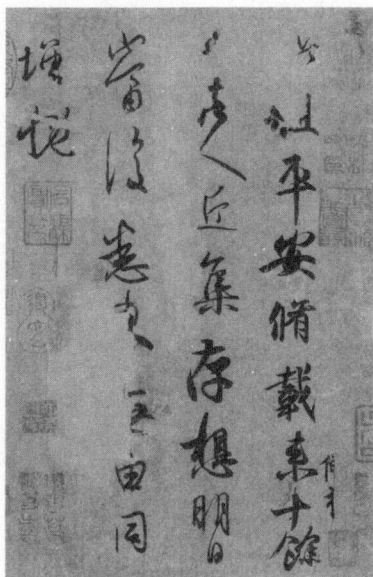

图 2-22 王羲之《平安帖》

图 2-23 王羲之《何如帖》

图 2-24 王羲之《奉橘帖》

《孔侍中帖》《频有哀祸帖》合裱于一卷，唐摹，藏于日本东京前田育德会。《孔侍中帖》后半部分以"忧悬"开头，风格与前文有别，故又被称为《忧悬帖》。

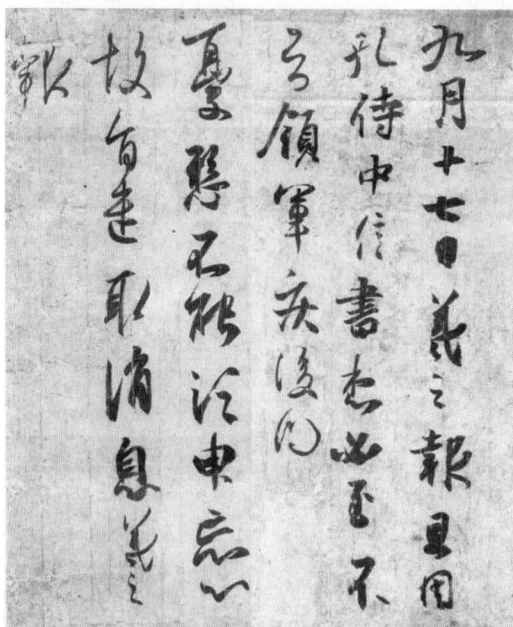

图 2-25　王羲之《孔侍中帖》

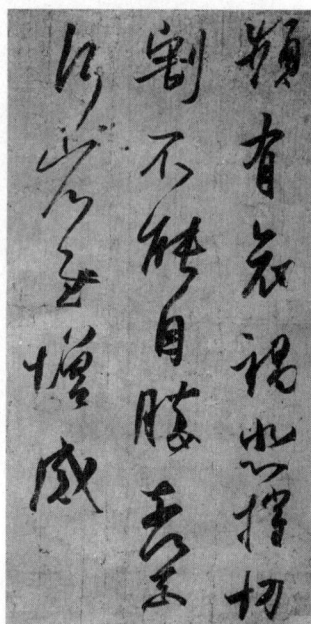

图 2-26　王羲之《频有哀祸帖》

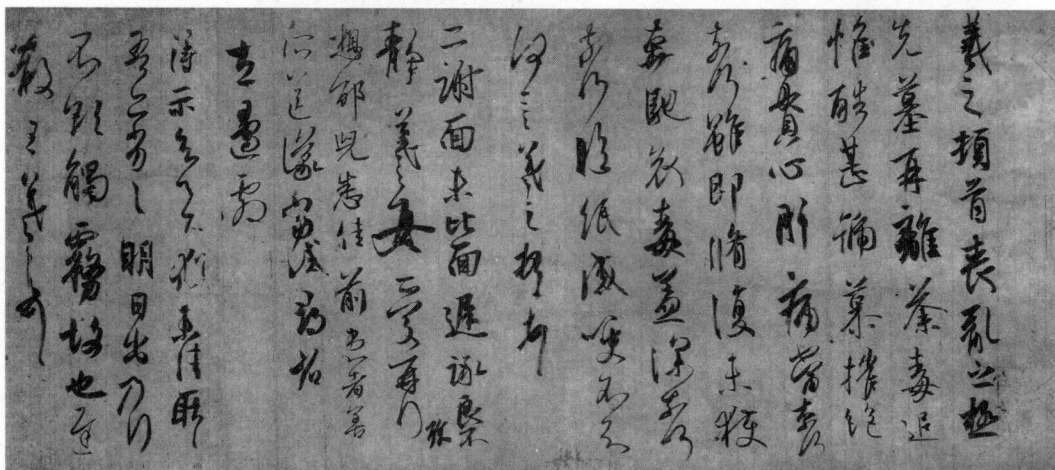

图 2-27　王羲之《丧乱帖》

　　《丧乱》《二谢》《得示》三帖连于一纸，唐钩填本，藏于日本皇室。《丧乱帖》"之极"二字右有"僧权"押署之左半，可见所据原本曾经梁内府徐僧权鉴藏。《二谢帖》"良不"二字左侧有小字"珍"，似摹梁姚怀珍押字。《得示帖》，4 行 32 字。

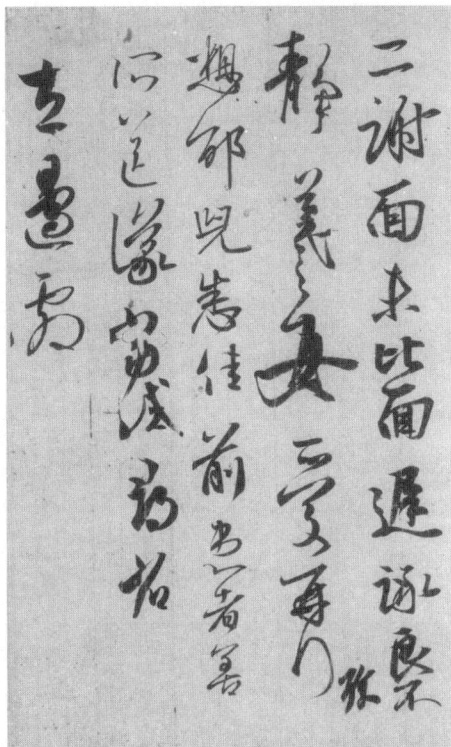

图 2-28　王羲之《二谢帖》

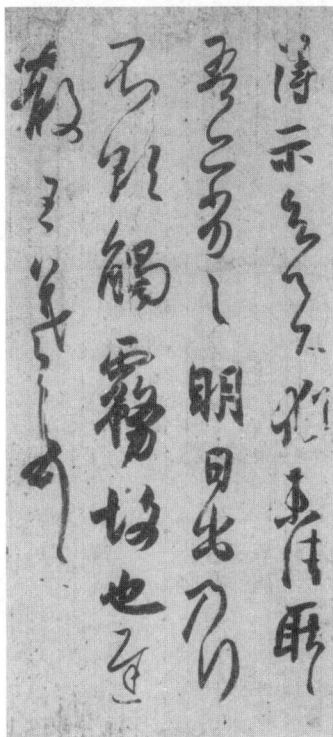

图 2-29　王羲之《得示帖》

《寒切帖》又名《谢司马帖》《廿七日帖》，纸本，现藏天津艺术博物馆。帖上有梁代徐僧权押署，曾入南宋内府，并刻入《淳化阁帖》《大观帖》《宝贤堂》等丛帖，流传有序。王玉池先生认为，此帖是王羲之晚年书法达到高峰时最好的一件作品，可以窥见最接近王羲之原貌的书法风采。

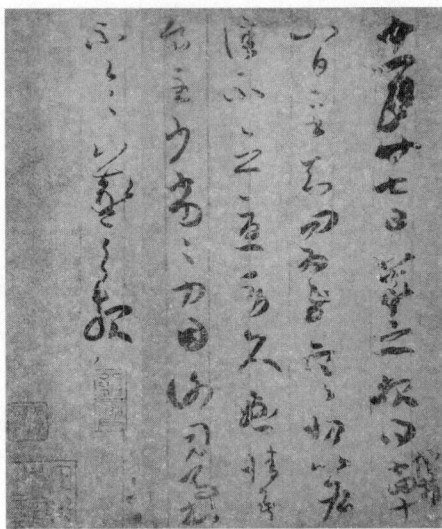

图 2-30　王羲之《寒切帖》

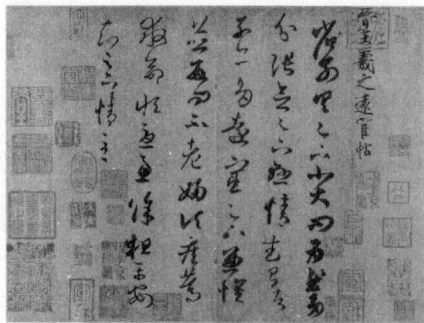

图 2-31　王羲之《远宦帖》

《远宦帖》又名《省别帖》，纸本，现藏台北故宫博物院。刻本收入《淳化阁帖》《十七帖》等丛帖。《宣和书谱》著录。此帖是王羲之存世墨本中艺术性甚高并且收信人及书写时间大致可考的书帖之一，颇为世重。启功先生认为："《远宦帖》是唐摹善本，因勾摹精细，转折锋芒毕现。"

四、王献之及其行书

（一）王献之

王献之（344—386）字子敬，小字官奴，王羲之第七子。官至中书令，人称王大令。王献之与其父齐名，所以合称"二王"。王献之学书师承其父王羲之，而又有创新。他学习书法很刻苦，有一次，王羲之在其身后，趁其不备拔其笔杆不脱，因而感叹地说："此儿后当有大名。"这则故事，我们往往将其引为捏笔宜紧的例证，但实际上，他的着意处不在王献之的执笔，而在于他学习书法时的专心致志。

（二）王献之行书

王献之行书偏于行草，用笔外拓，中锋圆笔，以筋胜，王羲之偏于行楷，用笔内擫，棱角分明，以骨胜。在王羲之逝世以后到南齐之间的大约一百年的时间里，世人看重王献之书法，像王僧虔、羊欣等书家便是王献之书法的极力推崇者，因而在这一百多年的时间里，王献之的地位高于王羲之。

羊欣《采古来能书人名》："王献之。晋中书令，善隶藁，骨势不及父，而媚趣过之。"[①]

唐代张怀瓘《书议》说："夫行书，非草非真，离方遁圆，在乎季孟之间。兼真者，谓之真行；带草者，为之行草。子敬之法，非草非行，流便于草，开张于行，草又处其间……有若风行雨散，润色开花，笔法体

---

① 《历代书法论文选》，上海书画出版社，1979 年 10 月第 1 版，47 页。

势之中，最为风流者也。"①这种风格，被后人称为"一笔书"。

王献之的传世行书作品有：《鸭头丸帖》《十二月帖》《中秋帖》（传米芾临本）《地黄汤帖》《东山帖》（传米芾临本）等。

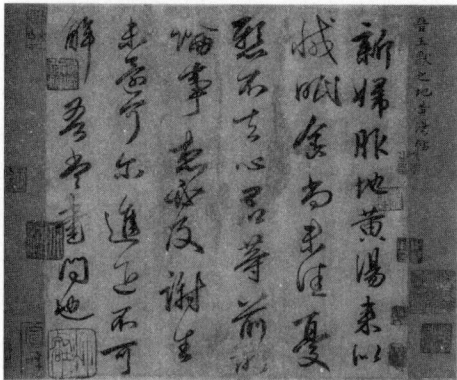

图 2-32　王献之《地黄汤帖》

图 2-33　王献之《东山帖》

王献之的《十二月帖》被米芾称为"天下子敬第一帖也"。传为米芾临王献之的《中秋帖》取自于《十二月帖》，此帖为"三希"之一。

（三）王献之行书法帖《鸭头丸帖》《十二月帖》艺术特点

1.《鸭头丸帖》

《鸭头丸帖》，绢本，行草书，纵 26.1 厘米，横 26.9 厘米，2 行 15 字，系王献之给友人的便札。此帖历代流传有序，首先是经过北宋徽宗内府收藏，钤有"政和""宣和"玺及朱文双龙小玺。元代文宗时期印一枚"天历之宝"，后有虞集"天历三年正月十二日"奉敕跋一则，还有明代王肯堂、董其昌和清代周寿昌题跋。《宣和书谱》、董其昌《画禅室随笔》、陈继儒《妮古录》、吴其贞《书画记》、卞永誉《式古堂书画汇考》等均有著录。

"鸭头丸"为一药丸，有利尿消肿之功效，唐代王焘的《外台秘药》、明代李时珍的《本草纲目》等医书均有记载。

此帖用笔开拓跌宕，情驰神纵，流美清秀，无一点尘俗之气。用墨枯润有致，燥润相杂，以润取妍，以燥取险。全帖蘸墨两次，一次一句，墨色都由润而枯，由浓而淡，层次

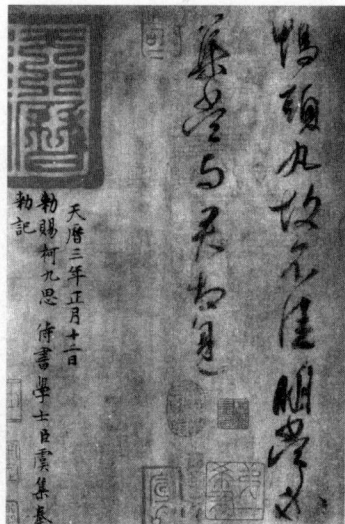

图 2-34　王献之《鸭头丸帖》

---

① 《历代书法论文选》，上海书画出版社，1979 年 10 月第 1 版，148 页。

分明，从而展现出全帖的节奏起伏和气韵自然变化。《鸭头丸帖》墨采飞动，气势充沛，上下笔笔相连，就是其中有不连笔的字，而笔势仍相衔接，可以看到前后呼应的笔意和笔法上的丰富变化。王献之的"一笔书"，并非是要通篇一笔写完，而是指笔断处意不断，甚至在换行的时候都不间断，所谓一气呵成。吴其贞《书画记》称为"书法雅正，雄秀惊人，得天然妙趣，为无上神品也"。

2.《十二月帖》与《中秋帖》。

《十二月帖》，《宝晋斋法帖》拓本，5 行，32 字。上海图书馆藏。此帖墨迹本曾为米芾收藏，并摹刻上石。米芾卒后，《十二月帖》入内府，此后不知踪迹。南宋咸淳四年（公元 1268 年），曹之格搜旧石重刻于《宝晋斋法帖》。

米芾收藏的当为黄麻纸本，《书史》云："《十二月帖》黄麻纸。辞云'十二月割至不？中秋，不复不得相，未复还，恸理为即甚，省如何。然胜人何庆等大军'。下一印曰'铎书'是唐相王铎印；后有君倩字；前有绢小帖，是褚遂良题，曰'大令十二帖'。此帖连笔如火著画灰，连属无端末，如不经意，所谓'一笔书'。天下子敬第一帖也。元与《快雪帖》相连……"

《十二月帖》蕴含质朴，又简易流畅，为献之妍丽新体的代表作。

《中秋帖》墨迹。4 行，22 字。北京故宫博物院藏。较《十二月帖》拓本少 10 字，而体势有差异。吴升《大观帖》认为"为米元章所临无疑"。

《中秋帖》笔势连绵，一气呵成，如行云流水，虽传为米芾所临，体现了王献之行草书的神韵。

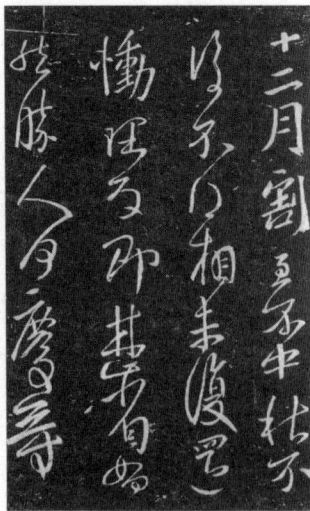

图 2-35　米芾《十二月帖》

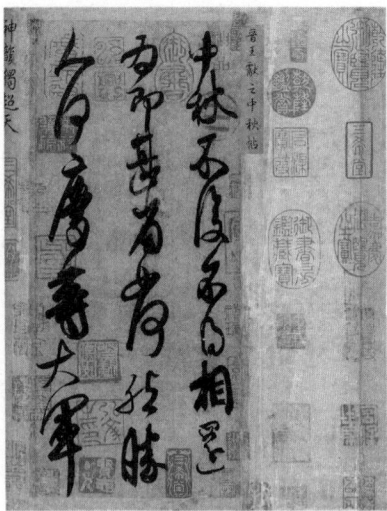

图 2-36　王献之《十二月帖》

五、王珣及其行书

（一）王珣

王珣（350—401）字元琳，小字法护，琅琊临沂人。王导孙，王洽子，官尚书令等。卒谥穆献。王珣富于才学，雅好典籍，以词翰著称，深受晋孝武帝司马曜（373—396 年在位）重用。他尝梦人以如椽大笔相赠，醒后云："此当有大手笔事。"不久皇帝驾崩，哀册谥议皆为王珣草拟。后世所谓的"大手笔"者即由此来。

王珣神情朗悟，风流倜傥，善行草书。传世作品有《伯远帖》。

（二）《伯远帖》

《伯远帖》，5 行 47 字，现藏北京故宫博物院，为"三希"之一。此帖是王珣问候亲友疾病的一通信札，"伯远"是王珣从兄弟王穆表字。此帖笔墨犹新，纸坚洁而笔飞扬，脱尽王氏习气，据说是目前仅存的魏晋真迹。由此可以窥见晋人法意，知其锋颖出入之所趋，又可摩挲北魏字势开张之由来。《伯远帖》通篇用笔精熟，疏朗飘逸，以方笔为多，行笔干净利索，自然流畅，俊丽秀雅。结字张弛随意、顾盼揖让、潇洒自如，有自然沉着之气，为早期行书典范之作。从平和的文字中我们可以洞窥到东晋一代的"尚韵"书风，表明魏晋时期的审美理想、审美趣味是和当时的社会风尚有密切关联的。

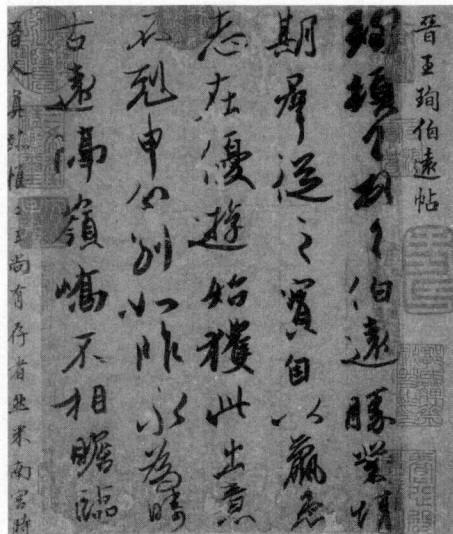

图 2-37　王珣《伯远帖》

明代董其昌跋曰："珣书潇洒古淡，长安所见墨迹，此为尤物，足见东晋风流。"

清高宗弘历还在《伯远帖》上题跋褒扬，于空白处补绘树石，现仍藏在养心殿三希堂。1911 年至 1924 年溥仪出宫以前，《伯远帖》《中秋帖》曾藏在敬懿皇贵妃所居的寿康宫，溥仪出宫之时，敬懿皇贵妃将此帖带出宫，后流散在外。1950 年周恩来总理指示将《伯远帖》《中秋帖》购回，交故宫博物院收藏。此帖曾经公开展览，并已影印出版。

第二节　以秀美与法度并存的唐代行书

一、唐代行书发展概述

　　唐代楷书是中国书法发展史上的一个高峰，行书也继魏晋之后又有了丰富的继承与发展。

　　唐代社会，政治、经济、文化全面走向繁荣。唐代行书的发展主要表现在两个方面：一方面是传承王羲之书风，以虞世南、欧阳询、褚遂良、陆柬之和柳公权等为代表，尊崇法度，表现了唐代的"尚法"风尚，所作多呈规范化。另一方面是以李北海、颜真卿为代表，走的是一条创新求变的道路。

　　唐代初期，唐太宗李世民重视书法，设弘文馆，命欧阳询、虞世南传授楷法，"出禁中书法以授之"；在国子监设书学博士，并把书法作为铨选官吏的重要条件之一；极力推崇王羲之书法。唐初行书主要笼罩在"二王"书风之下，李世民对于王羲之书法的提倡主要表现在：第一，亲自为王羲之写传，在《王羲之传论》中，李世民比较了锺繇、王羲之、王献之的书法以后，得出结论说："锺繇虽擅美一时，亦为迥绝，论其尽善，或有所疑。……献之虽有父风，殊非新巧。观其字势疏瘦，如隆冬之枯树；览其笔踪拘束，若严家之饿隶。……所以详察古今，精研篆、素，尽善尽美，其惟王逸少乎！"①李世民尊羲抑献，主要的原因在于王羲之书法更合乎传统的审美范畴——中和。第二，广泛搜罗王羲之的书法，派书法家鉴定真伪，对真迹响拓临摹，然后把临摹品分赐朝中大臣。我们今天看到的《兰亭序》的摹本就有冯承素摹本、褚遂良摹本、虞世南摹本等多种。第三，撰《圣教序》，由怀仁汇集王羲之字迹，摹刻上石，这就是著名的《集王圣教序》帖。《集王圣教序》帖可谓是集字之祖帖。第四，李世民写有一手飘逸的具有王羲之行书风格的行书，留下了《晋祠铭》《温泉铭》，这对于推广王羲之的书法起到了积极的作用。正是因为李世民以帝王之力推广王羲之的书法，所以，唐代掀起了一股研究王羲之书法的热潮，出现了两通集王行书刻碑：《怀仁集王羲之书圣教序》《兴福寺碑》，

---

　　① 《历代书法论文选》，上海书画出版社，1979 年 10 月第 1 版，122 页。

形成了以虞世南、欧阳询、褚遂良、李世民、陆柬之等为代表的学习王羲之书风的行书家。

盛唐时期，天下太平，唐玄宗喜好丰肥，书法也呈现出盛世气象，书风一改唐初宗王之瘦劲飘逸而崇尚丰肥，出现了李北海、颜真卿、苏灵芝等趋附时主之好的书家，形成独特的行书风格。此时的代表书家：李北海、颜真卿、徐浩等。其次李隆基、鉴真、李白、徐浩、怀素、张从申等也都有行书代表作品传世。

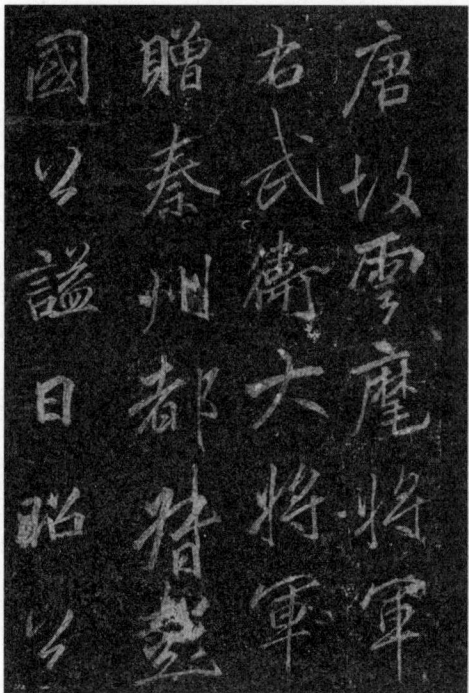

图 2-38　李邕《云麾将军帖》　　图 2-39　颜真卿《祭侄文稿》局部

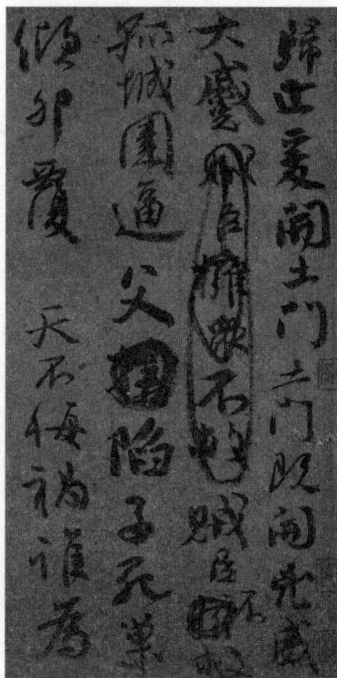

晚唐时期，大势已去，国家衰乱，书风一反肥腴之气，回归初唐而尚清劲。代表书家有柳公权、杜牧等。

唐代行书在整体风格上，更显浑穆郁状、雄强豪迈。晋人行书重风神，潇洒秀逸，气韵生动；唐人行书重气势，法严力果，韵趣稍差。晋人行书中侧锋并用，点画常有团块面积感，唐人行书用笔多中锋，笔势有较强的流动感。康有为认为唐代是书法用笔的一大转折，"约而论之，自唐为界，唐以前之书密，唐以后之书疏……唐以前之书纵，唐以后之书敛"。[①]

---

① 《历代书法论文选》，上海书画出版社，1979 年 10 月第 1 版，837 页。

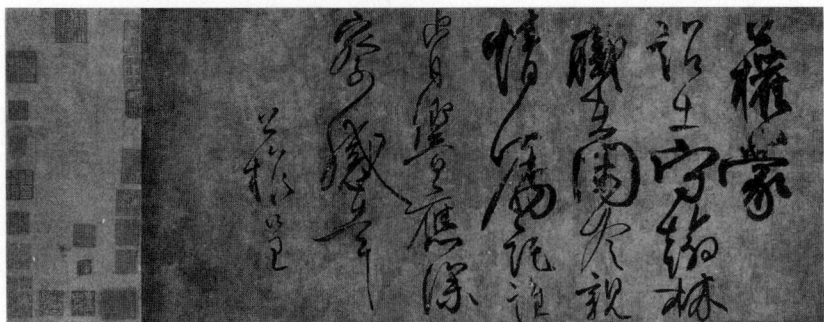

图 2-40　柳公权《蒙诏帖》

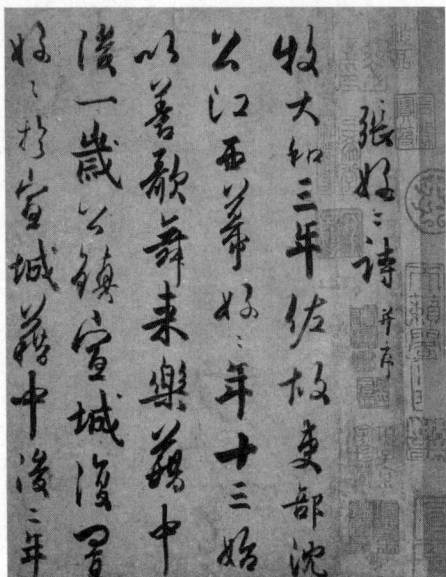

图 2-41　杜牧《张好好诗》

二、初唐行书代表书家及其作品

初唐行书主要宗法二王，却又有所变化，代表人物主要有：欧阳询、虞世南、李世民、陆柬之、褚遂良等。通过对他们行书特点的分析，基本上可以梳理出唐初行书发展的大体脉络。

1. 欧阳询

欧阳询（557—641）字信本，潭州临湘（湖南长沙）人。隋时官至太常博士，唐时封为太子率更令，也称"欧阳率更"。欧阳询楷书法度之严谨，笔力之险峻，世无所匹，被称为唐人楷书第一。他与虞世南俱以书法驰名初唐，并称"欧虞"，后人以其书于平正中见险绝，最便初学，号为"欧体"。

他的正楷笔力险劲，结构独异，其源出于汉隶，骨气劲峭，法度谨严，于平正中见险绝，于规矩中见飘逸，笔画穿插，安排妥帖。张怀瓘《书断》称："询，八体尽能，笔力劲险，篆体尤精……飞白冠绝，峻于古人，有龙蛇战斗之象，云雾轻浓之势，风旋电激，掀举若神。真行之书，虽于大令亦别成一体，森森焉若武库矛戟，风神严于智永，润色寡于虞世南。其草书迭宕流通，视之二王，可为动色；然惊其跳骏，不避危险，伤于清雅之致。"①

欧阳询的行书作品目前可见数种：墨本《张翰思鲈帖》《仲尼梦奠帖》《卜商读书帖》；刻本《汉文时帖》《殷纣帖》《度尚帖》《劳穆公帖》，各帖书风相近。

《张翰思鲈帖》也称《季鹰帖》，唐、宋间麻纸墨本。此帖的书法特点是字体修长，笔力刚劲挺拔，风格险峻，精神外露。有宋徽宗赵佶瘦金书题跋一则，评此帖"笔法险劲，猛锐长驱"，并指出欧阳询"晚年笔力益刚劲，有执法面折庭争之风，孤峰崛起，四面削成"。这段评语对我们欣赏《张翰思鲈帖》以及其他欧体书的作品都是极为重要的。

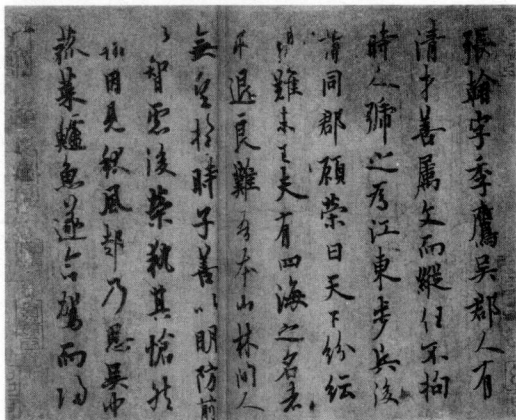

图 2-42　欧阳询《张翰帖》

《梦奠帖》墨迹纸本，无款，现藏辽宁历史博物馆。此帖用墨淡而不浓，且是秃笔疾书，转折自如，无一笔不妥，无一笔凝滞，上下脉络映带清晰，结构稳重沉实，运笔从容，气韵流畅，体方而笔圆，妩媚而刚劲。在章法上与其他各帖有所不同，它在行距略微拉开距离的同时，也拉开了字与字之间的距离，这为行书布白创立了一种新格式，五代的杨凝式和明代的董其昌发展了这种章法布局，这是欧阳询对于行书章法的一大贡献。

图 2-43　欧阳询《梦奠帖》

---

① 《历代书法论文选》，上海书画出版社，1979 年 10 月第 1 版，191 页。

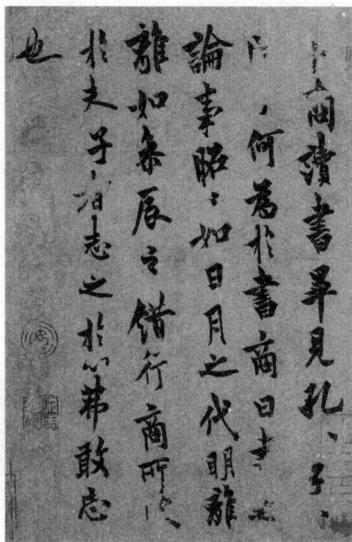

图 2-44　欧阳询《卜商读书帖》

《卜商读书帖》为唐、宋间纸摹墨迹本，墨色浓黑，现藏北京故宫博物院。从书法上看，笔法严谨又不失生动气韵，点画的起止处强化方切、硬折，吸收了北碑的特点，欧阳询晚年将北碑用笔特点融于二王书风，而兼容南北正是"欧体"独到之处。此帖的基本特征是用笔颇有碑味，结构呈长形，并且左收右放。

2. 虞世南

虞世南（558—638）字伯施，浙江余姚人。隋大业初授秘书郎。入唐，太宗引为秦府参军，弘文馆学士。贞观七年（公元 633 年）转秘书监，赐爵永兴县子，授银青光禄大夫，世因称"虞秘监"或"虞永兴"。唐大宗尝称其有德行、忠直、博学、文辞、书翰五绝，誉为"当代名臣，人伦准的"，谥文懿。《旧唐书》卷七十二及《新唐书》卷一百零二之本传云："世南性沉静寡欲，笃志勤学。……同郡沙门智永善王羲之书，世南师焉，妙得其体，由是声名藉甚。"虞世南书法继承二王传统，外柔内刚，笔致圆融冲和而有遒丽之气。与欧阳询、褚遂良、薛稷并称唐初四大书家。李嗣真《书后品》列其书为上之下品，评云："萧散洒落，真草惟命，如罗绮娇春，鹓鸿戏沼，故当（萧）子云之上。"①《书断》卷中列其行书为妙品，称其书"得大令（王献之）之宏规，含五方之正色，姿荣秀出，智勇存焉。秀岭危峰，处处间起；行草之际，尤所偏工。及其暮齿，加以遒逸"。②《宣和书谱》卷八认为世南晚年正书与王羲之相后先，又以欧、虞相论曰："虞则内含刚柔，欧则外露筋骨，君子藏器，以虞为优。"③

虞世南行书墨迹手稿《汝南公主墓志铭稿》（传）。《淳化阁帖》卷四收有《积时帖》《左脚帖》《疲朽帖》等。

---

① ②　《历代书法论文选》，上海书画出版社，1979 年 10 月第 1 版，138 页，192 页。

③　《宣和书谱》卷八。

《汝南公主墓志铭稿》全称《大唐故汝南公主墓志铭并序》，纸本草稿墨迹，上海博物馆藏。此稿锋芒内敛，生动自然、虚道空灵，书法温润圆秀，用笔近似宋代米芾，故有米临之说。明王世贞评此书："萧散虚和，姿态风流，有笔外意。"《汝南公主墓志铭稿》书写者历来存在争议，一说是虞书真迹，一说是米芾所临，一说是宋人伪作。总体风格从容不矜，有儒雅之气，与《夫子庙堂碑》气韵相通。

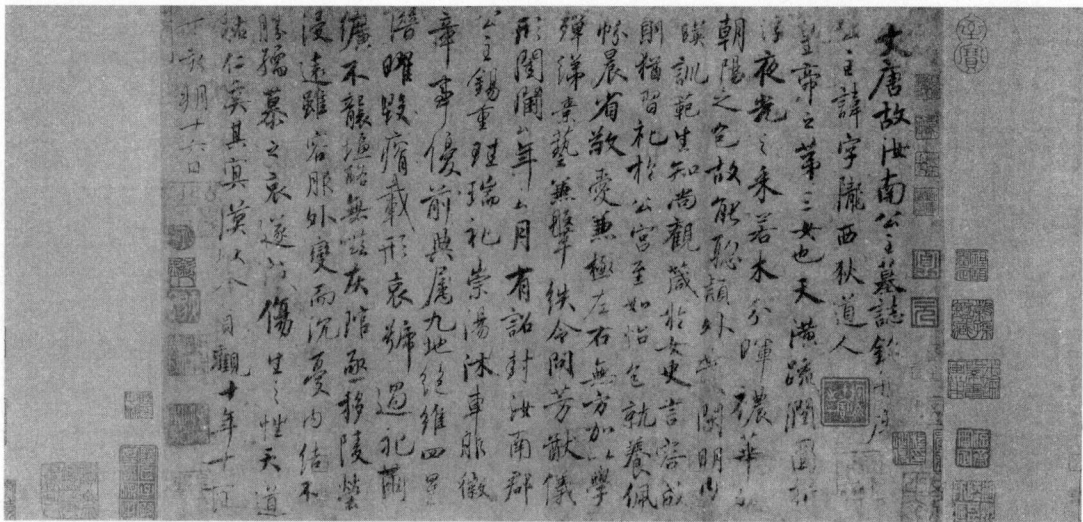

图 2-45 虞世南《汝南公主墓志铭稿》

3. 李世民

李世民（599—649），高祖李渊次子，唐朝第二位皇帝，是我国历史上一位杰出的帝王。他不仅把我国封建社会推向鼎盛时期，而且身体力行倡导书法，促使唐代书法成为我国书法史上辉煌的一页。

太宗于日理万机之暇，酷好翰墨，尤爱王羲之之书，曾自撰《王羲之传论》，并下诏内府金帛，征求羲之遗墨，于是物聚于所好，不数年间，各方进献，得正书五卷，草书五十八卷，其中真伪杂陈，更命魏徵、虞世南、褚遂良甄别，又命韩道政、冯承素等精工摹拓，王字遂风行于天下。他每得二王帖，就叫诸王子临摹数百遍，对《兰亭序》更是着了魔似的朝夕揣摩，甚至携归昭陵……"上有所好，下必甚矣焉。"唐太宗的崇王，虽有出于政治上的需要，但由于他的喜好，使初唐书风无不纳入王羲之的翼下。他以书取仕，使书法广为普及，所以客观上，他对我国书法艺术的繁荣起到了积极的推动作用。

太宗之书初师承于隋之书家史陵，据《金石录》谓："陵善正书，笔法精妙不减欧、虞。"又经常与虞世南、欧阳询、褚遂良等切磋书艺，并云："吾临古人之书，殊不学其形势，惟求其骨力，而形势自生。"这反映了唐太宗的书法观，亦是相当开放的。后钟意于羲之，朝夕临摹，尤笃爱右军《兰亭禊帖》，置之枕边，常于半夜把烛临之，书遂大进。唐太宗善行、草及飞白，尤喜临古，殆于逼真。《山谷题跋》谓："太宗英睿不群所学辄便过人，末年诏敕，有魏晋之风，亦是宝贵后不能不废学尔。"

　　李世民行书传世作品最著名的有《晋祠铭》《温泉铭》，《淳化阁帖》卷一收入了李世民若干行书帖：《两度帖》《怀让帖》《辱书帖》《比者帖》《昨日帖》《三五日帖》《雅州帖》《道宗帖》等。

图 2-46　李世民《温泉铭》

　　《温泉铭》是唐太宗为骊山温泉撰写的一块行书碑文。目前仅存剪裱本，是现存孤本，唐拓，唐裱。缺上半，存 48 行，345 字。此碑立于贞观二十二年(公元 648 年)，即唐太宗临死前一年。原石早佚，从记载上看，唐代《温泉铭》原拓不下几十部，尾题"永徽四年八月三十一日圉谷府果毅(下缺)"墨书一行，证知确为唐初物。后来原拓失传，清光绪二十六年(公元 1900 年)，道士王圆箓于甘肃莫高窟第一十六窟发现藏经洞(今编号为第一十七窟)，里面就有三件唐拓本藏敦煌石室，其一为唐太宗行书《温泉铭》，残存五十行，另两件为欧阳询《化度寺碑》和柳公权《金刚经》，也是残本。可惜这三件东西现在都不在国内，《温泉铭》《金刚经》及

《化度寺》的前两页，被伯希和劫往法国，今藏巴黎国立图书馆，《化度寺》的后十页被斯坦因先于伯希和劫往英国，今藏伦敦大英博物馆。

《温泉铭》书风激越跌宕，字势多奇拗。全从二王一脉来，但不墨守成规。通篇流溢出一种虎步龙行、奔放不羁之风，表现出其帝王的气息。近代俞复跋云："伯施、信本、登善诸人，各出其奇，各诣其极，但以视此本，则于书法上固当北面称臣耳。"其跌宕奔放，实开宋米芾一脉。

《晋祠铭》全称《晋祠之铭并序》，唐太宗撰文并书。行书28行，每行44～50字不等。碑额高106厘米，上刻"贞观廿年正月廿六日"飞白书九字。贞观二十一年（公元647年）八月刻，碑现存山西太原晋祠贞观宝翰亭内。晋祠为祭祀周代唐叔虞（晋开国君主）而建，唐高祖起兵时在此祈祷，至天下大定，太宗到此报谢神恩，因撰此铭。

图 2-47　李世民《晋祠铭》

《晋祠铭》秀丽遒劲，神气浑沦。杨宾《大瓢偶笔》云："今观此碑，绝以笔力为主，不知分间布白为何事，而雄厚浑成自无一笔失度。"清钱大昕云："书法与怀仁《圣教序》极相似，盖其心摹手追乎右军者深矣。"清人王佑作诗赞曰："平生书法王右军，鸾翔凤翥龙蛇绕，一时学士满瀛州，虞褚欧柳都拜倒。"此碑书法浑然天成，笔画结实爽利，无做作之态，八大山人之行楷书受此沾溉。

《晋祠铭》《温泉铭》二碑开行书铭石之新例，对于唐以下行书、草书的发展起了积极的推动作用。

4. 陆柬之

陆柬之（585—638），唐吴（今江苏苏州）人，虞世南的外甥。官至朝散大夫、太子司仪郎。少从虞世南学书，晚学二王，深得右军笔意，是继虞、欧之后重要的书家。张怀瓘《书断》谓其行书入妙，其行书不尚雕饰，耐人寻味，然工于临仿，缺乏创新。

陆柬之行书代表作：据传有《头陀寺碑》《武上东山碑》《急就章》《龙华寺额》，宋时已失传。今传行书墨迹《五言兰亭诗》《文赋》。

《文赋》据《石渠宝笈》记载："纵八寸，横一丈一尺一

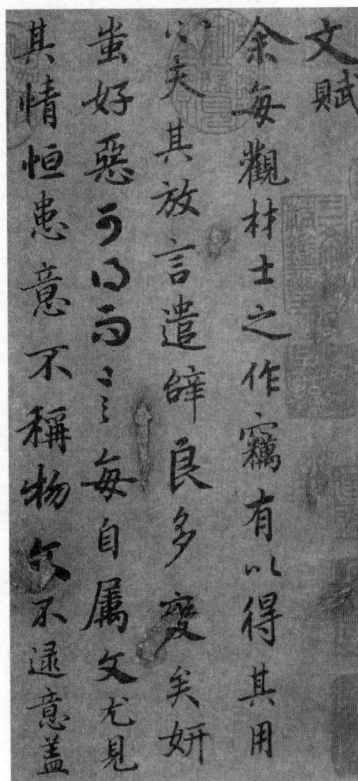

图 2-48　陆柬之《文赋》

寸"，144行，1668字，现藏台北故宫博物院。《文赋》主要从王羲之《兰亭序》中化出，但比《兰亭序》增加了几分圆润。用笔细腻，清隽飘逸，流转圆润，具有《兰亭序》那种平和简静的意境。字形以行楷为主，偶尔间以草书；结体大小参差，遒劲飘逸，从中可窥陆柬之于《兰亭序》所下功夫极深。王羲之法书已无一真迹，多为唐人摹本。作为摹本，形似之差距可能不大，但就作品的贯气、神采来说都不及《文赋》神似《兰亭序》。因此后世学王者，对此帖格外珍爱。元赵孟頫就曾临学此帖，从中领悟晋人笔法和结体，其受益是很明显的。

5. 褚遂良

褚遂良（596—659）字登善，祖籍河南阳翟（今河南禹州），晋末南迁为杭州钱塘（今浙江杭州西）人。封河南郡公，世称"褚河南"。其书体学的是王羲之、虞世南、欧阳询诸家，且能登堂入室，自成体系。他把虞、欧笔法融为一体，方圆兼备，波势自如，比前辈更显舒展，深得唐太宗李世民的赏识。李世民曾以内府所藏王羲之墨迹示褚，让他鉴别真伪，他无一误断，足见他对王羲之的书法研习之精熟。由于继传统而能创格，《唐人书评》中把褚遂良的字誉为"字里金生，行间玉润，法则温雅，美丽多方"，连宋代不以唐书为然的大书画家米芾也用最美的词句称颂他"九奏万舞，鹤鹭充庭，锵玉鸣珰，窈窕合度"，以表明褚的字体结构有着强烈的个性魅力。

褚遂良的行书传世作品有：《淳化阁帖》卷四褚遂良名下收行书《潭府帖》《山河帖》《家侄帖》。另外还有褚遂良书北周庾信的《枯树赋》单刻帖。

褚遂良行书得益于王羲之和北碑，线条纤而能厚，极富弹性。《枯树赋》仅有刻本传世。款题贞观四年书。共39行，计467字。书势倚正纵横，错综变化，明王世贞评称："掩映斐叠，极有好致，……有美女婵娟，不胜罗绮之态。"

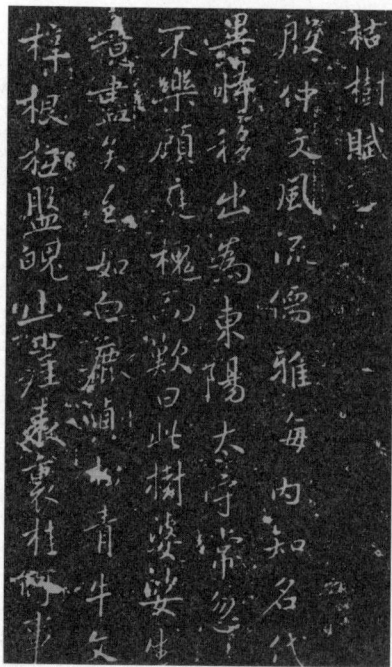

图 2-49　褚遂良《枯树赋》

三、盛唐行书代表书家及其作品

盛唐、中唐以来，经济、政治、文化得到了高度的发展，反映在书法艺术方面，便形成了迥异于魏晋书风的雄浑博大、雍容华贵的盛唐、中唐书艺气度。代表人物是李邕、颜真卿，他们走的是一条与二王书风相反的道路，在风格上追求雄强之美，以雄浑朴厚、气势磅礴的雍容气象而另开一境。

1. 李邕

李邕（675—747）字泰和，广陵江都（江苏扬州）人。曾任北海太守，因而世称"李北海"。行书师法"二王"（尤其得益于《集王圣教序》）、褚遂良、欧阳询并掺入北碑笔法，终于形成了自己的面貌，行书体势方而顿挫圆，笔力雄峻，气度舒缓，如博大宽厚之长者，逶迤自肆，纵横开合；风神动人而又不离法度。李北海有自己独特的书法审美观，他曾经说过"似我者俗，学我者死"成为千古名言。

李北海传世的行书代表作：《淳化阁帖》卷四收有其行书《晴热帖》，行书碑刻颇多，如《叶有道碑》《法华寺碑》《卢正道碑》等，其中尤其以《云麾将军碑》《麓山寺碑》最为著名。

《云麾将军碑》全称《唐故云麾将军右武卫大将军赠秦州都督彭国公谥曰昭公李府君神道碑并序》，亦称《李思训碑》，碑文记载李思训系出唐代宗室，并及一生功名仕宦重要事，李邕撰文书碑。立于唐代右武卫大将军李思训（653—718）墓道，在今陕西蒲城桥陵。碑建于何年，迄今未获得定论，大约可知在唐玄宗开元八年（公元720年）以后。

李邕以文才著称于世，尤其长于撰写碑志。此碑用行书写成，书法瘦劲，凛然有势，结字取势纵长，奇宕流畅，其顿挫起伏奕奕动人，顾盼有神，历来与《麓山寺碑》一起被人推崇。明杨慎认为李北海书《云麾将军碑》为其第

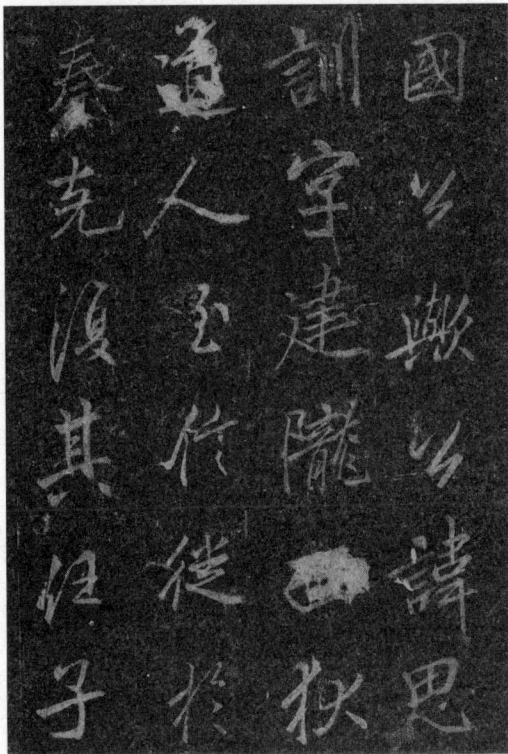

图 2-50　李邕《云麾将军碑》

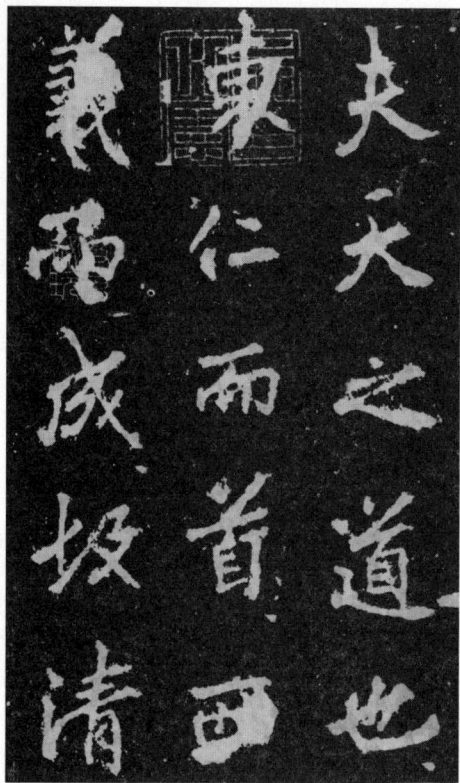

图 2-51　李邕《麓山寺碑》

一。康有为认为唐碑则怀仁所集之《圣教序》可学，另外还有三碑：李北海的《云麾将军》，寓奇变于规矩之中；颜平原的《裴将军》，藏分法于奋斫之内；《令狐夫人墓志》，使转顿挫，毫芒皆见，可为学行书石本佳碑，以笔法有入处。

《麓山寺碑》亦称《岳麓寺碑》，唐开元十八年（公元 730 年）李邕应潭州司马窦彦澄之请所撰并行书之，九月十一日黄仙鹤刻石立于潭州麓山，现在湖南长沙岳麓公园。碑高 2.7 米，宽 1.35 米，行楷书 28 行，满行 56 字，共 1413 字。圆顶上饰有龙纹浮雕，上有阳文篆书"麓山寺碑"四字。碑左和右下方有损缺。

《麓山寺碑》是李邕行楷书的代表作。李邕一生书写过的众多碑铭，以《麓山寺碑》最为精美，该碑笔力凝重雄健，气势纵横，如五岳之不可撼。运笔博采魏晋及北朝诸家之长，结体纵横相宜，笔法刚柔并施，章法参差错落，行云流水，化柔为刚之美。此碑字势豪逸，结体奇崛，虽已残剥，然其锋颖尚凌厉不可一世。后起书法大师，如苏轼、米芾、赵孟頫等都沿袭其法。

2. 颜真卿

颜真卿（709—785）字清臣，琅琊人（山东临沂）。曾任平原太守，封鲁郡开国公，所以又称颜平原、颜鲁公。颜真卿师法张旭，悟得"屋漏痕""折叉股"笔法。他大胆吸收了篆书的线条特性，又从民间书法中汲取为他所用的养分，建立了一套有别于王羲之书法的行书规范。王羲之和颜真卿的区别在于：王书用指力，颜书用腕力；王书纤瘦、妍媚，颜书肥腴、雄强；王书左紧右舒、抬高右肩，颜书左右对称，正面示人；王书中侧锋并用，露锋较多，颜书强调中锋，藏头护尾；王书墨色温润，颜书墨色苍涩。颜真卿是继王羲之之后又一个在中国书法史上产生巨大影响的杰出书法家，他与王羲之构成了中国书法史上的两座高峰。

颜真卿的行书作品最著名的是三稿：《祭侄稿》、《争座位帖》和《祭伯父稿》。三稿均为颜真卿的"稿行"，因此颜真卿书写非常随意，避免了刻意做作，涂涂改改，感情在涂改中得到宣泄，这也使作品具有强烈的节奏感和震撼力。此外还有《刘中使帖》《湖州帖》《蔡明远帖》《送刘太冲帖》等。

3.《争座位帖》

《争座位帖》又称《论座帖》《与郭仆射书》，为颜真卿行草书精品，书于唐代宗广德二年（公元 764 年）十一月，文稿。此帖系颜真卿与尚书右仆射、定襄郡王郭英义的书信手稿。传有七纸，约 64 行。信中直言指谪郭英义在两次隆重的集会上藐视礼仪，诏媚宦官鱼朝恩，以致礼遇高于六部尚书之事，抬高宦官的座次。为此颜真卿引历代成规抗争之，写下此长信。尤其值得注意的是，鱼朝恩在当时是一个大权在握、骄横跋扈、朝野侧目的人物，颜真卿的斥责打击了他的嚣张气焰，所以世人称此书稿为《争座位帖》。此稿系颜真卿因不满权奸的骄横跋扈而奋笔直书的作品，通篇刚烈之气跃然纸上，气势充沛，劲挺豁达，字里行间横溢着灿然忠义之气，显示了颜真卿刚强耿直、朴实敦厚的性格。迄今一千余年，读之莫不令人肃然起敬。

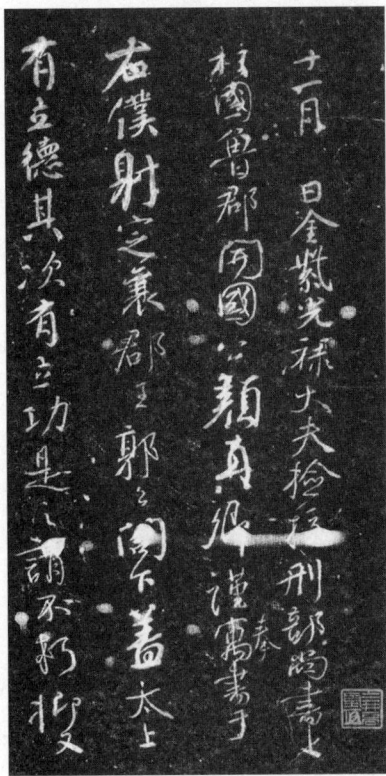

图 2-52　颜真卿《争座位帖》局部

米芾在《书史》中说："《争座位帖》有篆籀气，为颜书第一。字相连属，诡异飞动得于意外。""此帖在颜最为杰思，想其忠义愤发，顿挫郁屈，意不在字，天真馨露在于此书。"此帖本是一篇草稿，作者凝思于词句间，本不着意于笔墨，却写得满纸郁勃之气横溢，成为书法史上的名作，入行草最佳范本之列。苏轼曾于北宋长安氏处见真迹赞此书犹为奇特，信手自书，动有姿态。

《争座位帖》原迹已佚，今所见为刻石，刻石存西安碑林第二室，世称"关中本""陕刻本"。因摹刻精妙且真迹失传，好事者皆以该本为据辗转翻刻，传世摹勒翻刻计有 12 种之多。故传世诸本以其最为所重。今北宋拓本已不传，南宋拓本亦很难见到。以国家图书馆馆藏北宋帖本、北京故宫博物院藏本、上海图书馆藏南宋拓本比较有名。

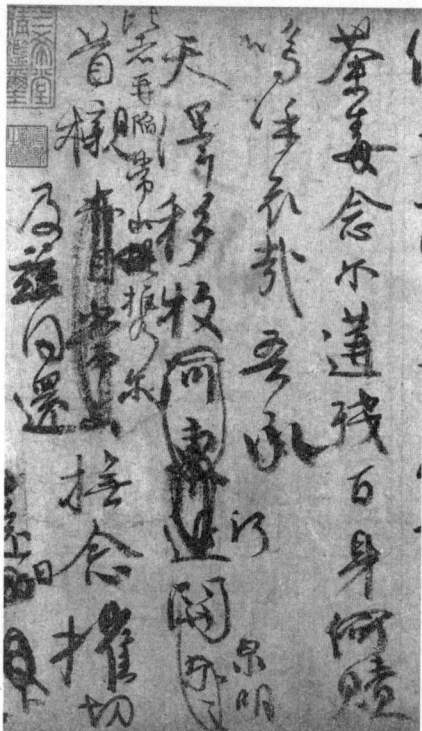

图 2-53 颜真卿《祭侄文稿》

4.《祭侄文稿》

《祭侄文稿》又称《祭侄季明文稿》，颜真卿 50 岁时书。计 25 行，共 230 字。这篇文稿追叙了常山太守颜杲卿父子一门在安禄山叛乱时，挺身而出，坚决抵抗，以致"父陷子死，巢倾卵覆"、取义成仁之事。季明为杲卿第三子，真卿堂侄。其父与真卿共同讨伐安禄山叛乱时，他往返于常山、平原之间，传递消息，使两郡联结，共同效忠王室。其后常山郡失陷，季明横遭杀戮，归葬时仅存头颅。颜真卿援笔作文之际，悲愤交加，情不自禁，一气呵成此稿。元鲜于枢在《书跋》中称："唐太师鲁公颜真卿书《祭侄季明文稿》，天下第二行书。"

《祭侄文稿》多用渴笔，苍凉悲壮；纵笔浩放，一泻千里。本无意于书，而胸中波澜，挥洒笔端。笔势雄奇，姿态横生，神采飞动。虽多有涂抹，不损其惊心动魄之感染力，历来被誉为颜行书第一。黄庭坚评云："鲁公《祭季明文》，文章字法皆能动人。"元陈深云："《祭侄季明文稿》纵笔浩荡，一泻千里。时出遒劲，杂以流丽；或若篆籀，或若镌刻。其妙解处，殆若天造。岂非当公注思为文，而于字画无意于工，而反极工邪？"

5.《刘中使帖》

《刘中使帖》是颜真卿得悉军事胜利后写下的草稿，约书于大历十年（公元 775 年）。行书墨迹，信札。28.5 厘米×43.1 厘米。凡 8 行，计 41 字。台北故宫博物院藏。

刘中使，名刘清潭。大历十年投降朝廷的前安禄山、史思明部将田承嗣又发动叛乱，占据瀛州等地，又派卢子期围瀛州，朝廷派兵攻击，吴希光投降，卢子期被擒押解京师，于十一月处死。当时颜真卿年已六十七岁，时在湖州任上，听到唐军两次军事胜利消息传来，情绪激昂，书写了此手札。手札中未提卢子期处死，故应是年十一月前写的。

此帖又称《瀛州帖》，是颜行草书中字体最大的。用笔雄放豪逸，极富变化有张旭的笔法的影子。全帖气势磅礴，笔力纵横矫健，呈现出一股英气豪爽之风度，运笔强劲秀拔，字与字之间的转笔处，时有牵丝实

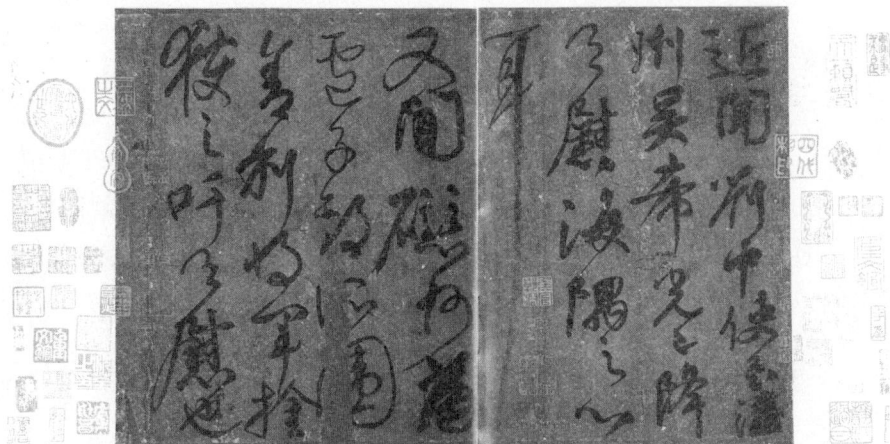

图 2-54 颜真卿《刘中使帖》

连，时有笔断意不断，运笔流畅，一气呵成。"耳"字末笔拖长竟占一行，其欣慰之情，借此线条一抒为快。且情无尽，意未完，故其下半篇之字比上半篇更大，如心之舒，而线条更加遒逸连绵。第五行二字相连，六行三字相连，七行四字相连，又似情激不已。

这件作品，历来为书家们所重。元代鲜于枢评论说："英风烈气见于笔端"。张宴也称赞说："观其运笔点画，端有闻捷慷慨效忠之态。"明代文徵明认为在颜书存世墨迹中"此帖为最"。

另外，盛唐行书还有：李白《上阳台诗》（行草）；徐浩《朱巨川告身》（行楷）等。

图 2-55 李白《上阳台诗》

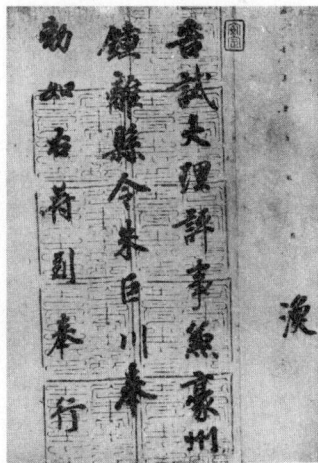

图 2-56 徐浩《朱巨川告身》

四、晚唐行书代表书家及其作品

晚唐书坛大势已去，不逮中唐。社会政治经济出现滑坡，科举颓废，气度恢弘、雄强壮美的盛唐书法艺术开始向尚意、重意，气度萧散、折中纤美的方向转化。元和以后，楷书避中唐的肥厚而求瘦劲，去臃肿而求清刚，行书有可观、可法处的有柳公权、杜牧。

1. 柳公权

柳公权（778—865）字诚悬，京兆华原（今陕西耀县）人。幼年嗜学，十二岁能为辞赋，由于擅长书法，被穆宗李恒看中，召为翰林院侍书学士。柳公权书法以楷书为最，与颜真卿齐名，人称颜、柳。他上追魏、晋，下及初唐诸家笔法，又受到颜真卿的影响，在晋人劲媚和颜书雍容雄浑之间，创造了自己的柳派。其遒媚劲健的书体，可以与颜书的雄浑宽裕相媲美，后世有"颜筋柳骨"的称誉。

柳公权的传世行书作品在《淳化阁帖》卷四中收有《伏审帖》《十六日帖》《辱向帖》《奉荣帖》《赤箭帖》等，《大观帖》也同样收录。其风格主要继承王羲之，结体严谨，潇洒自然。另有墨迹《蒙诏帖》《王献之送梨帖跋》，其中尤以《蒙诏帖》为最。

《蒙诏帖》又称《翰林帖》，白麻纸，7行，27字。今藏故宫博物院。其书曾刻入《三希堂法帖》干隆称"险中生态，力度右军"。此帖用笔雄健，气势豪宕。第一行"公权蒙"三字连绵出之，字硕大，笔力纵横，如见柳公权血气方刚，精魄四射。其后三行笔走龙蛇，曲折连环；行间大小错

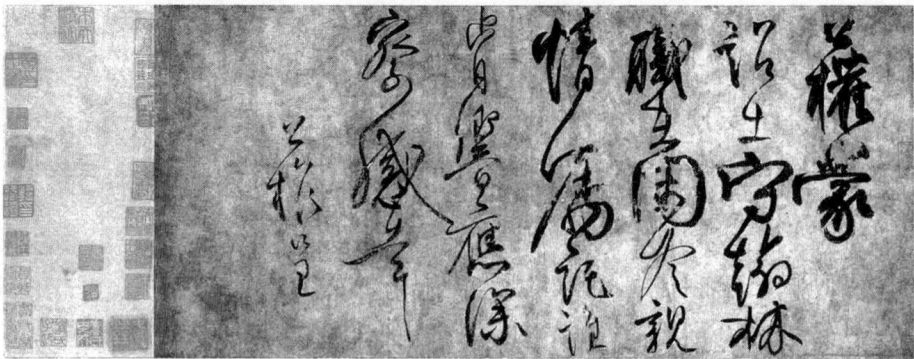

图 2-57 柳公权《蒙诏帖》

落，锋出则破空杀纸，游丝则刚柔兼济，气势一泻无碍。后三行，虽字由大而趋小，随手变格，转换出瘦劲面目，然而气脉贯通，豪气流荡至于终篇。据考翰林不称"出守"，故疑其伪，当为唐末宋初高手所拟。

2. 杜牧

杜牧（803—852），唐京兆万年（今陕西西安）人。字牧之，中进士第，曾官司勋员外郎，后迁官中书舍人。工行草书。唐代著名诗人，有《樊川集》二十卷传世，因前有杜甫，所以后人称为小杜。杜牧行书代表作《张好好诗》。

《张好好诗》是稀见的唐代名人书法作品之一。纸本，行书。48 行，370 字。张好好是一名歌妓，容颜娇美，才华出众。杜牧的这首五言长诗，就是为她而作，并对她的不幸寄以无限同情。

《张好好诗》，杜牧于大和九年（公元 835 年）作并书，书体为行书。杜牧传世墨迹只此一件，其书字体姿媚，书用硬笔，用笔劲健，转折处如孙过庭《书谱》，颇多叉笔。这些都是唐代书法用纸、笔法的特点。《宣和书谱》对杜牧书法有气格雄健，与文章相表里的评语，是说作者诗文、书法有统一的风格。

清包世臣在《艺舟双楫》中引用董其昌跋杜牧之《张好好诗》云"大有六朝风韵"。又云："花到十分名烂漫者，菁华内竭，而颜色外褪也；草木秋深，叶凋而枝疏者，以生意内凝，而生气外敝也。书之烂漫，由于力弱，笔不能摄墨，指不能伏笔，任意出之，故烂漫之弊至幅后尤甚……戏鸿堂摘句《兰亭诗》《张好好诗》，结法率易，格致散乱，而不烂漫者，气满也。气满由于中实，中实由于指劲，此诣甚难至，然不可不知也。"[①]

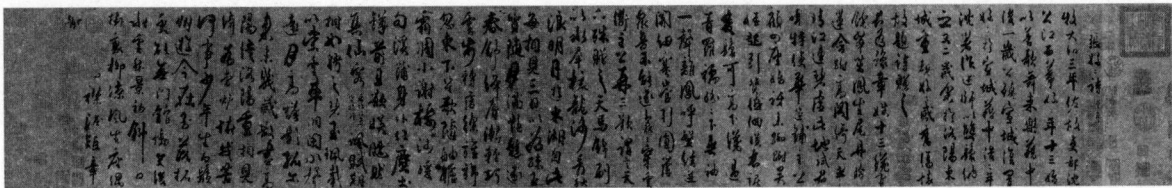

图 2-58　杜牧《张好好诗》全图

---

① 《历代书法论文选》，上海书画出版社，1979 年 10 月第 1 版，666 页。

第三节　承上启下的五代十国行书

一、五代十国行书发展概述

书法发展到唐代，字体演变逐渐趋向稳定。因此，有人将书法史分为两个阶段：唐代以前和唐代以后，唐前是寻找规律的时代，唐后是学习晋唐书法，继承、发展、摆脱的时代。

五代（907—960）短短五十年，却是行书发展史上的一个承启关键期。包世臣《艺舟双楫》评述认为"书至唐季，非诡异即软媚，软媚如乡愿，诡异如素隐，非少师之险绝，无以挽其颓波"。[①]

五代十国由于战乱，时间短暂，书家难有大的成就，但是五代书法却具有十分重要的意义。作为唐代书法与宋代书法的桥梁，五代书法既是前代书法的总结，又开后代书风的先声。五代时期善行书者很多，如：后梁太祖、释彦修、后周世宗、韦庄、释贯修、南唐李煜、薛存贵等，只是遗迹及资料极少。

《宣和书谱》对于唐末、五代书法的论述可见一般：文章卑污，字画随之。尤其是批判李建中书，有五代以来衰乱之气。而赞仰杨凝式，说其笔迹独为雄强，与颜真卿行书相上下，自是当时翰墨中豪杰。

五代时期其最重要的代表人物是杨凝式。

二、杨凝式及其行书

1. 杨凝式

杨凝式（873—954）字景度，号虚白，别属希维居士，陕西华阴人。官至太子太保，人称"杨少师"，又因佯狂，被称为"杨风子"。杨凝式从小就很有才气，青年时，对社会风气不满，装疯佯狂，也经常题壁作书，写完后刮去，因而传世作品不多。他的行书受"二王"、颜真卿、欧阳询书法的影响。刘熙载《艺概·书概》云："杨景度书，机括本出于颜，而加

---

① 《历代书法论文选》，上海书画出版社，1979 年 10 月第 1 版。

以不衫不履，遂自成家。然学杨者，尤贵笔力足与抗行，不衫不履，其外焉者也。"①书法由唐至宋，杨凝式是一转折人物，苏轼评曰："自颜、柳没，笔法衰绝。加以唐末丧乱，人物凋落，文采风流扫地尽矣。独杨公凝式笔迹雄杰，有二王、颜、柳之余，此真可谓书之豪杰，不为时世所汩没者。"②

杨凝式行书代表作：《韭花帖》《卢鸿草堂十志图跋》《神仙起居法》。

2.《韭花帖》

行楷书，墨迹麻纸本，高 26 厘米，宽 28 厘米，为杨凝式的代表作。《韭花帖》是杨凝式在昼寝乍起，腹中甚饥之时，得以珍馐充腹之后，为答谢友人馈赠美味韭花而信笔写下的几行字。凡 7 行，63 字。通篇文字洋溢着作者轻松愉悦而又高昂的热情，萧散闲适的心境溢于言表，其书法更是令人称绝。杨凝式长于歌诗，善于笔札。这信手随笔的书札便成了书法史上不可多得的历代书法论文选千古佳作。

目前所知《韭花帖》有三本：一本为清内府藏本，今藏无锡博物馆，曾刻入《三希堂法帖》中；一本为裴伯谦藏本，

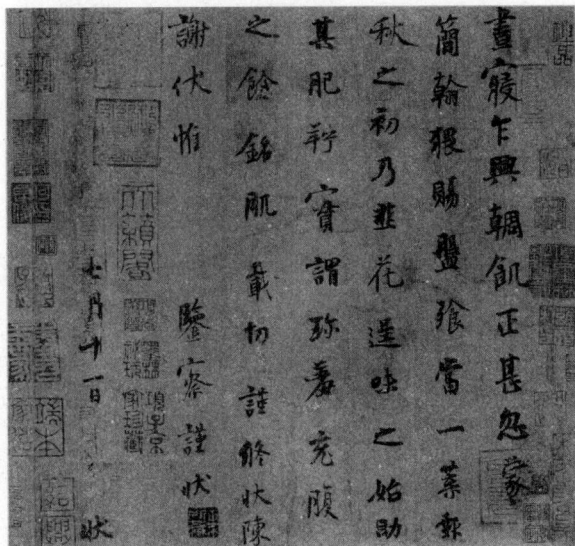

图 2-59　杨凝式《韭花帖》

见于《支那墨迹大成》，今已佚；一本为罗振玉藏本。三本中只有罗振玉藏本为真迹。此帖历来作为帝王御览之宝深藏宫中，曾经入宋徽宗宣和内府及南宋绍兴内府。元代此本为张宴所藏，有张宴跋，明时归项元汴、吴桢所递藏。乾隆时鉴书博士冒灭门之罪，以摹本偷换，摹本留在宫中，即为清内府藏本；真迹后来流入民间，清末为罗振玉购得收藏，今不知所在。

3.《卢鸿草堂十志图跋》

《卢鸿草堂十志图跋》后汉天福十二年丁未（947 年）七月书。台北故宫

---

① 《历代书法论文选》，上海书画出版社，1979 年 10 月第 1 版，706 页。
② 《历代书法论文选续编》，上海书画出版社，1993 年 8 月第 1 版，55 页。

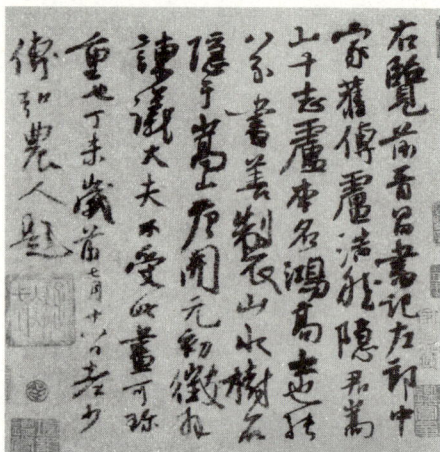

图 2-60　杨凝式《卢鸿草堂十志图跋》

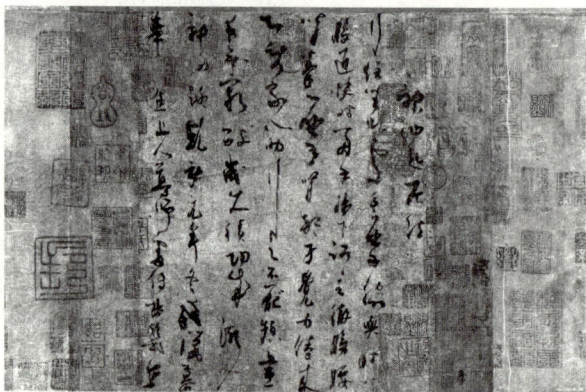

图 2-61　杨凝式《神仙起居法帖》

博物院藏。书风与颜真卿行书极相近，笔力沉练，苍劲古朴；用墨枯润相间，老笔纷披。此帖深得颜真卿《祭侄文稿》和《争座位帖》笔意，线条圆转，字行茂密。黄山谷曾作诗赞赏杨凝式书法："谁知洛阳杨风子，下笔便到乌丝栏。"

4.《神仙起居法帖》

《神仙起居法帖》，纸本，手卷，纵 27 厘米，横 21.2 厘米。草书 8 行，共 85 字。此帖是杨凝式书写的古代医学上的一种健身按摩方法，文体近似口诀。

此幅小行草书是杨凝式七十六岁时的作品，似随意点画，不假思索，用墨浓淡相间，时有枯笔飞白。字的结势于欹侧险劲中求平正，且行间字距颇疏，在继承唐代书法的基础上，以险中求正的特点创立新风格，尽得天真烂漫之趣。此书是杨凝式行草书传世作品的代表作，对宋代书法影响较大。

第四节　尚意的宋代行书

一、宋代行书发展概述

宋代书法有两大特点：一是书体以行草称盛；二是书风尚意。

楷书在唐代达到极致，宋人已无法超越，且宋代科举不再以书取士，印刷术、禅宗在文人中兴起等因素导致宋代楷书式微。有一种观点认为楷法盛于晋代，唐代楷书失之呆板，宋代则无楷书。此论有点过激，但是也说明问题，唐楷达到极致，物极必反，宋人在唐楷面前要另找途径，行书成为突破。宋代《阁帖》盛行，而《阁帖》主要以行草书为主，诗卷尺牍日渐流行，简易、快捷、流变的行草书成为首选，这亦是与行草书在宋代得到发展的原因之一。

宋代以前，篆、隶、楷递相独领风骚，都曾享有"正体"的地位。行草书规范性较弱，不能成为"正体"，唐、五代以来，碑碣、墓志、塔铭乃至写经逐渐使用行书。唐代尚"法"，宋人尚"意"，"意"的表达需要向法度之外探索，行书成了最好的选择。

宋书尚"意"的原因是多方面的，主要有：一、宋代科举制度成熟，大批饱学之士脱颖而出，成为"士"阶层的主体。他们大多出身社会中下层，本性淳朴，饱读诗书，书卷气息很浓。二、宋代社会生活呈现出平淡、恬静、平易质朴的特征，失去了唐代壮阔、雄肆、郁茂的盛大气象。三、苏轼、黄庭坚等书法家的"尚意"书论使书法有主动的"尚意"要求。四、"尚意"取向导致不重楷法，但以"意"主，临帖不求毕肖而浅尝辄止。五、宋太宗淳化年间刊刻的《淳化阁帖》，行、草书分量极大，便于取法。

两宋（960—1126；1127—1279）约320年历史，从书法发展的角度来看，大体可分为四个阶段：

（一）宋初一百年（960—1063）因循传统，书风保守，书家寥落。前五十年，李建中（945—1013）擅名，后五十年蔡襄（1012—1067）独步。代表书家：徐铉，后人认为其笔法少力；李建中行书敦厚，不飘逸，后世有格韵卑浊、肥而俗之论、王著书学二王，然而结体尚妩媚，缺乏骨力，工而病韵。蔡襄在宋初被誉为独步当世，他的行书被推为其书之第一，书风冲和，收多于放。后人对于宋初的书法主要评之为"肥、俗"。宋太宗敕刻的《淳化阁帖》为后来行书的繁盛打下基础。

（二）苏轼而下六十年（1064—1126）尚意书风大兴，苏、黄、米诸家竞驰。代表书家有苏轼、黄庭经、蔡京、米芾、蔡卞、赵佶等。后世说的宋四家指"苏轼、黄庭坚、米芾、蔡襄"，四家之中的"蔡"有蔡京之说，因其人品差，遂以蔡襄代之。朱和羹《临池心解》云："世称宋人书，必举苏、黄、米、蔡。蔡者，谓京也。京书姿媚，何尝不可传？后人恶其为人，斥去之，而

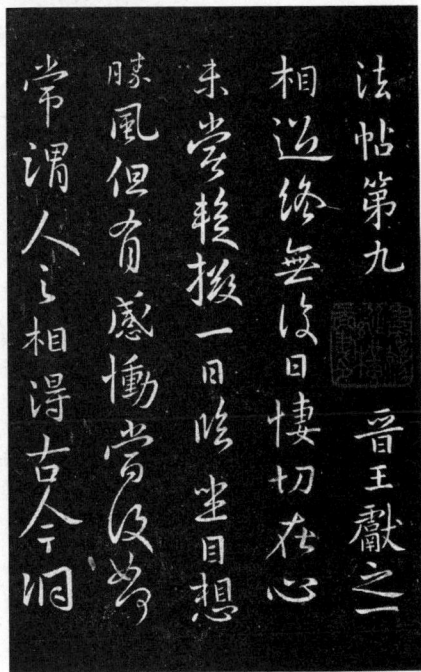

图 2-62 《淳化阁帖》

进端明于东坡、山谷、元章之列。"①最早提起苏、黄、米、蔡"四家"说的是元代的王芝，其中的蔡即指蔡襄，他说："右为蔡君谟所书《洮河石研铭》。笔力疏纵，自为一体，当时位置为'四家'。窃当评之，东坡浑灏流转，神色最壮，涪翁瘦硬通神，襄阳纵横变化，然皆须放笔为佳。若君谟作，以视拘牵绳尺者，虽亦自纵，而以视三家，则中正不倚矣。字学亦有风气。仆谓君谟之书犹欧公之诗也。繡江出示此卷，遂附识之，以质之此中三昧者。至元辛卯二月廿有四日，大梁王芝拜题于宝墨斋。"②蔡襄书法中规中矩，严守法度，较之那三家以法度取胜。

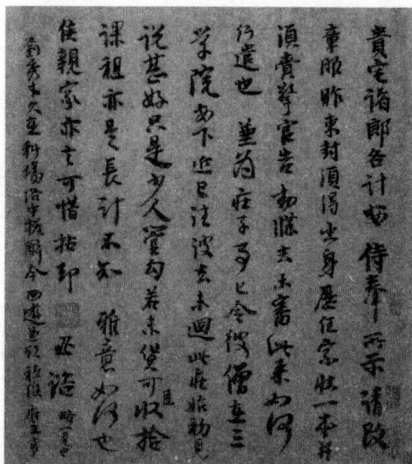

图 2-63　李建中《贵宅帖》

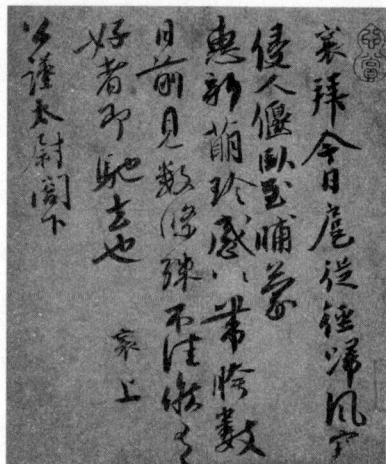

图 2-64　蔡襄《扈从帖》

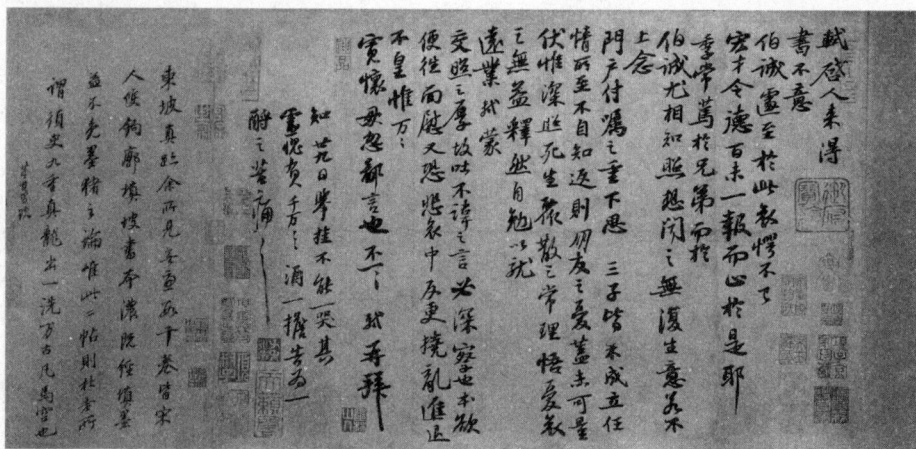

图 2-65　苏轼《人来得书帖》

①　《历代书法论文选》，上海书画出版社，1979 年 10 月第 1 版，741 页。

②　(清)胡敬《西清札记》卷一。

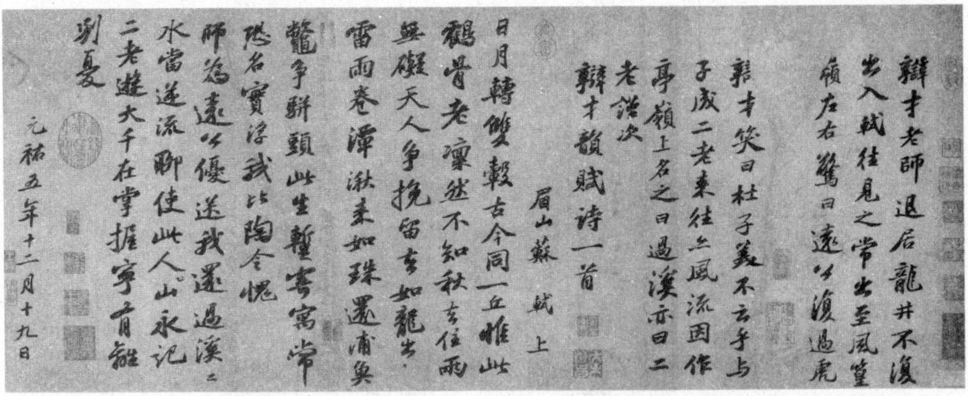

图 2-66　苏轼《次辩才韵诗》

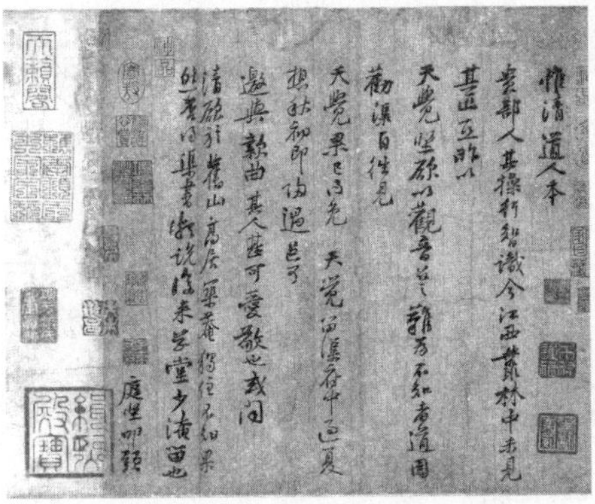

图 2-67　黄庭坚《惟清道人帖》

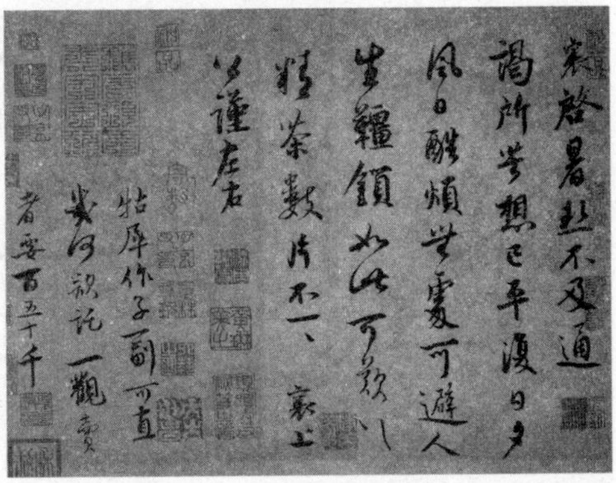

图 2-68　蔡襄《暑热帖》

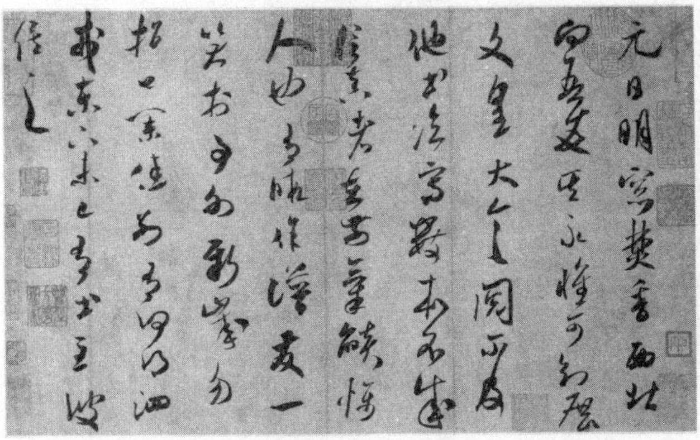

图 2-69　米芾《元日帖》

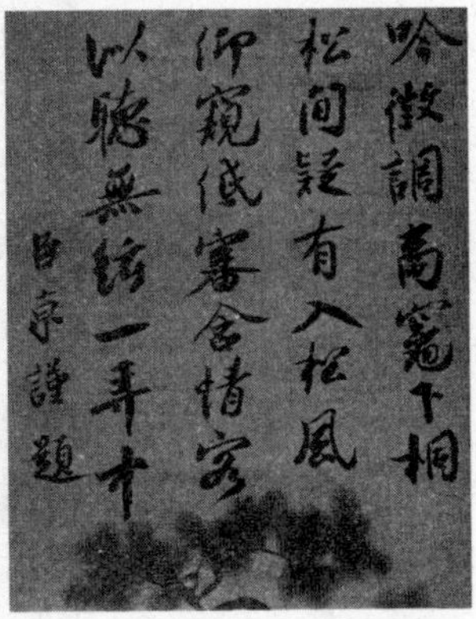

图 2-70　蔡京《题听琴图诗》

　　启功先生将北宋书法归纳为三种风尚："北宋书风，蔡襄、欧阳修、刘敞诸家为一宗，有继承而无发展；苏、黄为一宗，不肯受旧格牢笼，大出新意而不违古法；二蔡、米芾为一宗，体势在开张中有聚散，用笔在遒劲中见姿媚。"①

（三）南宋初期六十年（1127—1189）宗法北宋，受高宗赵构影响，盛行黄、米。代表书家有米友仁、赵构、吴说、吴琚、陆游等。其中，学米成就最高者当数吴琚，几乎达到乱真的地步。

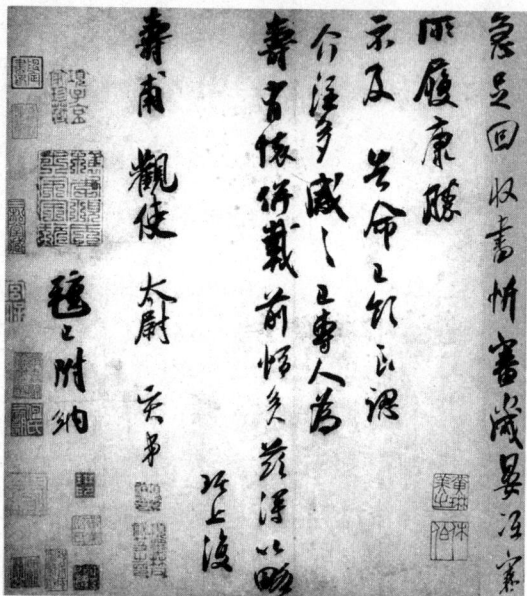

图 2-71　吴琚《急足帖》

（四）最后九十年（1190—1279）张即之、赵孟坚为后殿。

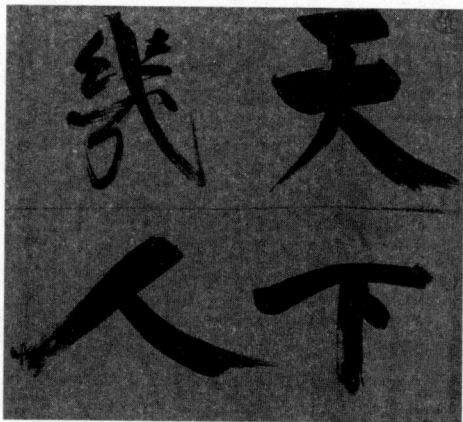

图 2-72　张即之《杜甫戏为双松图歌卷》局部

---

① 启功《论书绝句》，生活·读书·新知三联书店，2002 年 7 月第 1 版，24 页。

二、宋代行书代表书家及其代表作品

(一)苏轼

1. 苏轼

苏轼(1036—1101)名轼，字子瞻，号东坡居士，四川眉山人。苏轼是个大文豪，又是个大画家，他集诗、书、画于一身，开创了文人书法的新格局，并且影响了书法史上一代又一代的书法家。苏轼以后的书家按照这种结构来完善自身，使书法家的知识结构发展成为诗、书、画、印四合一的新的时代模式。

苏轼是宋代尚意书风的领袖。他提出了"我书意造本无法""书初无意于佳乃佳"等口号，并且在书写实践中努力地实现自己的书学主张。如果说，孙过庭是将理论与实践结合在一起的第一位书法家，那么，将理论与实践结合得最好的书家当是苏东坡。

苏轼是在有了深厚的技巧功力之后才进行创新的。他初学"二王"、颜真卿、李北海、杨凝式，继而大胆创新，自出一格。《山谷题跋》云："东坡道人少日学《兰亭》，故其姿媚似徐季海；至酒酣放浪，意忘工拙，字特瘦劲似柳诚悬。中岁喜学颜鲁公、杨风子书，其合处不减李北海。"[①]
"东坡少时规模徐会稽，笔圆而姿媚有余；中岁喜临摹颜尚书，真行造次为之，便欲穷本；晚乃喜学李北海，其豪劲多似之。"[②]

据说苏轼的执笔方法比较特殊，士大夫多讥其用笔不合古法。东坡作书以腕着案而笔卧，所以他作戈多成病笔，笔画多呈左秀而右枯的姿态。因此，董其昌认为苏轼书有病笔，唐人无此。根据史料及苏轼书法风格特点来分析，苏轼腕著而笔卧，加上其信笔而书，故而出现后人所谓病笔。这恰恰形成了苏轼独特的书法风格特点。

苏轼行书的主要特征是字形扁平、肥腴，高抬右肩，横、撇、捺等笔画往往较为舒展。苏轼作书，凡字体大小长短，皆随其形；大者开拓纵横，小者紧结圆促，决不肯大者令其小，小者展其大，看去行间错落，疏密相生，自有一种体态。

苏轼书法还得益于他的学问修养，其学问文章之气，郁郁芊芊发于

---

①②　《历代书法论文选续编》，上海书画出版社，1993 年 8 月第 1 版，67 页，70 页。

笔墨之间，这是他人终莫能达到的。朱履贞《书学捷要》云："功夫要是在法外，苏文忠公所谓'退笔如山未足珍，读书万卷始通神'是也。"①故苏轼书法笔力雄放，逸气横霄，肥而不俗，皆得益于其文章气节。

苏轼留下了大量的行书手札，比如其行书代表作《黄州寒食诗帖》《洞庭春色赋》等。

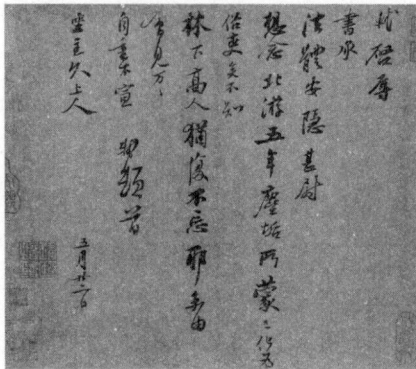

图 2-73　苏轼《北游帖》

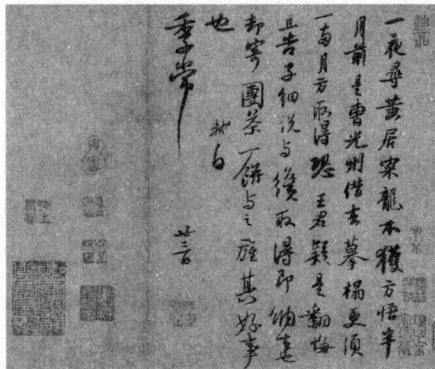

图 2-74　苏轼《致季常尺牍》

2.《黄州寒食诗帖》

《黄州寒食诗帖》，纸本，25 行，共 129 字，是苏轼行书的代表作。这是一首遣兴的诗作，是苏轼被贬黄州第三年的寒食节所发的人生之叹。诗写得苍凉多情，表达了苏轼此时惆怅孤独的心情。此诗的书法也正是在这种心情和境况下，有感而出的。通篇书法起伏跌宕，光彩照人，气势奔放，而无荒率之笔。《黄州寒食诗帖》在书法史上影响很大，被称为"天下第三行书"，也是苏轼书法作品中的上乘之作。正如黄庭坚在此诗后所跋："此书兼颜鲁公，杨少师，李西台笔意，试使东坡复为之，未必及此。"

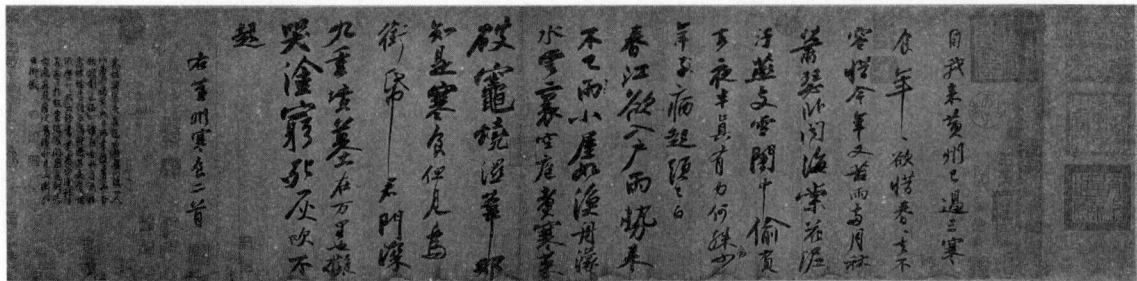

图 2-78　苏轼《黄州寒食诗帖》

___

① 《历代书法论文选》，上海书画出版社，1979 年 10 月第 1 版，610 页。

诗中通过阴霾的意象如小屋、空庖、乌衔纸、坟墓……渲染出一种沉郁、凄怆的意境，表达出了作者时运不济谪居黄州时灰暗烦闷的心境。从文中"空庖煮寒菜，破灶烧湿苇"，可以想见他窘迫的生活。这两首诗放在苏轼三千多首诗词中，并非是其上乘之作。而当作者换用另一种艺术形式——书法表达出来的时候，那淋漓多姿、意蕴丰厚的书法意象酿造出来的悲凉意境，遂使《黄州寒食诗帖》成为千古名作。

《黄州寒食诗帖》彰显动势，洋溢着起伏的情绪。诗写得苍凉惆怅，书法也正是在这种心情和境况下，有感而出的。通篇起伏跌宕，迅疾而稳健，痛快淋漓，一气呵成。苏轼将诗句心境情感的变化，寓于点画线条的变化中，或正锋，或侧锋，转换多变，顺手断连，浑然天成。其结字亦奇，或大或小，或疏或密，有轻有重，有宽有窄，参差错落，恣肆奇崛，变化万千。难怪黄庭坚为之折腰感叹曰："东坡此诗似李太白，犹恐太白有未到处。"(《黄州寒食诗跋》)董其昌也对《黄州寒食诗帖》大加赞赏，认为这是苏轼行书之最好者。《黄州寒食诗帖》是苏轼书法作品中的上乘之作，在书法史上影响很大，元朝鲜于枢把它称为继王羲之《兰亭序》、颜真卿《祭侄文稿》之后的"天下第三行书"。

(二)黄庭坚

1. 黄庭坚

黄庭坚(1045—1105)字鲁直，号涪翁、山谷道人，分宁(江西修水)人。他幼年即聪颖过人，读书数遍，便能成诵。他能诗能画，是"江西诗派"的创始人，在文学史上有着崇高的地位。和苏轼一样，黄庭坚也非常强调创新、变法，提出了"随人作计终后人，自成一家是逼真"的口号，并且在书法实践上比苏轼走得更远。

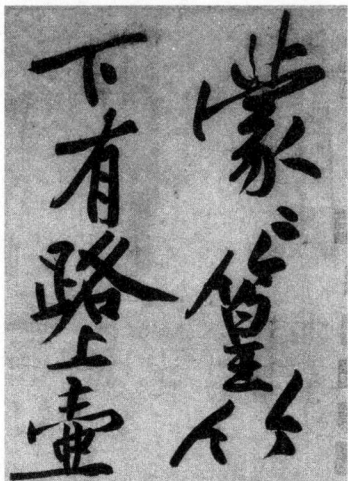

图 2-76　黄庭坚《经伏波神祠》(局部)

黄庭坚的行书，运笔节奏明显而多变，线条连绵有篆意。结字中宫紧缩，四周呈放射状。一字之中，点画多不连续发展，而是多处断开。

行书代表作有《松风阁诗》《经伏波神祠》《华严疏》等。

图 2-77　黄庭经《松风阁书卷》

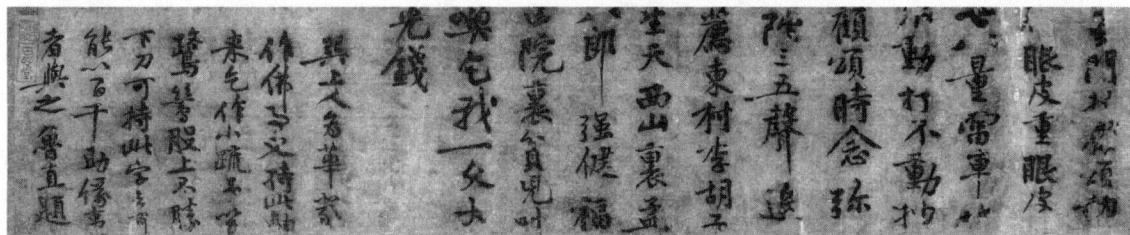

图 2-78　黄庭坚《行书华严疏卷》

2.《松风阁诗》

《松风阁诗》，崇宁元年（公元 1102 年）九月，黄庭坚与朋友游鄂城樊山，途经松林间一座亭阁，在此过夜，作了这首"松风阁"诗，歌咏当时所看到的景物，并表达对朋友的怀念。这件书迹长波大撇，提顿起伏，一波三折，像是船夫摇桨用力的样子。不论收笔、转笔，都是楷书的笔法，下笔平和沉稳，变化非常含蓄，轻顿慢提，婀娜稳厚，意韵十足。在后段提到前一年已去世的苏轼时，心中不免激动，笔力特别凝重，结字也更加倾侧，传达出与东坡笃厚的情谊，是"尚意"书风的典型代表。

（三）米芾

1. 米芾

米芾（1051—1108）初名黻，元祐六年（公元 1091 年）改名芾。字元章，号鹿门居士、火正后人、襄阳漫仕、海岳外史等。世称"米南宫""米襄阳""米颠"等。湖北襄阳人，后迁居丹徒（今江苏镇江）。其家藏古法帖甚富，而以晋代为最，故斋名取为"宝晋斋"。

米芾书法主要成就在行书上，其次是草书，篆、隶、楷涉猎不多。米芾的行书在自创风格之初，作品中仍保留了很多前人的痕迹，给人"集古字"的感觉，在用笔及结体上有比较理性地追求技法层面的痕迹，如

《苕溪诗帖》《蜀素帖》等。"集古字"阶段之后米芾迎来了脱
去本家笔法，自出机杼，形成风格。如董其昌所说的拆肉还
母，拆骨还父的蜕变，这些作品的技巧意识已明显的减弱，
开始呈现出一种自我个性的表现意识，风格放纵奇肆，充满
狂傲之气，超迈入神，达到了随心所欲的地步。"既老始自
成家，人见之，不知以何为祖也。"①从他的日常尺牍中我们
更能"读"出米芾书风的俊逸超拔。

　　米芾行书代表作有《苕溪诗帖》《蜀素帖》《虹县诗》《多景
楼诗》《方圆庵记》等。

2.《方圆庵记》

　　《方圆庵记》宋元丰六年（公元 1083 年）四月九日，杭州
南山僧官守一法师到龙井寿圣院辩才住所方圆庵拜会辩才，
二人讲经说法，谈古论经，十分投机。为此，守一写了《龙
井山方圆庵记》一文，以示纪念。此碑由米芾书。原石于北
宋元丰六年（公元 1083 年）刻。书法腴润秀逸，乃米芾"集古
字"时期佳作，多从《集王圣教序》出，颇有可玩味处。

图 2-79　米芾《方圆庵记》

3.《苕溪诗帖》

　　《苕溪诗帖》又称《苕溪诗卷》，纸本，行书。全卷 35 行，共 394 字，
末署年款"元戊辰八月八日作"，应作于宋哲宗元祐三年（公元 1088 年），
时米芾 38 岁。开首有句"将之苕溪戏作呈诸友，襄阳漫仕黻"。知所书为
自撰诗，共 6 首。现藏北京故宫博物院。

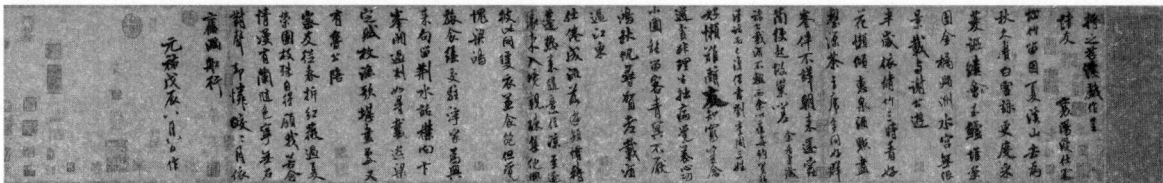

图 2-80　米芾《苕溪诗帖》

　　此卷运笔潇洒，用笔中锋直下，浓纤兼出，落笔迅疾，纵横恣肆。
尤其运锋，正、侧、藏、露变化丰富，点画波折过渡连贯，提按起伏自
然超逸，毫无雕琢之痕，同时长画纵横，舒展自如，富有抑扬起伏的变

---

　　①　《历代书法论文选》，上海书画出版社，1979 年 10 月第 1 版，360 页。

化。其结体舒展，中宫微敛，保持了重心的平衡。通篇字体微向左倾，多欹侧之势，于险劲中求平夷。全卷书风真率自然，痛快淋漓，变化有致，逸趣盎然，反映了米芾中年书的典型面貌。有颜鲁公遗意，由此可以看出米芾书宗法颜真卿又自出新意的艺术特色。

4.《蜀素帖》

《蜀素帖》墨迹绢本。北宋时，蜀地（四川）生产一种质地精良的本色绢，称为蜀素。有个叫邵子中的人把一段蜀素裱成一个长卷，上织有乌丝栏，制作讲究，只在卷尾写了几句话，空出卷首以待名家题诗，以遗子孙，可是传了祖孙三代，竟无人敢写。因为丝绸织品的纹罗粗糙，滞涩难写，故非功力深厚者不敢问津。一直到北宋元祐三年（公元1088年）米芾三十八岁时，米芾见了却"当仁不让"，一挥到底，写得随意自如，清劲飞动，真似如鱼得水一般，他在上面题了自作五七言八首诗，这就是《蜀素帖》。此卷是丝绸织品不易受墨，出现了较多的枯笔，使通篇墨色有浓有淡，如渴骥奔泉，更觉精彩动人。现存台北故宫博物院。

图 2-81 米芾《蜀素帖》

《蜀素帖》用笔纵横挥洒，方圆兼备，刚柔相济，藏锋处微露锋芒，露锋处亦显含蓄，垂露收笔处戛然而止，似快刀斫削，悬针收笔处有正有侧，或曲或直；提按分明，牵丝劲挺；亦浓亦纤，无乖无戾，亦中亦侧，不燥不润。结构奇险率意，变幻灵动，缩放有致，欹正相生。字形秀丽颀长，风姿翩翩，随意布势，不衫不履。章法上，紧凑的点画与大段的空白强烈对比，粗重的笔画与轻柔的线条交互出现，流利的笔势与涩滞的笔触相生相济，风樯阵马的动态与沉稳雍容的静意完美结合，形成了《蜀素帖》独具一格的章法。总之，率意的笔法，奇诡的结体，中和的布局，一洗晋唐以来平和简远的书风，创造出激越痛快、神采奕奕的意境。所以清高士奇曾题诗盛赞此帖："蜀缣织素乌丝界，米颠书迈欧虞派。出入魏晋酣天真，风樯阵马绝痛快。"董其昌在《蜀素帖》后跋曰："此卷如狮子搏象，以全力赴之，当为生平合作。"

5.《虹县诗》

《虹县诗》，此卷为米芾途经风光明媚的虹县（今安徽泗县）时，挥毫写就的两首自作七言诗。纸本墨迹卷，共 37 行，每行二三字不等。米芾的大字行书传世极少，而这件又是其最晚年的大字代表作，因而十分珍贵。米芾尝自称其书为"刷字"，这一点在他的大字中表现得比较明显。该帖轻重缓急，节奏感极强，用墨则干湿浓淡，浑然一体，得天成之趣。如起首" 虹县旧题云快霁一天清淑 "十一字，一气呵成，笔虽干而不散。

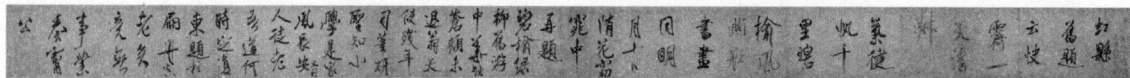

图 2-82　米芾《虹县诗》

6.《伯充帖》

《伯充帖》（又称《致伯充尺牍》《伯老台坐帖》《眼目帖》）行草书，纸本，信札一则。约书于北宋哲宗绍圣四年（公元 1097）十一月二十五日。纸上名家藏印累累。台北故宫博物院藏。

因是信札，米芾写来十分随意，但他扎实的功力使这件小札也体现出用笔迅疾、力沉奇崛极气势，欹侧取势而无霸气，转折间多机巧锋芒，笔势放得开，收得住，可谓随心所欲而不逾矩。超轶绝尘，出新意于法度之中，是一代之奇迹。

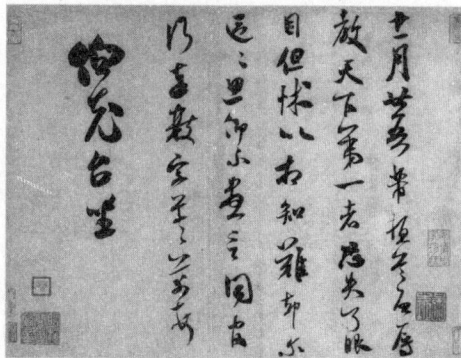

图 2-83　米芾《伯充帖》

7.《清和帖》

《清和帖》亦称《致窦先生尺牍》。行书八行，纸本，约书于北宋徽宗崇宁二年（公元 1103 年）五月。此帖历经项子京、笪重光等人收藏。《清和帖》是米芾行书作品中的精品之一。全文 49 个字，其中省略两个字，表达的是对窦先生的问候。从行文的内容、行笔的凝重，结体的沉稳上看，米芾当时的心情是谨慎的。因为是日常手札，写时笔锋顺思想流淌，完全不计技法，但是由于他深厚的临古功底，一切表现得又是那么精到、自然。

首先，用笔方面。全篇用笔以中锋为主且饱蘸

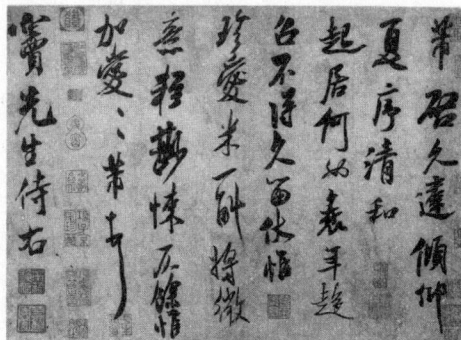

图 2-84　米芾《清和帖》

浓墨，整体感觉含蓄浑圆，显得厚重。自始至终都是在舒缓的行笔中娓娓道来，至第五行稍加放纵，行笔由重到轻，结体微倾，似乎想要表达出"微轻"之意，但很快又转入厚重直至结束，甚至在最后一行出现了楷书的笔法。米老善用侧锋，造成线条爽利俊拔的感觉，此篇用之甚少，但是其笔法却表现得非常丰富，如"夏"字的起笔、"意"字中间的主横都有篆书笔意；"珍""轻""跣（xiǎn）""伏"等字方笔切入，在全篇众多的顺锋入笔中显得"锋势备全"，多个相同偏旁的不同处理，这充分说明了他高超的控笔能力。米芾对自己的用笔深为得意："自谓善书者只有一笔，我独有四面。"（米芾《海岳名言》）如果要说不足，"斛"字末竖笔右斜、"伏"字的捺笔连带，体现了米老的习气，一不留神就带出，后学者当慎之。

其次，结体方面。米芾对字形的处理往往是取欹侧之势，他学晋唐，却又打破晋唐字形平稳严谨的特点，他的欹侧并非一味地向某一方向偏侧，而是多方位的挪移偏侧。较之他的其他作品，本篇尺牍字形的结体取势以平正为主，收敛很多，左右倾斜，摇曳多姿者较少。表现较为明显的地方主要有四处，第四行"伏惟"，第五行"一斛""将微"，第六行"惟徐"等，这些字形的欹侧都向左一个方向，这可能与写给尺牍的对象及当时的心情有关。不足之处是两"爱"字结体取势相同，这可说是无意为之的表现。从结体取势中，我们看出了米芾在魏晋、二王行书尺牍方面的深厚功力，烂熟之后，加上他出人意表的个性，自然就能生巧，此所谓精能之至、集古出新。对于今天学米的人来说，这应该是个很好的启示。

最后，章法方面。尺牍一共八行，章法安排一任自然，无任何安排做作之气。中间五行，字数相等，但是随字形的大小、用笔的轻重而参差错落。第三、五行取放势，第三行的"如"、"趋"和第五行用笔略轻，第四行用笔较重，取其收势，第六行笔重而字偏大，四行之间轻重、收放相互穿插，相互呼应，相得益彰。第七行第二个"加爱"用两点代替，占据一个字的位置，"顿首"二字一笔连下，打破了和二、八两行的齐平。最后一行与整篇拉开距离，并且字取正势，可以看出米芾写此信时的郑重态度。

米芾此帖是其书风成熟时期的作品，体现了米老行书的风格特征，经得起多方位的阐释，尤其是在学古化为己有方面给后学者很多启示。

另外，米芾的《张季明帖》《李太师帖》，均纸本，行书，两者与《叔晦帖》合在一起称为《三帖卷》合装一卷，为米芾行书中的精品。《张季明帖》约书于元祐元年（公元1086年），纸本，日本东京国立博物馆藏。《李太师帖》书于元祐二年（公元1087年），纸本，日本东京国立博物馆藏。此二帖可谓米芾行书中的精品，笔法娴熟洒脱，随心所欲，于王献之取法较多，并得其神韵。王羲之法度紧敛，蕴藉内含；而王献之的笔致则是散朗妍妙，俊逸姿媚。米芾的天资个性于王献之较为相近，所以，米芾的结体、用笔中多可以见王献之的风骨。

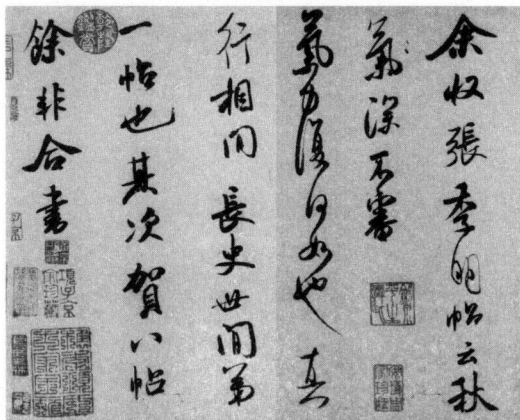

图 2-85 米芾《张季明帖》

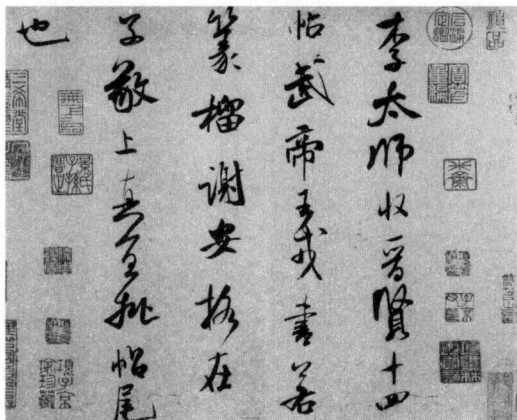

图 2-86 米芾《李太师帖》

《临沂使君帖》（又称《戎薛帖》）行草书。纸本。台北故宫博物院藏。此帖行草结合，非常具有张力。

这些法帖都是学习米芾行书最好的范本。

(四)蔡襄

蔡襄（1012—1067）字君谟，兴化仙游人（福建）。累官端明殿学士，称蔡端明，卒谥忠惠。在宋四家中，蔡襄是最年长的一位，但其影响不及苏、黄、米三家。

蔡襄书风冲和，结体讲究，运笔严谨，收多于放，殊少纵逸之笔，皆专心用意之作，与后来三家之纵意不同。蔡襄书法字字有法，笔笔用意，苏轼认为："独蔡君谟书天资既

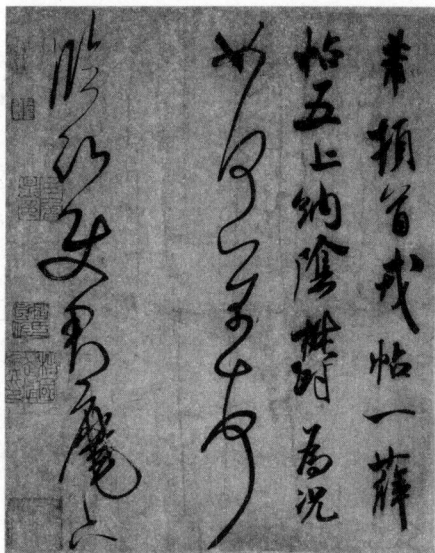

图 2-87 米芾《临沂使君帖》

高，积学深至，心手相应，变态无穷，遂为本朝第一。然行书最胜，小楷次之，草书又次之，大字又次之，分隶小劣。又尝出意作飞白，自言

有翔龙舞风之势，识者不以为过。"①行书确实是蔡襄书法中最胜的，也是法度最严谨，最守成的。蔡襄书法是王羲之平正秀逸一路古典书风的正统继承者，但最终未能如苏、黄、米那样自立门户，其书作变化少，拘于保守。

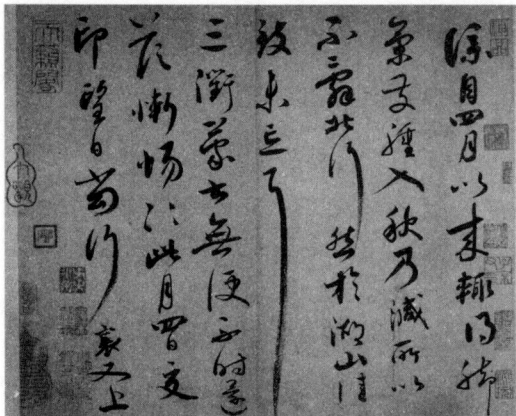

图 2-88　蔡襄《脚气帖》

蔡襄的行书以尺牍为主，而且行书中常常夹杂有草书，这是蔡襄重视二王风度的最好表现。行书在唐代书家笔下多是纯粹的行书规范，极少有行草掺杂的现象。而在晋代，则行与草夹杂而行。蔡襄的这一做法无疑给宋代尚意书风注入了一个信号，也从形式上给苏黄米等书家做出了一个提示。所以说，蔡襄是继杨凝式之后又一位从唐代尚法书风到宋代尚意书风的过渡重要书家，难怪苏轼评其书法为"本朝第一"。

蔡襄的传世行书主要有《端明秋暑帖》《山居帖》《脚气帖》等。此三帖多为行草，其笔法精妙，行笔流畅，遒劲婉美，丰腴厚重处似颜真卿，同时又兼有王羲之行草之俊秀。

（五）宋代其他行书书家

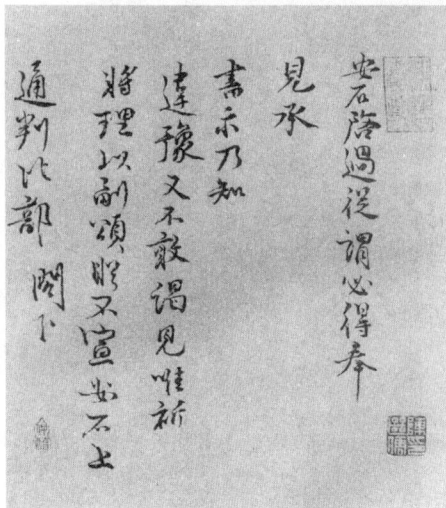

图 2-89　王安石《过从帖》

宋代，除了以上介绍的行书家外，成就较大的还有王安石、薛绍彭、吴琚、朱熹等。

1. 王安石

王安石（1021—1086）字介甫，抚州临川（今属江西）人。他是北宋著名的政治家、思想家和文学家。他作书速度极快，行书点画自在，书卷气十足。

王安石行书代表作有《过从帖》，台北故宫博物院藏。

《过从帖》是王安石给一位通判的复函。王安石的书法行笔大都很快，明人赵宦光说过，写字不可急促。而王安石的书法却都像在大忙中作，不知道此公为何

---

①　（宋）苏轼《东坡题跋》卷四。

竟会如此之忙？但《过从帖》用笔却沉稳有力，笔笔到位、尽味，节奏也较缓慢，没有丝毫忙字可言。其字重心一般落在右下方，做到了稳中有势，而纵列，除"阁下"两字外，明显右倾而左偏，确有横风疾雨之妙。王安石书风类颜，而杨凝式是取法于颜的，因此米芾道其取法于杨凝式，这是从王安石的书法中体察到了笔法神髓的缘故。

2. 薛绍彭

薛绍彭，生卒年月不详，字道祖，长安（今陕西西安）人，其行书在北宋颇有盛名。王世贞评论说：薛绍彭书法结体内撅，锋藏不露，而古意时溢毫素间，不作险浮急态。传世作品有《诗帖》《尺牍》等。

《晴和帖》纸本，行草书，是致"大年太守"的一封信札，又称《大年帖》。用笔圆润、含蓄、精到，结法内敛、锋藏不露，书风温雅秀润，此帖酷近于王羲之的《初月帖》，是薛绍彭传世书作中的精品。现藏北京故宫博物院。

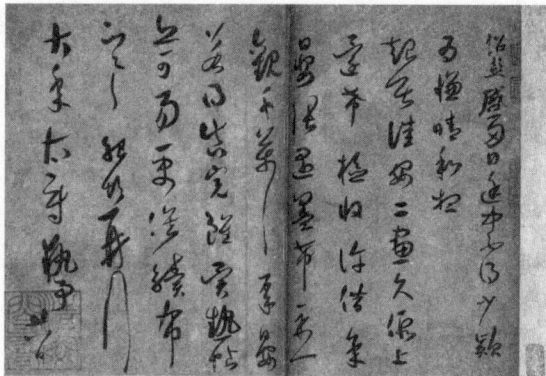

图 2-90 薛绍彭《晴和帖》

3. 吴琚

吴琚，南宋人，生卒年不详，字巨父，号云壑，河南开封人。他的行书专学米芾，写得峻峭、宕逸，但比起米芾来，颠狂的成分不浓。传世作品有《碎锦帖》《桥畔垂杨七绝诗》等。

《行书蔡襄七言绝句一首》（《桥畔垂杨七绝诗》）绢本。现藏台北故宫博物院。

此行书作品笔画提顿之间但见纵恣自如的跃动感，一股潇洒意气随着笔触的流动，畅然而生。作品上虽无作者落款，但有"云壑居士"印，是以认为作者是吴琚。吴琚书法专学米芾，苏东坡曾赞誉米芾书法"沉著痛快"，这句话用来评价吴琚的书法也算贴切。这幅作品不论点画与结构，都透露出仿佛米芾那般俊逸洒脱、痛快淋漓的神采，但是却没有一般米芾字里所见到的那种肆意纵横的习气。这件作品的外观形式称为"条幅"，它的出现与当时鉴赏的喜好、房屋的结构变化，有着极大的关联。书法作品从手卷到立

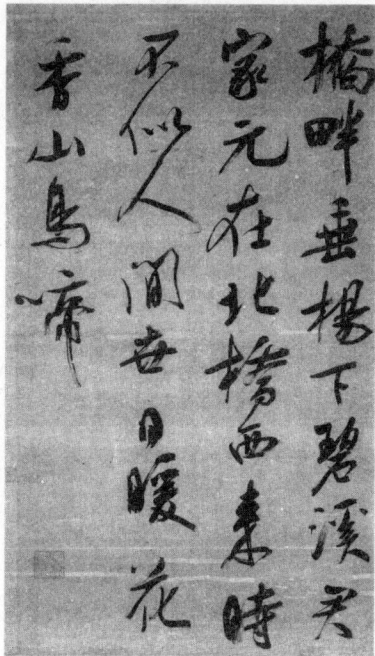

图 2-91 吴琚《行书蔡襄七言绝句一首》

轴形态的变化，大约开始逐渐兴盛于南宋末期至元代初期之间。这种条幅的形态原本是如宗教画或鉴戒画等，挂置在室内堂厅壁上，起到励志养性的装饰效果。此件作品是目前所见最早的一件挂轴形式的行书作品。

4. 朱熹

朱熹（1130—1200）字仲晦、元晦，号晦庵，徽州婺（wù）源（今属江西）人。他是著名的理学大师和教育家。其书法得益于王羲之和颜真卿的行书，平和从容、沉着典雅。

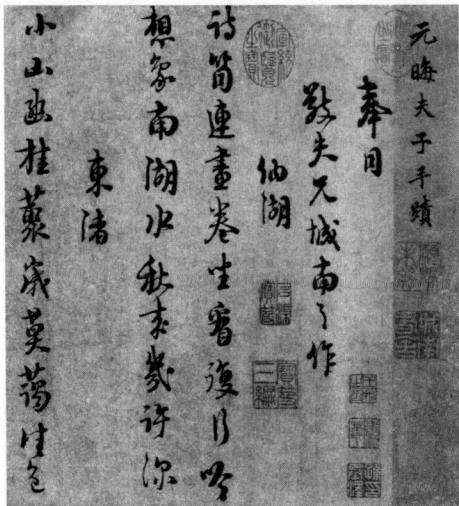

图 2-92　朱熹《城南唱和诗卷》

《城南唱和诗卷》纸本，手卷。帖 64 行，共 462 字。首题"奉同敬夫兄城南之作"。末款"熹再拜"，钤白文"朱熹之印"现藏北京故宫博物院。

此诗卷是朱熹为和张栻城南诗 20 首所作。张栻，字敬夫，号轩，宋代著名学者。居谭州（今长沙）。城南有风景 20 处、故题诗 20 首。朱孝宗乾道三年（公元 1167 年）八月，朱熹与张栻在谭州（今长沙）游历城南胜景，其间有许多应酬唱和的诗作，城南唱和诗应该就是这一时期的作品，和诗一共二十首，描绘了城南风光二十景。时年朱熹 38 岁，此诗卷书写年代则较晚。此卷书法笔墨精妙，萧散简远，笔意从容，灵活自然，无意求工，而点画波磔无一不合书家规矩，韵度润逸，为朱熹传世佳作。

第五节　复古的元代行书

一、元代行书发展概述

元代是蒙古族建立的朝代。元初统治者用武力征服了大宋，但是却征服不了具有几千年历史的汉文化。因此到了仁宗、英宗时，除了加强政治统治以外，在文化上开始向汉族学习，并提拔汉族官员，使蒙族文化和汉族文化同化。天历初年，还设置"奎章阁"，任命柯九思为鉴书博士。元代书法较之南宋有了发展，出现了一些少数民族书法家。元代少数民族书法家数量之多，在中国书法史上是独一无二的。

理学建构于北宋，成熟于南宋，但在两宋时代却没产生影响，至宋元之际则影响日益深广。元代的科举考试非程朱学不试于有司。朱熹论书的核心是崇尚汉魏古法，对宋代的新意乃至唐人书法不以为然。朱熹在《晦庵题跋》中说："书学莫盛于唐，然人各以其所长自见，而汉魏之楷法遂废。入本朝来，名胜相传，亦不过以唐人为法；至于黄、米而攲侧媚狂怪怒张之势极矣。"①

元代书法打起复古主义的旗号，回归晋唐，主流是由唐人晋，宗法二王。由于受到宋人的影响，元代书家行书间或融有宋人笔意，书风有了与唐和晋都不同的柔润婉约。晋人书清隽，唐人书劲健，元人书则显柔婉。元代书法的主要成就在行书、草书。

赵孟頫是元代最有影响的书家，被人尊称为"元书盟主"。何良俊《四友斋书论》云："自右军以后，唐人得其形似，而不得其神韵；米南宫得其神韵而不得其形似，兼形似神韵而得之者，惟赵子昂一人而已，此可为书家定论。"②

元代书坛主要笼罩在赵孟頫的书风之下，康有为《广艺舟双楫》云："元人吴兴首出，惟伯机实与齐价。文原和雅，伯生（虞集）浑朴，亦其亚也。惟康里子山奇崛独出。自余揭曼硕（揭傒斯）、柯敬仲、倪元镇，虽有遒媚，皆吴兴门庭也。"③

受赵孟頫书风影响的书法家还有鲜于枢、康里巎巎、邓文原、李倜、虞集等。

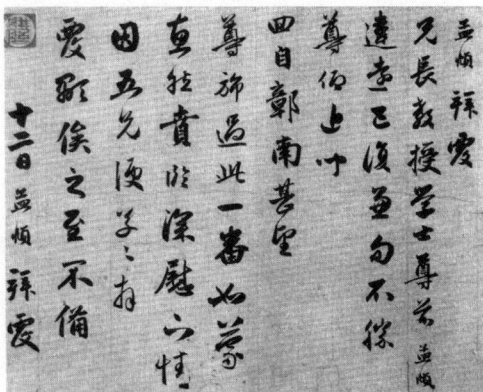

图 2-93　赵孟頫手札

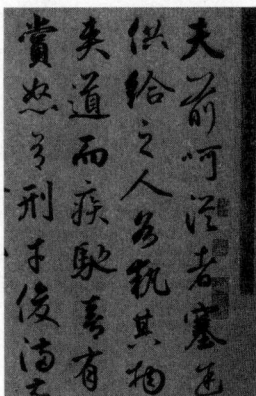

图 2-94　鲜于枢行书

---

① 《历代书法论文选续编》，上海书画出版社，1993 年 8 月第 1 版，144 页。

② 何良俊《四友斋书论》，崔尔平选编点校《明清书论集》上海辞书出版社，2011年 5 月第 1 版，131 页。

③ 《历代书法论文选》，上海书画出版社，1979 年 10 月第 1 版，777 页。

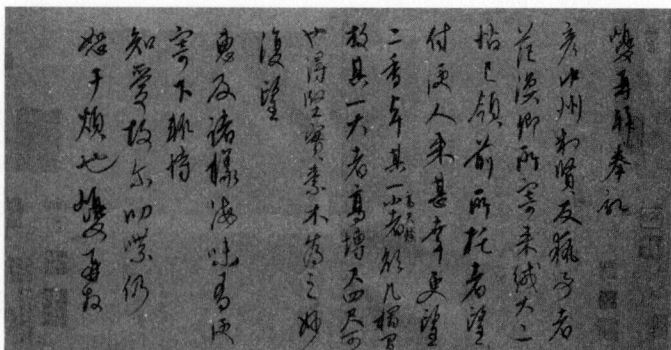

图 2-95　康里巎巎行书

　　元末，由于社会动荡，出现大批隐逸文人，他们的思想观念开始冲破赵孟頫的影响，书风为之一变，代表书家有杨维桢、倪瓒、张雨等，尤其是杨维桢极具个性，他们对后世书法产生一定的影响。但是，对于初学者来说，不宜以此为入门取法帖的范本，在具备了一定的基础之后，从这些风格中吸取一些艺术元素。

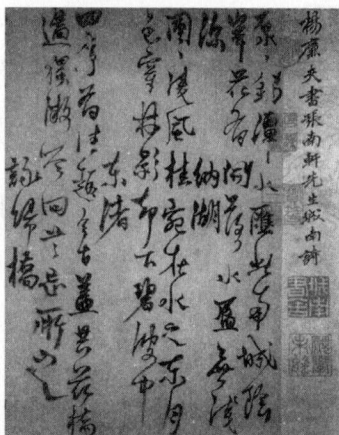

图 2-96　杨维桢《城南唱和诗册》

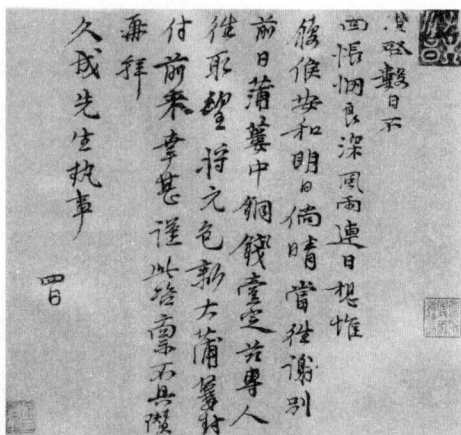

图 2-97　倪瓒《呈久成札》

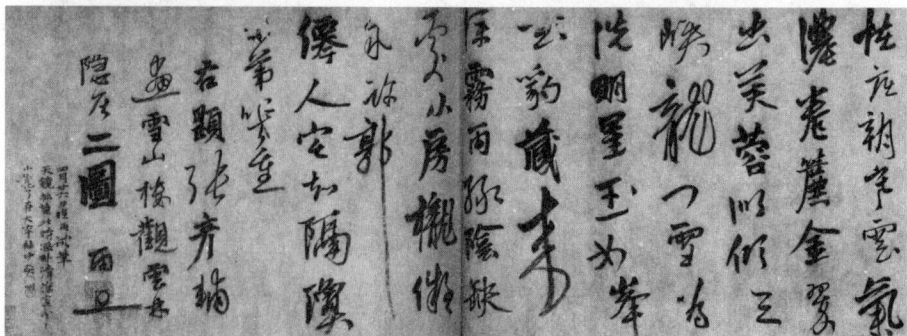

图 2-98　张雨《题画二诗卷》

二、元代行书代表书家及其作品

(一)赵孟𫖮

1. 赵孟𫖮(1254—1322)字子昂，号松雪道人，又号水晶宫道人，浙江吴兴(湖州)人。他是艺术史上少有的全才，精通诗文、书画、乐律，而且正、草、隶、篆、行各体皆善。赵孟𫖮临帖尤勤，据史记载，他每临一帖，多至数百遍，仅智永《千字文》就"临习背写，尽五百纸"。在广泛涉猎的基础上，他对于王羲之的书法情有独钟，认为王羲之书法"总百家之功，极众体之妙"。因此，他对于王体书法用心最多，从临摹法帖的范围和临摹的功夫上说，他和米芾有着惊人的相似之处。

赵孟𫖮行书所表现的是"中和"之美，融锺繇的质朴古拙、王羲之的蕴藉含蓄、王献之的恣肆跳宕、褚遂良的温润秀雅等特点为一体，秀骨清相，飘逸流美。从另一个角度来说，唐以下行书流于平整刻板，赵孟𫖮因其风格特点也未能逃脱。因赵孟𫖮是宋皇室后裔，后入元为官，被后世归为不忠，影响到书法方面，有"奴书"之论。

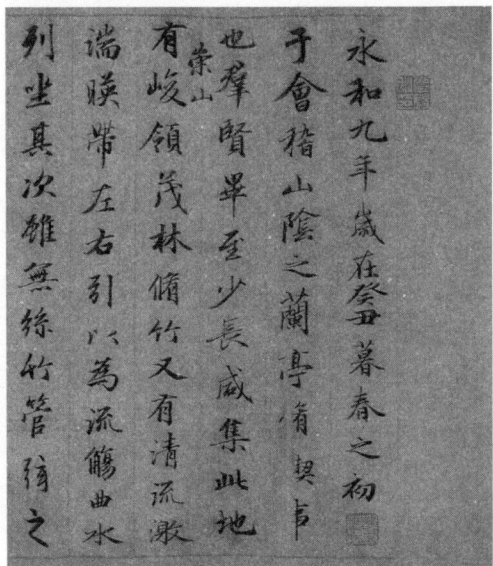

图 2-99　赵孟𫖮临《兰亭序》局部

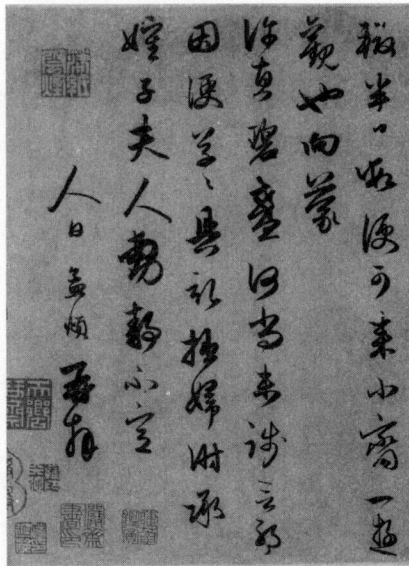

图 2-100　赵孟𫖮手札

赵孟𫖮的行书大约可以分为三类：临摹古帖，如临《圣教序》《临褚河南枯树赋》《临定武兰亭》等；手札，如《赵孟𫖮十札卷》《与鲜于伯机尺牍册》等，这类作品最为随意，也是赵孟頫行书作品中的精品；创作的行书作品，如《归去来辞》《与山巨源绝交书》《洛神赋》《赤壁赋》等。

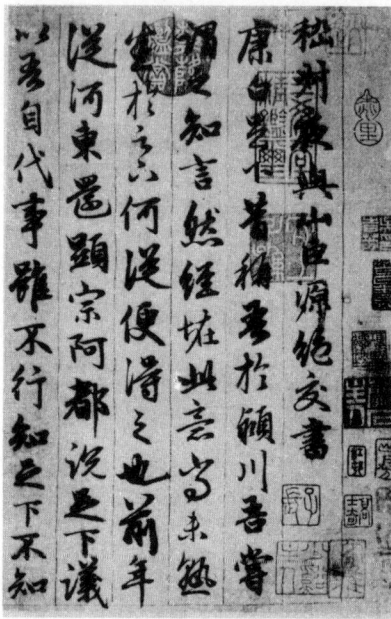

图 2-101　赵孟頫《与山巨源绝交书》　　　　图 2-102　赵孟頫《归去来辞》

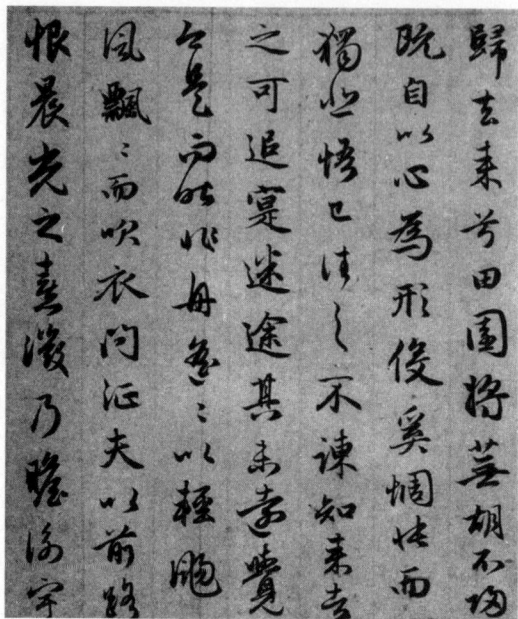

2.《归去来辞》

《归去来辞》，大德元年（公元 1297）作。行书，纸本长卷。共 48 行，行 10 字左右。卷前有其弟所绘陶潜像一幅并有题记，并盖有"古鉴阁中铭心绝品""经协久远期无限""韵篁馆赏图书"和"秦文钤"等印。该帖为赵孟頫中年时期作品，以行书为主，间以草法，用笔珠圆玉润，婉转流美，神气充足。

3.《洛神赋》

《洛神赋》，纸本，纵 29.5 厘米，横 192.6 厘米，现藏天津市博物馆。另有北京故宫博物院藏本，末尾款署：大德四年四月二十五日，为盛益民书。

此卷《洛神赋》是赵氏行书的代表作。点画深得二王遗意，尤其是王献之《洛神赋》的神韵，妍美洒脱。运笔圆润灵秀，结字匀称端正，字姿优美潇洒，布局密中有疏；同时，又呈现自身的追求，丰腴的点画，轻捷的连笔，飘逸中见内敛的运锋，端美中具俯仰起伏的气势，都显示出他博取众长而自成一体的艺术特色。元人倪瓒称此卷"圆活遒媚"，并推赵为元朝第一书人。

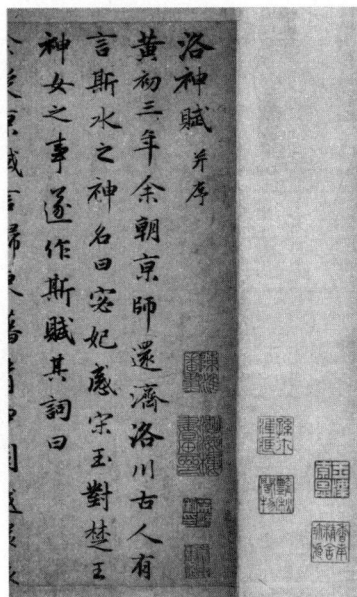

图 2-103 赵孟頫《洛神赋》　　　图 2-104 赵孟頫《洛神赋》

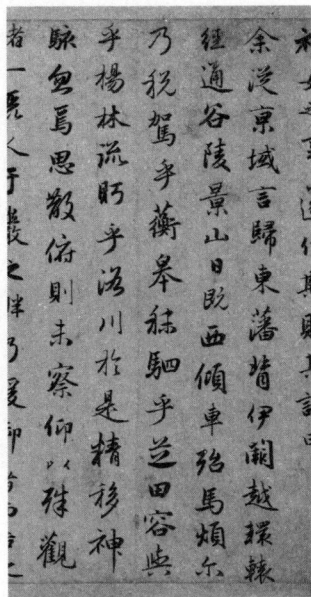

另外，赵孟頫的一些行草书手札写得非常精彩，法度谨严，潇洒飘逸，是学习赵体行书较好的范本。

(二)鲜于枢

1. 鲜于枢

鲜于枢(1246—1302)字伯机，号困学民、直寄老人、虎林隐史，河北渔阳(今天津蓟县)人。鲜于枢的行书有两类：一类是题跋，此类行书字较小，如《题冯应科笔工》《题保姆砖帖》等；另一类是创作的行书作品，字较大，大多以前代文学家的诗文为内容，如《苏轼海棠试卷》《唐诗卷》《王安石杂诗》《自书诗赞》等。

2.《苏轼海棠诗卷》

《苏轼海棠诗卷》是鲜于枢的行草书代表作之一，纸本，系书录苏轼咏海棠七言诗，卷后有元、明以来诸多书家题跋和收藏印记。

此卷系鲜于枢用极富弹性的硬毫写成，以行书为主，兼用草法。其用笔多取法唐人，笔法纵肆，欹态横生。从用笔力上看，锋敛墨聚，圆劲有力，每一笔画的起收、顿挫、使转……均从容不迫，却又变化万千，行笔劲利，挺拔有力；结体略呈右上取势，宽博宏肆，纵敛有度；行书中间杂草书，规整中有变化，有活泼生动之趣。此卷章法近乎上下齐平，行距均匀，不激不厉，自然畅达。字与字之间的起承转合偶以"牵丝"相属，更多是以内在笔势使上下呼应自如、左右揖让相得。通观全卷，点线爽健而富有立体感，结体严谨而纵肆，挥运之中意气雄豪而出入规矩。鲜于枢以深厚的功力表现出了对书法形式美的追求和创造力，也表现了自己的气质、人格。

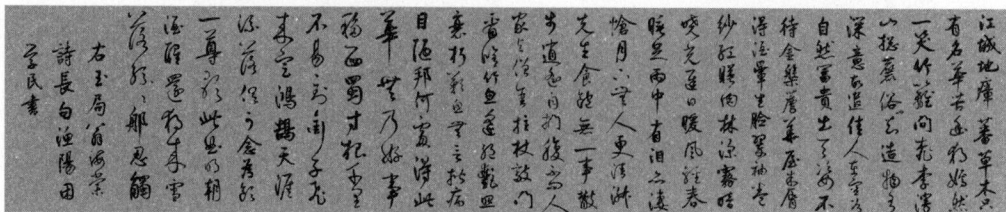

图 2-105   鲜于枢《苏轼海棠诗卷》

3.《行草诗赞卷》

《行草诗赞卷》行草书，墨迹本，上海博物馆藏。大德六年（公元 1302 年）作。整卷 71 行，每行两字至四字不等。前书《雪庵像赞》（雪庵即释溥光）诗，后书《吸月杯赞》。

此卷书法骨力劲健，真力饱满，气势雄伟跌宕，笔势纵横而又坚实，气势雄魄又不失规矩。他在书写时往往注意细节的处理，诸如整篇布局疏密讲究，飞白运用巧妙以及对锋颖及牵丝映带的巧妙安排等，在书写时给人不疾不徐、雍容不迫、大方自然的感觉，都显现出其作为元代一流书家的本色。这幅《行书诗赞卷》虽然起首部分缺失，仍不失为鲜于枢书法中不可多得的精品，也为研究鲜于枢书法艺术提供了珍贵的资料。

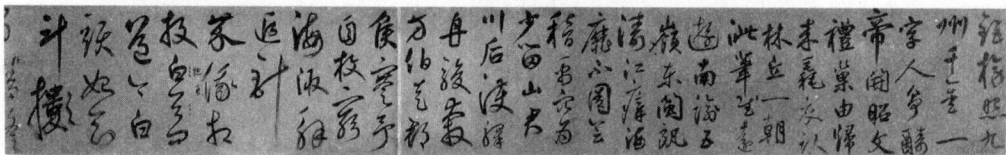

图 2-106   鲜于枢《行草诗赞卷》

（三）杨维桢

1. 杨维桢

杨维桢（1296—1370）字廉夫，号铁崖，东维子、铁笛子、抱遗老人，会稽人（今浙江绍兴）。他生活在元末，是一个极有个性的文学家、诗人。三十二岁进士及第，署天台尹，以狷介故，为黠吏陷，遂免官，往来苏松一带。他为人放浪不羁、耿直倔强，他的文章有"文妖"之誉，书法则不守规矩，点画狼藉，追求的是怪诞、壮美。在元代复古主义的大潮中，他走的显然是一条"独木桥"，与赵孟頫为首的追求温文尔雅的文士气的书风唱着对台戏。他的行书大小悬殊、结字诡异，章法布局如天女散花，没有明显的纵横分界。传世作品有《真镜庵募缘疏卷》《晚节堂诗札》《城南唱和诗》等。

2.《真镜庵募缘疏卷》

《真镜庵募缘疏卷》纸本手卷，上海博物馆藏。作者晚年与僧道交往频繁，经常出入于寺庙道院，《行书真镜庵募缘疏卷》特地为真镜庵募缘所撰写。作品真、行、草相杂，行草中多带入章草的笔法和结体，结字奇正多变，字形大小悬殊，笔道粗细轻重、墨色浓淡枯润，反差强烈，章法跌宕起伏，似乱石铺街，全篇产生一种跳荡、激越的节奏，气势豪放雄宕，代表了作者行书的典型风貌。

图 2-107　杨维桢《真镜庵募缘疏卷》

3.《晚节堂诗札》

《晚节堂诗札》册，纸本，台北故宫博物院藏。本幅为杨维桢六十六岁时书，时杨氏已定居松江数载，常于斋中与友人门生煮茗品酒，试新笔佳墨，赏题字画。此诗即用奎章赐墨所书，下笔力透纸背，苍劲老辣。

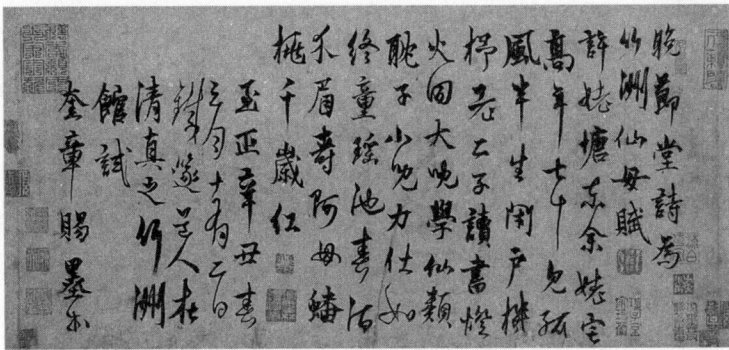

图 2-108　杨维桢《晚节堂诗札》

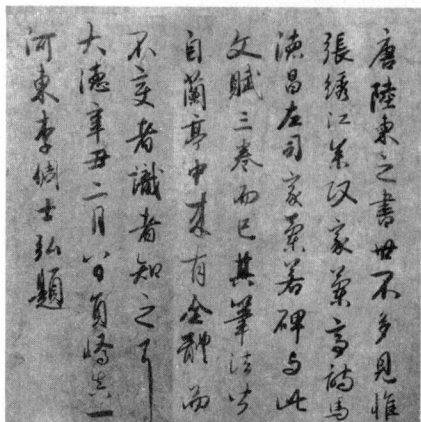

图 2-109　李倜《跋陆柬之书文赋卷》

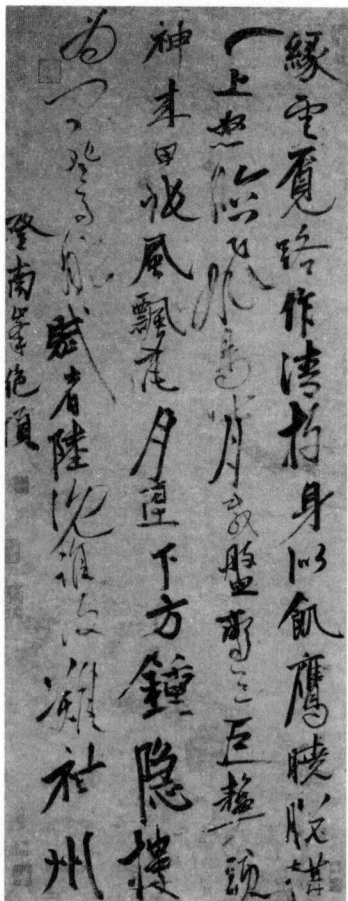

图 2-110　张雨《登南峰绝顶七言律诗轴》

（四）李倜、张雨行书代表作及艺术特点

1. 李倜

李倜，生卒年不详，书法史籍少有介绍，"是被遗忘一代大师"。李倜以好书名天下，强调晋韵，作书喜欢矮桌，高执笔。坐卧处布置得"奕奕有晋气"。他遍临晋帖，对于晋代书法韵味的理解力，尤其是用笔动作细微之处的感觉是一流的。传世作品有《跋陆柬之书文赋卷》等。

《跋陆柬之书文赋卷》纸本，台北故宫博物院藏。李倜此跋字体精劲，舒张得宜，行笔丰瘦有度，温润圆融，颇具右军风韵。

2. 张雨

张雨（1283—1350）字伯雨，浙江杭州人。他诗文书画兼工，被倪瓒评为"本朝逸品第一"。书法师从赵孟頫，行书取法李北海，清刚雅正，晚年书风变得狂逸。传世行书作品有《题画二诗卷》《登南峰绝顶七言律诗轴》等。

《题画二诗卷》纸本，北京故宫博物院藏。此卷是张雨行草书的代表作。其诗清虚雅逸，其书雄沉遒劲，堪为文书融通的佳作，倪云林称其诗文字画为"逸品第一"。

《登南峰绝顶七言律诗轴》纸本，台北故宫博物院藏。张雨的书法曾得赵孟頫指授，字画清逸舒放，同时他又吸收了李北海的纵逸，怀素的潇洒，虽非正脉，自有一种风气。这幅书法是罕见的大字行草，字形倾侧动荡，忽大忽小，用细笔写大字，运墨燥湿互济，锋势劲锐，别具纵逸峻历之势，尤其第二行与第四行中，一些干笔飞白的连绵草书，与怀素《自叙帖》接近，而楷、行、草书体的交互运用，结构布局无拘无束，显示他能放纵能收敛的高度技巧。

第六节　流派纷呈的明代行书

一、明代行书发展概述

明代（1368—1644）书法主要以楷、行、草为主。明代前期，行书主要受宋、元名家的影响，规模宋、元；中期上追晋、唐，称为明代行书发展的主流；晚期浪漫主义书风突起。

明代帝王雅好书法，诏求四方善书之士写"外制"，挑其中最能者留在翰林院写"内制"，授予"中书舍人"。此外，还挑选黄淮等28人专门学习"二王"书法，仁宗喜欢摹写《兰亭序》，神宗随身携带王献之《鸭头丸帖》说明了当时学书风气之盛。明代帖学盛行，出现了《泉州帖》《停云馆帖》《戏鸿堂帖》《真赏斋帖》《崇兰馆帖》等。由于帝王的提倡和帖学的发达，明代的行书得到了发展。

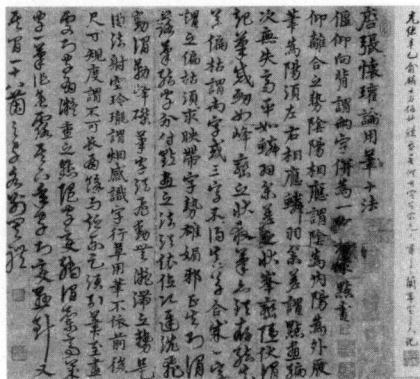

图 2-119　宋克《唐张怀瓘论用笔十法》

明代初期（1368—1487），主要以初期的"三宋二沈"（宋璲、宋广、宋克，沈度、沈粲）最知名，出现了工整典雅的"台阁"书风。楷书、行草书是主流，行书总体上说还是沿袭元代的格局，继续走着一条赵孟頫开创的复古道路。赵氏书风一直笼罩着明代书坛，董其昌之前书风依然是赵孟頫的天下。在明代行书家中很少有不学赵孟頫书法的，后人在描述明代书法时大都与元代书法合在一起，名之曰"元明尚态"。

明代中期（1488—1566）政治中心北移，南方商品经济初步发展，资本主义的萌芽，思想领域出现解放，吴门书派崛起。吴门书派是指明朝中期活跃在苏州，并以祝允明、文徵明为代表的书法流派。"吴门"，即今苏州之别称。明代中叶以来，苏州经济繁荣，文化发达，形成

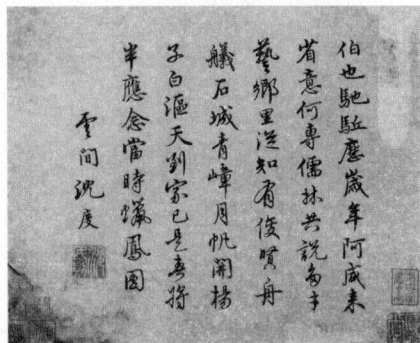

图 2-120　沈度《行书七律诗》

了以祝允明、文徵明为领袖，以陈淳、王宠等为中坚，包括徐有贞、沈周、李应祯、吴宽等前辈和文彭、文嘉、周天球、陆师道等后辈在内的

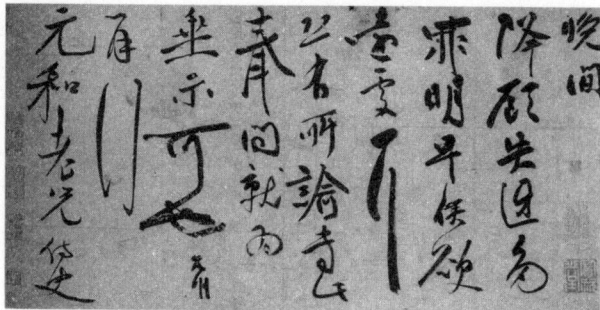

图 2-121　祝允明《致元和手札》

书法群体。这个被称为"吴门书派"的群体，颇具实力，在书法取法上不再局限于宋、元诸家，主要上溯晋、唐，改变了明初以来低靡单调的书法审美趣味，成为明代中期书法发展的主流，影响达百余年之久。

在吴门书派的代表书家中，祝允明以意胜，文徵明以法胜，王宠以韵胜。

祝允明创作方面能够摆脱"台阁体"书法的束缚，显示出自己书法个性。相较于文徵明、唐寅，他的行书最为放纵。

文徵明行书深得黄庭坚神韵，然法度过于严谨。

图 2-122　文徵明《行书自作诗卷》

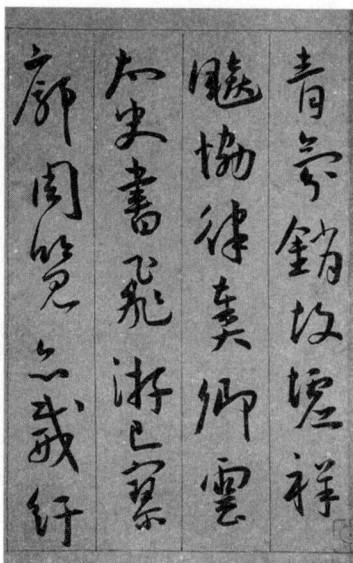

图 2-123　王宠《西苑诗》

王宠诸体皆能，以小楷、行、草最为擅长，取法魏晋，浸淫于钟、王，道正功深，书风趋于端庄古雅。在吴门诸子中，他的书法趣味尤高，原因就是他心不降唐宋以下，手熟于法度之内，他的笔下无狂怪之病，点画、结体皆有来处，心境旷达而使字势开阔正大，无琐小习气。

明代晚期（1567—1644）以陈献章、王守仁、李贽等的思想为主导，强调"本心""童心"，反对束缚，强调性灵、浪漫主义书风。

晚明书法分两翼：一翼是以邢侗、董其昌、米万钟为代表走帖学之路，书风典雅。董其昌的书法追求古淡、自然。他的行书线条洁净、圆转利落，结体秀雅，章法汲取杨凝式《韭花帖》的组合方式，拉大字距、行距，使作品透出一股萧散之气。董其昌的书法特色与其参禅和善用墨有关。他是明代很活跃的深研禅宗的人物，与袁宏道、李贽交往甚密。他以禅境喻书法，自然讲究作品的萧散。董其昌的用墨极为讲究，喜欢用淡墨，这在董其昌之前似乎是不多见的。

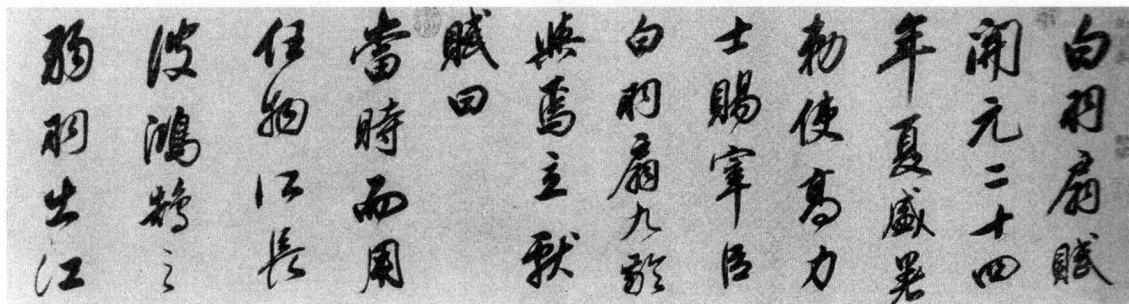

图 2-124　董其昌《白羽扇赋》

另一翼是以徐渭、张瑞图、黄道周、倪元璐等为代表，强调个性，表现出蓬头乱服（徐渭），侧锋疾扫（张瑞图），生拗横肆（黄道周）、凝涩激越（倪元璐）等风格。徐渭行书带真带草的都有，常常是字字独立，少有上下两字连在一起的。就单字而言，取扁势的字形较多，在一些作品中，也有黄庭坚式的长撇长捺。其书作常棱角毕露，不避败锋，点画支离，结构破碎，布局散乱，而强心铁骨，其中一股磊落不平之气，宛然可见。

明代晚期行书成就最大的当推王铎。王铎在明代曾官至礼部尚书，入清后当了"贰臣"，所以历史上对他颇有微词。但是王铎的书法却不愧为大师级的水准。王铎在书法中采用了"涨墨"法，通过涨墨，增强墨色的对比，丰富作品的空间构成。行书是王铎最擅长的书体之一，笔力苍劲，气势宏大，充满着阳刚之美，传世作品书写了大量的中堂条幅。

明代书法也有与元代不同的地方，具体表现在：一、魏晋以来直至宋元书写形式多以手卷为主，而明代开始出现中堂大轴，使书法创作形式上从案上发展成为壁上书。二、明代出现了明显的书法流派，如松江书派、吴门书派，而元代尚未出现明显的地域书法流派。三、明代末年出现了一股继唐代张旭、怀素之后的第二次表现主义思潮。

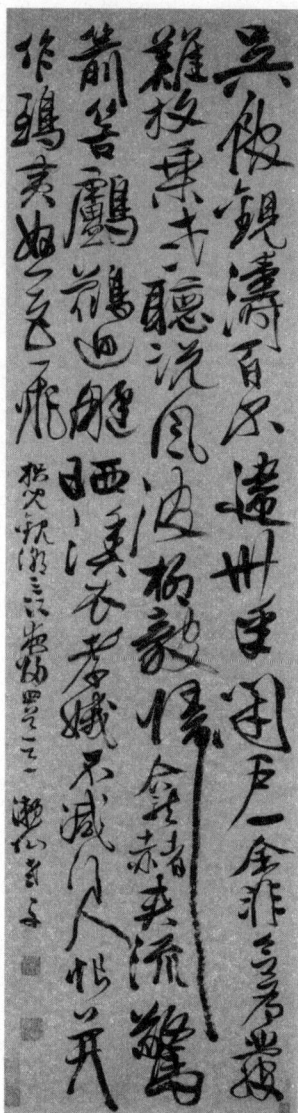

图 2-125　徐渭《行书轴》　　　图 2-126　王铎《喜友人联艇之作》

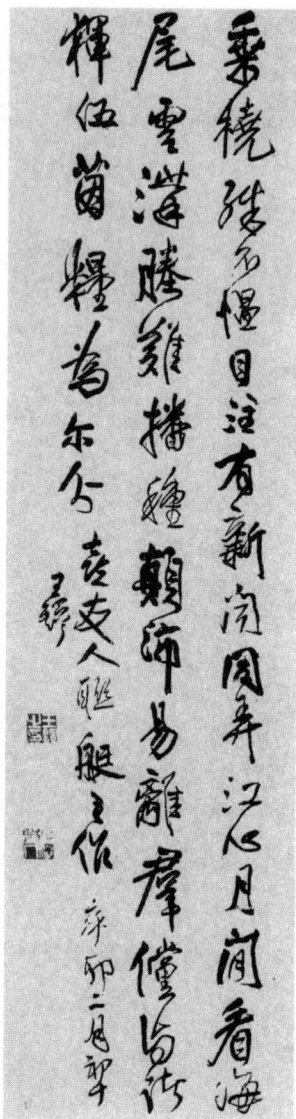

二、明代行书代表书家及其作品

　　明代前期以行书名世的有：宋璲、解缙、张弼、姚绶、李应桢、陈献章等。明代中期吴门书派崛起，主要行书代表书家有祝允明、文徵明、王宠等，明代晚期徐渭、董其昌、张瑞图、黄道周、倪元璐、王铎等书家代表了这一时期的主要书风。

(一)祝允明

1. 祝允明(1460—1526)字希哲、晞喆。因右手多生一指,故自号支指生、枝指生、枝指山人、枝山、枝山居士、枝山樵人等。世称"祝京兆"。长洲(今江苏吴县)人,自幼就聪慧过人,五岁时能写一尺见方的大字,九岁会作诗,以后博览群书,诗文有奇气。弘治五年(公元1429年)中举,以后便久试不第,正德九年(公元1514年),他被授为广东兴宁县知县,在岭南五年,后升任为应天(今南京)府通判,正德十四年(公元1519年)年称病还乡。他的仕途与他的祖辈和儿子来说,都相差甚远,实际上他是一个不得意的文人。他和唐寅等人意气相投,玩世狂放,与唐寅、文徵明、徐祯卿并称为"吴中四才子"。晚年,他喜独居作诗文,崇尚魏晋风流和禅宗,生活更加放浪形骸而不乐拘检,甚至玩世不恭,在吴门派中,他算最具有文人特质的一位。

祝允明父为徐有贞女婿,自己又是李应祯之婿,祖父祝颢为进士,曾官至山西布政司右参政,相信在这样的环境里,他受到多方面的熏陶。《明史·文苑传》称其"能诗文,尤工书法,名动海内。"

祝允明行书主要取法"二王"、米芾、苏轼、黄庭坚、赵孟頫诸家。他的临摹能力极强,对于不同风格的作品,无不临写工绝,形神毕肖。创作方面能够摆脱"台阁体"书法的束缚,显示出自己书法个性。相较于文徵明、唐寅,他的行书最为放纵。传世行书作品有《牡丹赋》《自书诗卷》《古诗十九首》《行楷洛神赋》《致元和札》等。

图 2-127 祝允明《行楷洛神赋》

2.《致元和手札》又名《晚间帖》。印花笺纸本,首尾共9行,北京故宫博物院藏。这幅作品自然流畅、大小错落、富于变化。其笔法和点画的结构显示出祝允明对黄庭坚书法的精心研习,不仅得其形,而且得其神。

3.《行楷洛神赋》卷,绢本,朵云轩藏。跋者断为祝四十岁左右师古之作,有一定道理。观其点画、结体,《兰亭》意味极浓,又有钟法存乎其间,淳厚典雅,参以赵孟頫,然

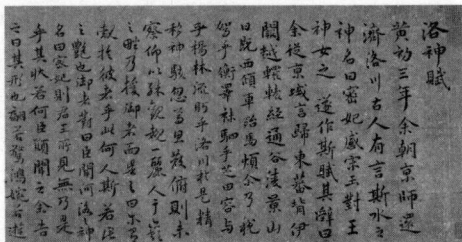

图 2-128 祝允明《行楷洛神赋》局部

变化多致。其行笔从容不迫，笔笔到位，一派君子之风。此类前贤师古之作对我们今天学书法者极有借鉴价值。

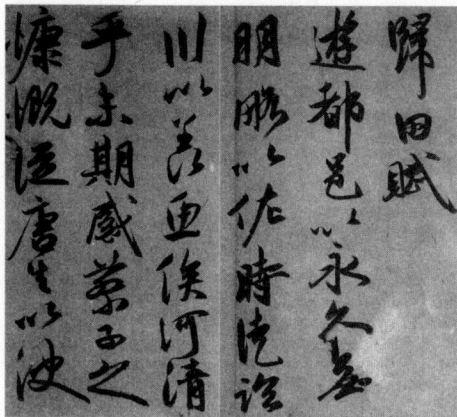

图 2-129　祝允明《行草归田赋》局部

4.《行草归田赋》行草书，凡十四开，满页 3 行，共计 79 行，天津艺术博物馆藏。册分前后两段：前一段行书，抄录的是东汉张衡《归田赋》和仲长统《乐志论》二文，款署"枝山散客书"；后一段草书，所书内容为三国魏人嵇康五言诗《酒会》一首，款署"枝山"。

本册因无年款，书风豪放不拘，当为祝允明中年之作。行书一段，风格中蕴含了苏、黄、米、赵，尤其以赵子昂的影响为最多，但又不是全仿。草书一段，仍是规矩有度，而未放任挥洒。两段用纸相同，应为同一时期所书。从某种意义上说，本册应该是祝允明尝试着将宋、元意趣融入晋、唐法度时期的作品。因此，可视为祝允明中年时期的书法精品。

(二)文徵明

1. 文徵明(1470—1559)初名璧(也作壁)，徵明是他的字，后来又改字徵仲，祖籍衡山，自号衡山居士，人称文衡山，斋名停云馆。长洲(今江苏苏州)人，官至翰林待诏，私谥贞献先生。文徵明早期考取功名仕途不太顺利。明清时代，凡经过各级考试，取入府、州、县学的，通称"生员"，亦即所谓的"秀才"。文徵明在生员岁考时，一直考到嘉靖元年(公元 1522 年)五十三岁，均未能考取，白了少年头。五十四岁时受工部尚书李充嗣的推荐到了京城朝廷，经过吏部考核，被授职低俸微的翰林院待诏的职位，故称"文待诏"。这时他的书画已负盛名，求其书画的很多，由此受到翰林院同僚的嫉妒和排挤，文徵明心中悒悒不乐，自到京第二年起上书请求辞职回家，三年中打了三次辞职报告才获批准。五十七岁辞归出京，放舟南下，回苏州定居，自此致力于诗文书画，不再求仕进，以戏墨弄翰自遣。晚年声誉卓著，号称"文笔遍天下"，购求他的书画者踏破门槛，说他"海宇钦慕，缣素山积"。

文征明早年因为字写得不好而不许参加乡试，因而发愤图强，终于成为诗、文、书画方面的全才。绘画方面，与弟子成为"吴门派"，"吴门画派"创始人之一。又和沈周、唐寅、仇英合称"明四家"。与唐伯虎、祝枝山、徐祯卿并称"江南四大才子"(也称吴门四才子)。书法各体无一不

精，尤其以行书、楷书为人所称道，在当时名重海内外。文徵明享年 90
岁，年高望重，门生又多，是"吴门四才子"中最长寿的一位。他年近九
十岁时，还孜孜不倦，为人书墓志铭，未待写完，"便置笔端坐而逝"。

行书传世作品有《西苑诗卷》《醉翁亭记》《阿房宫赋》《自书诗卷》等。

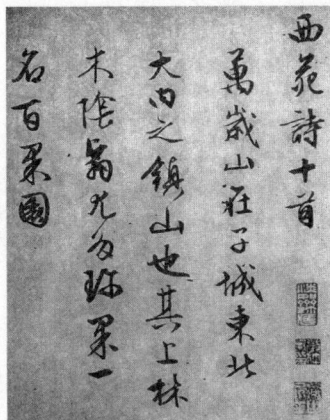

图 2-130　文征明《西苑诗卷》

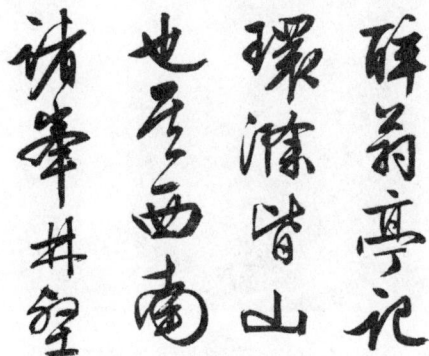

图 2-131　文征明《醉翁亭记》局部

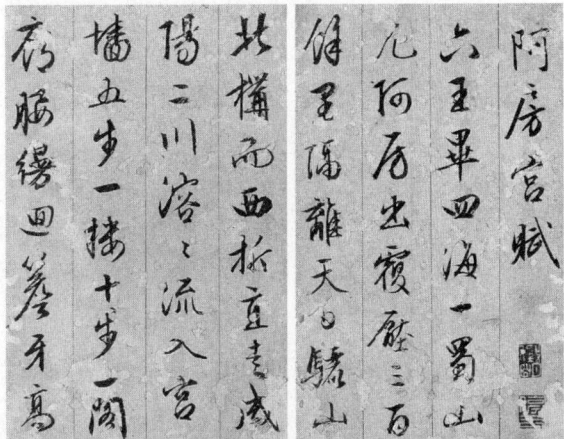

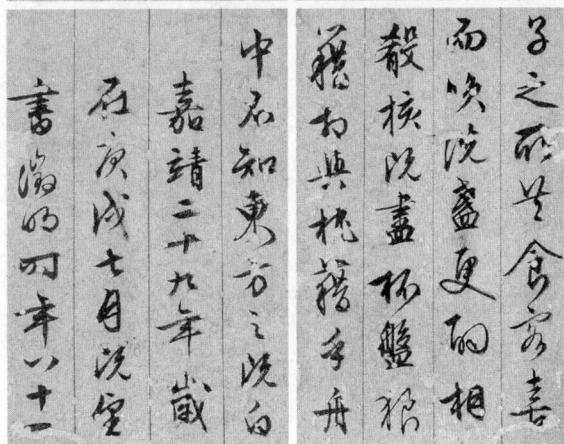

图 2-132　文征明《阿房宫赋》

2.《西苑诗卷》局部，纸本，北京故宫博物院藏。

此为文徵明行草书的代表作之一。文徵明 56 岁在京任翰林院待诏时
所作，共七律 10 首，描述宫城西以太液池为中心的御苑（即今中南海、
北海）景色。此卷书于嘉靖甲寅（公元 1554 年）六月十日，距成诗时隔 30
年，是年文徵明已 85 岁。此卷行草书深得赵孟頫行书的遗意，用笔苍劲
流畅，风姿端整秀雅，是其晚年杰作之一。

文徵明大字行书深得黄庭坚神韵，然法度过于严谨，缺少性情。

(三)王宠

1. 王宠(1494—1533)初字履仁,后改字履吉,号雅宜山人,人称"王雅宜"。长洲(今江苏吴县)人。他是一位极有才气的书家,可惜一生仕途不佳,八次应试,皆不第,仅以邑绪生被贡入南京国子监成为一名太学生,世称"王贡士""王太学",享年仅四十岁。为唐寅姻亲,其子娶唐女,亦与文徵明交善。

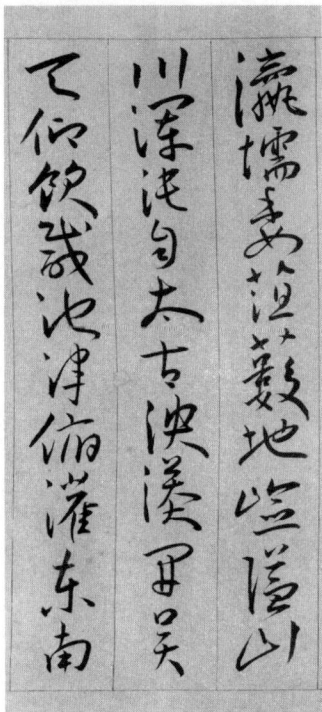

图 2-133　王宠《自书游包山诗》　　图 2-134　王宠《自书杂诗二种》

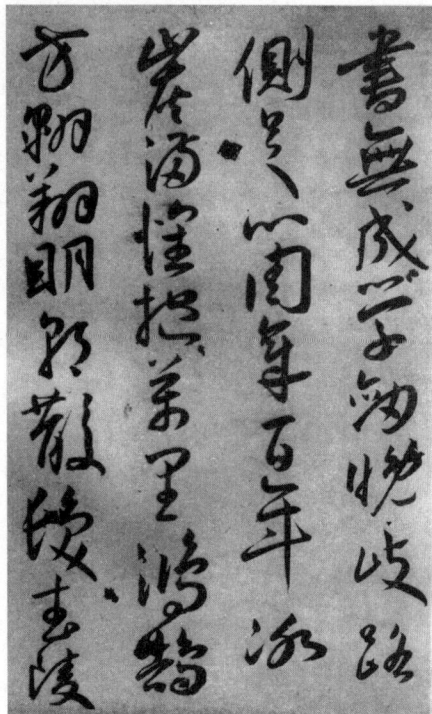

他一生用心诗文书画,兼擅篆刻,放意山水,才高志远,于诸方面都取得了较高成就,与祝允明、文徵明并称于世,并称"吴中三家"。其中尤以书法最为知著,他诸体皆能,以小楷、行、草最为擅长,取法魏晋,浸淫于钟、王,道正功深,书风趋于端庄古雅,在吴门诸子中,他的书法之趣味尤高,这原因就是他心不降唐宋以下,手熟于法度之内,他的笔下无狂怪之病,点画、结体皆有来处,心境旷达而使字势开阔正大,无琐小习气。他的小楷取法钟繇,冲和古雅,又深得二王神韵,于拙朴中见清淡;草、行法《十七帖》《圣教序》等而形神兼备。在书法史上学王右军杰出者除米芾、赵孟頫之外,就数王宠和王铎了,而且各有所长。米得王之迅疾,赵得王之端正,王铎得王之雄厚,王宠得王之萧散。

就气韵言，王宠为上，惜乎其早逝，未能含和圆融，更进一步。

传世行书作品有《西苑诗帖》《自书游包山诗》《自书杂诗二种》《浔阳歌十首》《湖上八咏》等。

2.《西苑诗帖》，纸本，行书，现藏天津博物馆。王宠书法有晋人恬淡之趣，尤其是行书，以拙取巧，自成新意。取法献之，得其疏朗空灵，又得虞世南笔意，运笔涵蕴，得其疏雅。王宠善于掺拙，做到了巧而不媚，流畅而不浮滑，用笔清劲秀雅，温润含蓄，不激不厉，技巧动作的表达非常细腻、精巧，变化极其微妙，结体安排精巧流走，法度、情性俱在，有些地方还流露章草遗韵，更显高古蕴藉。王宠行书整个气息落拓不羁、遒劲萧疏，在沉静、收敛之中反而更具一种内在的张力，诚如清黎惟敬所赞颂的那样："晋人真迹，世所罕见。所传者，仿书耳。诸体混淆，若出一手，不辨其为谁也。近世吴人王履古氏独能追踪大令，萧散俊逸，复出流辈，虽不见晋人书，知其为绝艺也。"

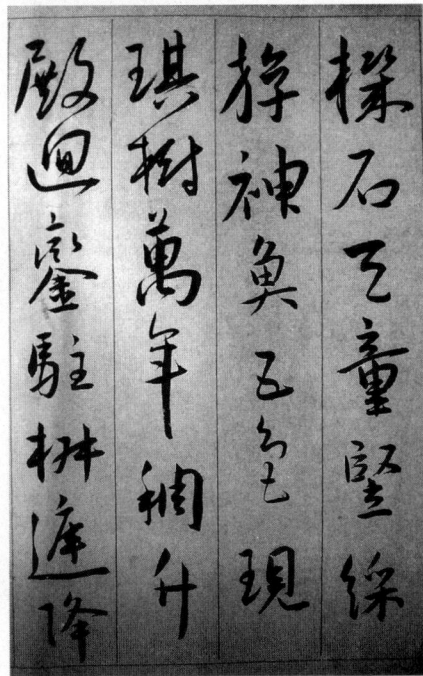

图 2-135　王宠《西苑诗帖》

(四)徐渭

1. 徐渭(1521—1593)字文长，号天池，浙江山阴(今浙江绍兴)人，是我国著名的文学家、戏剧理论家和书画家。行书带真带草的都有，常常是字字独立，少有上下两字连在一起的。徐渭书法有"八法之散圣，字林之侠客"之论，笔意奔放，不拘法度，苍劲中姿媚跃出。就单字而言，取扁势的字形较多，在一些作品中，也有黄庭坚式的长撇长捺。传世的行书作品有《天瓦庵诗卷》《野秋千十一首》《杜甫秋兴八首》等。

2.《行草应制咏墨轴》纸本，苏州博物馆藏。此幅作品大幅竖式，书法棱角毕露，不避败锋，点画支离，结构破碎，布局散乱，表现了徐渭一种磊落不平之气。就法度而言，有"野狐禅"之讥。从本体来看，此书作抒发作者震荡的心绪，激烈的情感，狂放的才情，尽刷胸中不平之气，这与其晚年"苦无尽头，到苦处休言苦极"之悲愤、压抑、无奈的心境相合，故见情见性，真挚感人，允为神品。与此轴成对的徐渭《行草应制咏剑轴》亦同藏苏州博物馆，当两轴同时悬张于壁间时，只见满纸云烟，遍壁惊涛，令观者血脉偾张，不禁情绪激越，思绪狂奔，无不有观止之叹。

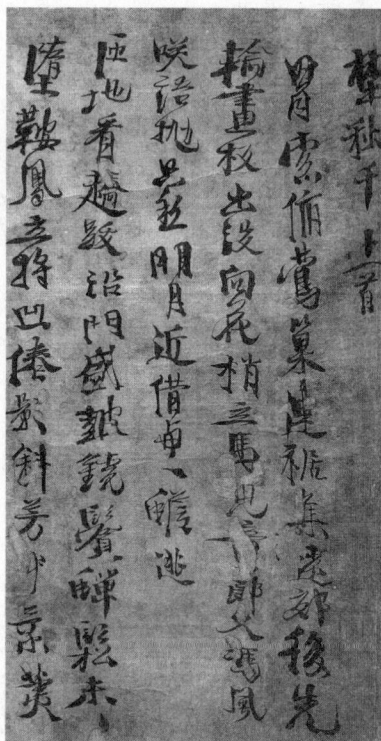

图 2-136　徐渭《野秋千十一首》

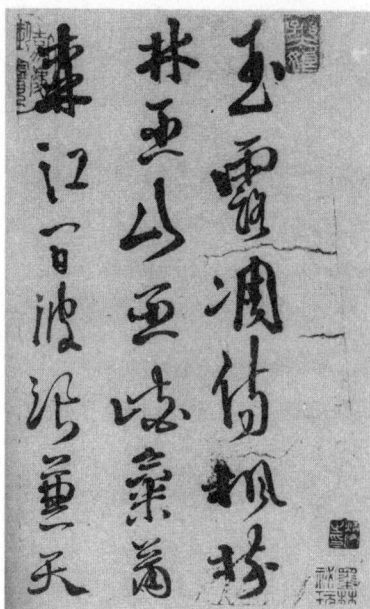

图 2-137　徐渭《杜甫秋兴八首》

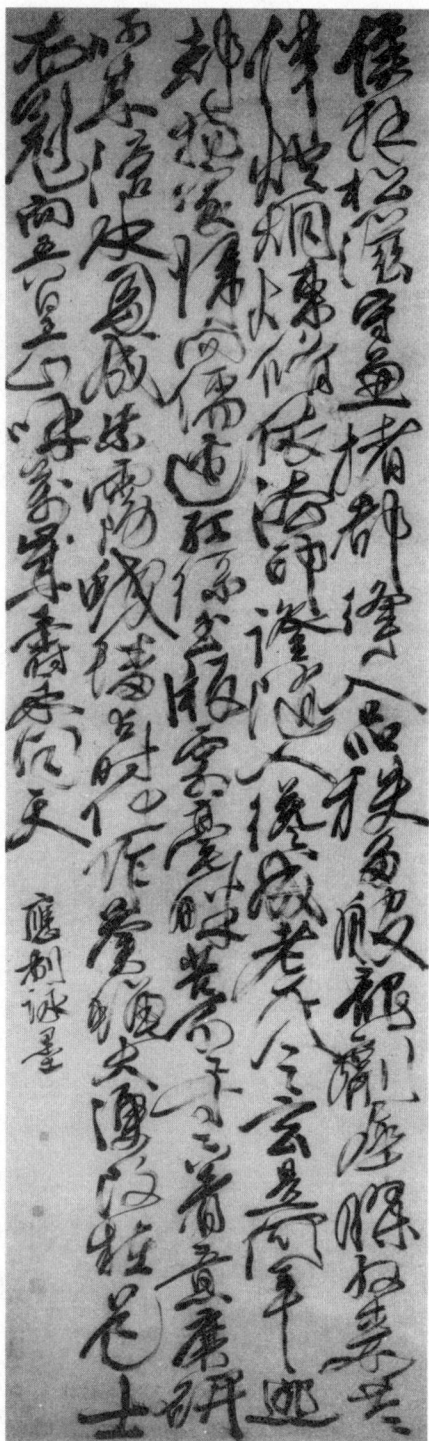

图 2-138　徐渭《行草应制咏墨轴》

（五）董其昌

1. 董其昌（1555—1636）字玄宰，号香光，又号思白、思翁，华亭人（今上海松江）。董其昌工诗文，善书画，精鉴赏。书风古淡、秀逸，长于行草和楷书。为人们津津乐道的是他的行楷、草书。他对楷书下过相当的功夫，由唐人手而上追魏晋，深得颜真卿、虞世南书法之髓，而又略有晋人余韵。其小楷书法字体大都修长，笔画柔劲，俊秀工致而绕有韵味。如《月赋》《乐毅论》小楷卷等，写得开张、俊拔。董其昌的小楷不如祝允明、文徵明、王宠以及黄道周的影响大，他强调"妙在能合，神在能离"，以"能自结撰为极则"，强调神似，并以"吾神"为最高品位，突出书家个性的释放。

董其昌的书法追求古淡、自然。他的行书线条洁净、圆转利落，善用中锋与侧锋组合，中锋厚实，侧则爽利、劲健，精神外露。结体讲究精微、紧密而有势，表现出欹侧秀雅。章法汲取杨凝式《韭花帖》的组合方式，拉大字距、行距，使作品透出一股萧散之气。用墨极为讲究，浓淡相间。在晋、唐、宋、元诸代，书家作书喜欢用浓墨，东坡还曾将浓墨形象地比喻为"湛湛如小儿之目睛"。在这一点上，董其昌善用淡墨，也是有创意的。董其昌的书法特色与其参禅和善用墨有关。他是明代很活跃的深研禅宗的人物，与袁宏道、李贽交往甚密。他以禅境喻书法，自然讲究作品的萧散。

董其昌传世行书作品很多，暂列几个代表：《琵琶行》《李太白诗》《临颜真卿赠裴将军诗卷》《方砀谷小传》《栖真志卷》《紫茄诗》《杜甫诗》《栖真志卷》（刻本）等。

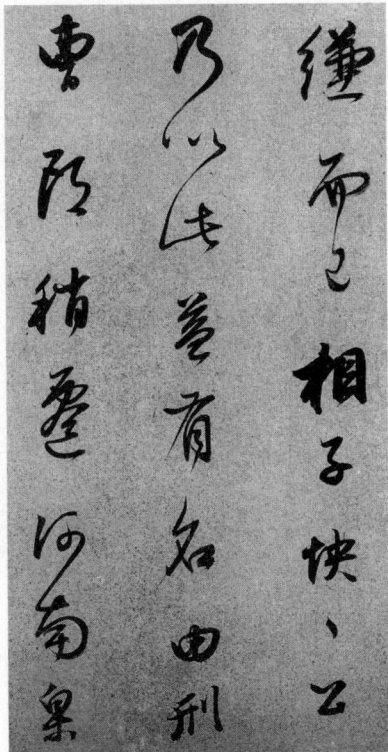

图 2-139　董其昌《方砀谷小传》

图 2-140　董其昌《栖真志卷》

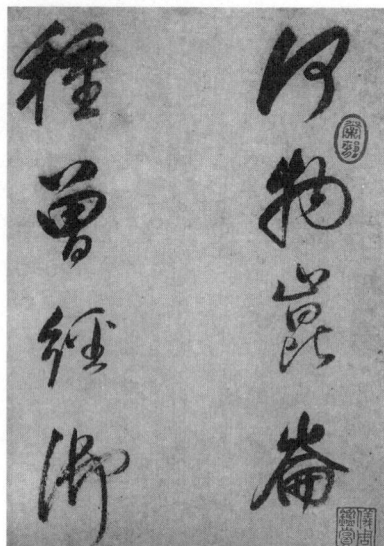

图 2-141　董其昌《紫茄诗》

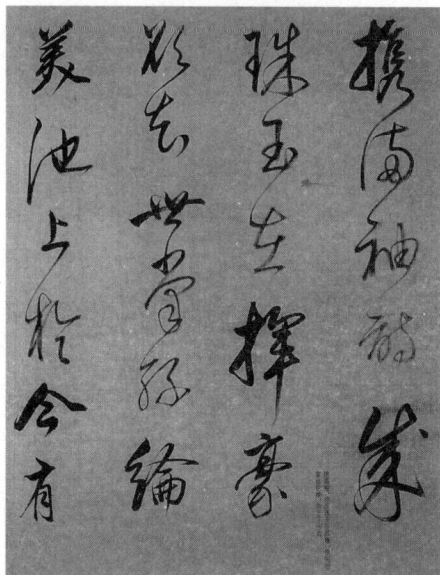

图 2-142　董其昌《杜甫诗》

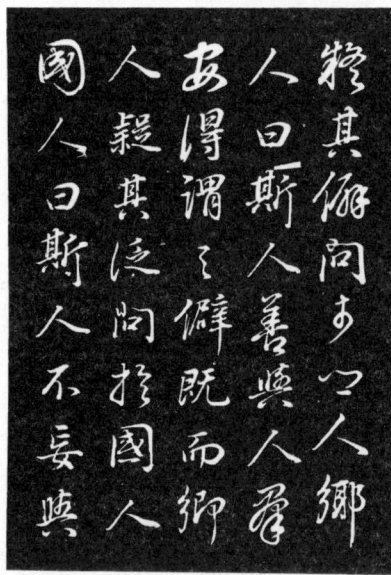

图 2-143　董其昌《栖真志卷》（刻本）

　　《行书白羽扇赋》洒金笺本，台北故宫博物院藏。唐代诗人及宰相张九龄，受朝中权臣排挤，玄宗赐白羽扇，作赋以明志，含有明哲保身的含义。这件作品是董其昌晚年所书，笔法精到，一丝不苟，结体将颜体与米芾熔为一炉，体现了董其昌的书法所强调的"神在能离"。董其昌早年对颜体是下过功夫的。董其昌行书表现了秀逸、淡远、爽俊的书风，充分显示了董氏书写时的从容不迫与自信自足。

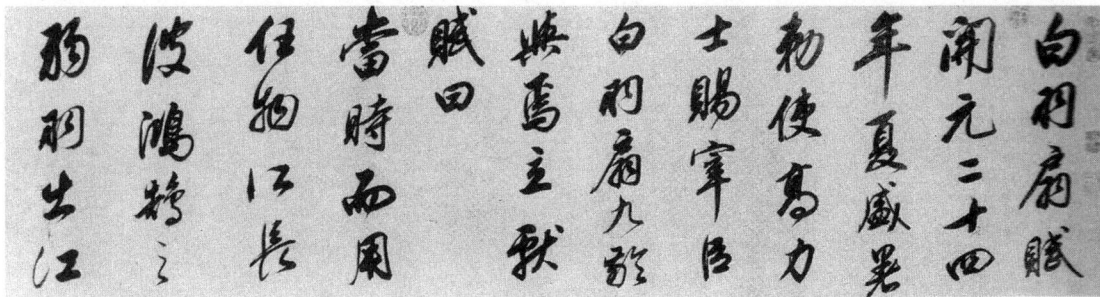

图 2-144　董其昌《行书白羽扇赋》

(六)张瑞图

1. 张瑞图(1570—1641)字无画,号长
公、二水,别号果亭山人、芥子居士、平
等居士,福建晋江(今福建泉州)人。张瑞
图的行书风格突出,用笔出锋尖刻,有折
无转,结体奇崛,章法粗头乱服,字与字
之间的距离缩短,加强了一行之中自上到
下的连贯,行距拉开,行与行之间的空间
序列更加明晰,气势非凡。张瑞图把行书
章法在字距略紧、行距略宽的类型和字距
宽、行距宽的类型的基础上,建立了第三种行书布局模
式,即字距特紧、行距特宽。因此,张瑞图在章法创新
上有着一定的地位。

图 2-145　张瑞图《行草团扇》

张瑞图行书有《行书论书卷》《行草团扇》《行书
轴》等。

2.《行书论书卷》(局部)绫本,作于明天启四年(公
元 1624 年)甲子,时张瑞图五十四岁,代表了他中年
的书法水平,安徽省博物馆藏。这一时期的张瑞图已
从古人的约束中挣脱了出来,用笔上方峻刻峭,多使
偏侧之锋,起笔以挫为主,落笔起止斩斫,翻折顿挫
迅捷,提按起伏坚韧有力,横撑竖持,跳跃使转,夸
张多变,奇险莫测。笔画伸展倾斜度颇大,以轻捷的
露锋落墨,随即铺锋重重带过,至折转处又突然翻折
笔锋,用尖刻的锋颖与锐利的方折及紧密至不透风的
横画排列相结合,形成折带摇荡的鲜明节律。这种大

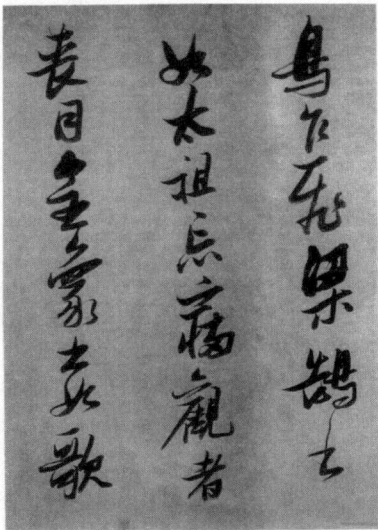

图 2-146　张瑞图《行书论书卷》

翻大折、突出横向的动态，一变历代行草书以圆转取纵势的笔法，代之以方峻峭刻取胜。笔法节奏明快，于流畅中寓直转，飞动中有停顿，强调激昂的动感，给人以笔调奇险，真气弥满的感觉。结体奇崛变化，横扁之形出于苏书，左颠右倒，不求平衡。章法上紧压字距，疏空行间，控制行气，有一泻千里的气势，给观者在视觉上带来了很大的冲击，令人有荡气回肠之叹。

整卷作品方折横折，连绵密布，宽舒排列，屈突缓徐，硬辣飘逸，局促拓展，用众多的反常又合度的笔法组合成一种"壮美"，是一种由悲怆激越转向平和放逸的美，形成了有别于前人和时人的鲜明个人特点。其书写的特征与当时的心态互为表里：在"禅味"的书法中化解胸中的痛苦和无奈。张瑞图是一位善于进取、勇于创造的大师，他的进取曾使自己从一介寒士跃而跻身朝廷重臣之列，他的创造又使自己从一个政治上的失败者锤炼成一个艺术上的胜利者。

(七)黄道周

1. 黄道周（1585—1646）字玄度，号石斋，福建漳浦人。黄道周是明末时期的政治家、学问家和书画家。黄道周自幼卧铜山孤岛石室中博览群书，故号石斋，又号漳海石人、石道人、石史、海表逸民、少仙子、赤松子等。黄道周三十八岁那年，即明天启二年（公元1622

图 2-147　张瑞图《行书轴》

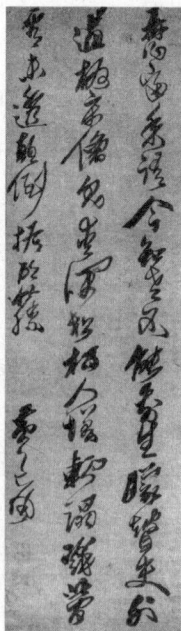

图 2-148　黄道周《行草书诗轴》

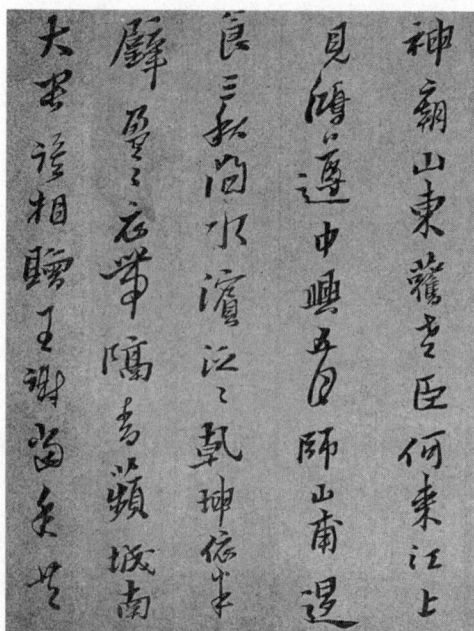

图 2-149　黄道周《舟次吴江诗册》

年）与王铎、倪元璐同举进士，时人号称"三株树""三狂人"。后授翰林院编修，为经筵展书官。福王时官礼部尚书。明亡后，抗清被俘，于金陵不屈而死。黄道周卒后，唐王隆武特赠"文明伯"，谥忠烈。清乾隆时改谥忠端。他的品行、学问时人赞颂，后世景仰，忠肝义胆，彪炳千秋。

黄道周人品高，为人耿介，仗义执言，一生忧国忧民，以天下为己任。他博学多才，以文章风节高天下，精通理学、历数、天文、易经，且著述宏富，尤长于古文、书画，他在书法艺术上的成就，就是深深地根植于这个基础之上。

黄道周的行书取法锺、王，点画古拙，结体取横势，在章法上采取行距特松的方法，加强了整体的气势感。他的行书对后世影响极大，近世的沈曾植、沙孟海等书家都受过他的影响。

黄道周传世的行书作品有《行草书诗轴》《舟次吴江诗册》等。

2.《途中见怀诗》轴，纸本，行书，北京故宫博物院藏。此轴书法用笔流畅迅捷，快而不飘，起收使转准确到位。结体大小随意。皆以平正之势，注重字与字之间的穿插避让与连带，有险劲倔强之感。章法字距紧密，行距宽疏，阵势森罗，颇有"严冷方刚，不谐流俗"之性格。

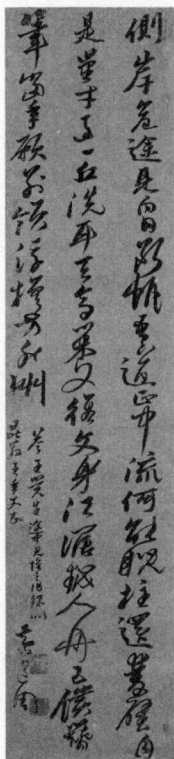

图2-150　黄道周《途中见怀诗》　　　图 2-151　倪元璐《行书诗轴》

图 2-152　倪元璐《扇面》

（八）倪元璐

倪元璐（1593—1644）号鸿宝，浙江上虞人。他与黄道周共举进士，两人交谊很深，经常在一起讨论书法。在明代末年书坛上，倪元璐与黄道周的书法共具奇崛特色。两人在书法风格上有相似之处。不同的是倪元璐喜欢用干墨，线条中时出飞白，笔画常合并，作品出现墨快。运锋的流转、顿挫中融入了更多的沉郁和涩拙之笔。点画亦支离而诡异，颇具风骨凌厉之气势，风格独标。结构安排上欹斜交错，险峻恣肆。康有为评其书法曰："新理异态尤多"。传世行书作品有《行书诗轴》等。

（九）王铎

1. 王铎（1592—1652）字觉斯，号痴庵，河南孟津人。三十一岁殿试赐同进士出身，与同科进士倪元璐、黄道周被誉为"三株树""三狂人"。王铎入清后当了"贰臣"，所以历史上对他颇有微词。但是王铎的书法却不愧为大师级的水准，虽然在当时并未引起很大的影响，然而对现代书坛乃至日本书坛都产生过深远的影响。书法史上曾称王铎为"神笔"。日本书坛更是对他推崇备至，称之为"后王（铎）胜前王（羲之）"，还专门成立"王铎书法显彰会"。

王铎重视书法的传统功力，重视对二王书法尤其是对二王书法的传承，追求雄劲苍峻的书风，而不是固守二王书法的不激不厉。早年临二王，用笔圆润，笔势平和；中年后与米芾交融，多易圆转为方折。他赞赏米芾，认为米芾书深得羲、献真髓，纵横飘忽，仿佛飞仙，深得《兰亭》法，而又不规矩摹似。王铎得米芾之洒落自得，解脱二王，自己的行书最终也是解脱二王，进入化境。

行书是王铎最擅长的书体之一，笔力苍劲，魄力沉雄，气势宏大，充满着阳刚之美。王铎行书笔力厚实、流贯淋漓，用笔爽利，以圆转贯其气，以折锋刚其势，凝练劲健，酣畅沉着。结字俯仰翻侧，欹斜正反，跌宕起伏，大小疏密，相映成趣，由此造成每一行字的动态曲线，在掷腾跳跃中形成强烈的白疏黑密的视觉效果。中年后他在书法中善用"涨墨"，通过"涨墨"，增强墨色的对比，丰富作品的空间构成。王铎将二王一脉的优秀传统与其革新精神创造性地结合，通过用笔上的精微深入及结字、章法、墨法上的丰富变化，形成了其风行雨散，强悍不羁的书风，迥异于吴门书派和董其昌，对近代和当代书坛产生了巨大的影响。

　　传世作品除了大量的中堂条幅外，有《拟山园帖》《行书诗册》《临古帖·献之帖》《书李贺诗》《跋枯兰复花图》等，王铎一生留下了大量的行草书法帖。

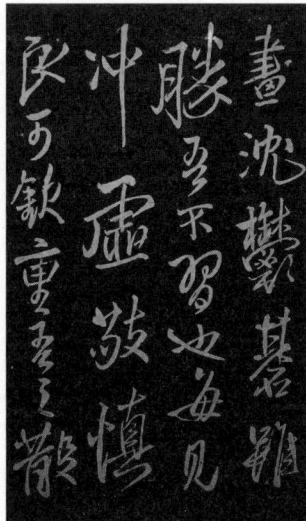
图 2-153　王铎《拟山园帖》卷九（局部）

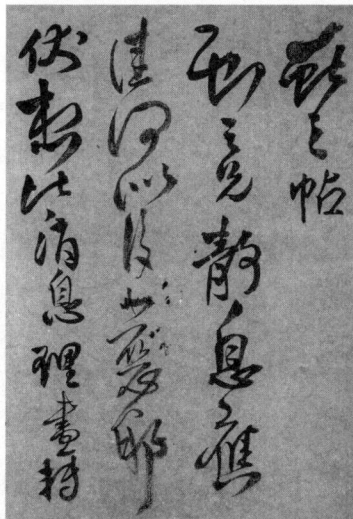
图 2-154　王铎《临古帖·献之帖》

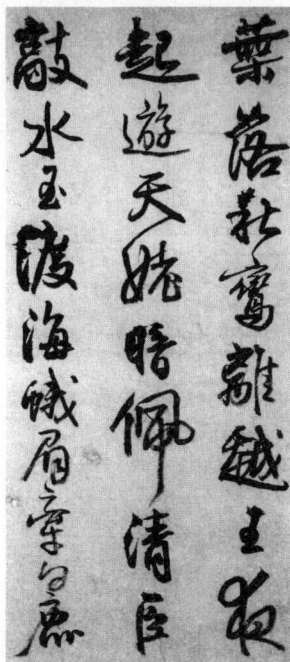
图 2-155　王铎《书李贺诗》

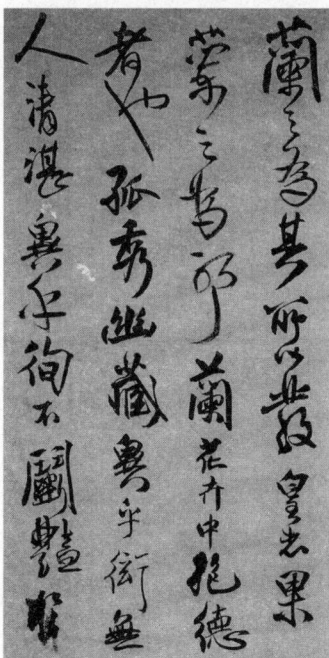
图 2-156　王铎《跋枯兰复花图》

2. 王铎《赠张抱一行书诗卷》手卷，行书，纸本，日本东京国立博物馆藏。

王铎有多幅作品写给张抱一，他们之间的交往应该是很深的。张抱一，名培，浙江平湖人，擅写山水，兼通医道。卷中以"公祖"称之，应是某地的地方官。王铎的这件作品书写得比较随意，从笔法上来看，起笔多藏锋，行笔多以中锋为主，将二王与颜真卿的笔法糅合在一起，即使是枯笔也是不急不躁，显得非常从容，笔笔力透纸背。结体方面，大小参差错落，欹斜穿插，一任自然，横幅作品往往受到空间的限制，字距之间往往不好布置，容易雷同，王铎这方面处理得很是自如，充分利用字形和笔画的多少穿插挪让，打破了行与行之间的均等。整幅作品章法顺其自然，将行距与字距之间融为一体，通篇和谐统一。

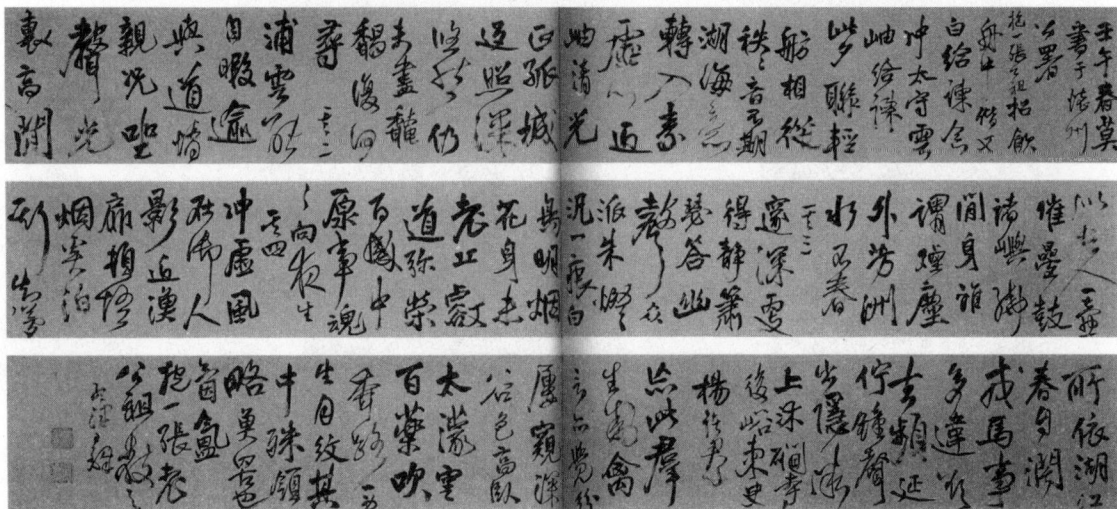

图 2-157　王铎《赠张抱一行书诗卷》

第七节　多元取向的清代行书

一、清代行书发展概述

清代书坛可以用集大成来形容，呈现出篆、隶、楷、行等诸体并行的局面。前期主要是帖学一统天下，承明代遗风。中期碑学兴起，对帖学形成冲击，逐渐出现了以碑入帖的趋向。晚期则碑学取代帖学而占主导地位。

康有为《广艺舟双楫》云："国朝书法，凡有四变：康、雍之世，专仿香光；乾隆之代，竟讲子昂；率更贵盛于嘉道之间，北碑萌芽于咸、同之际。"①基本概括了清代行书的发展概况。

（一）清初延续明代末年表现主义书风，代表书家为王铎、傅山等。

傅山提出了著名的"四宁四勿"的理论，指出"学书之法，宁拙毋巧，宁丑勿媚，宁支离勿轻滑，宁真率毋安排"。这一书法美学主张对后世影响很大。傅山行笔善用涩笔，老练凝重，生气郁勃。

（二）清代中期，帖学盛行，行书以帖学为主。

康熙、雍正时期，查士标、沈荃、张照等以学习帖学为主，伤于柔媚、婉弱。为救时弊，他们在学董的同时兼习米芾，因此作品中也有厚拙、雄强的意味，这方面的代表人物有张照、笪重光、恽寿平、米汉文等。另外对主流社会的学习风尚怀有反叛意识的书家有龚贤、朱耷、石涛，他们表现出与时风不和的个性面目。

张照的行书取法颜、米、黄，多以楷行面世，遒劲隽利，天骨开张。被誉为"羲之后一人"。

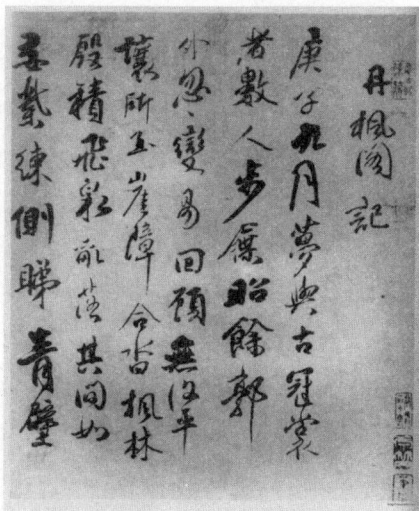

图 2-158　傅山行书《丹凤阁记》

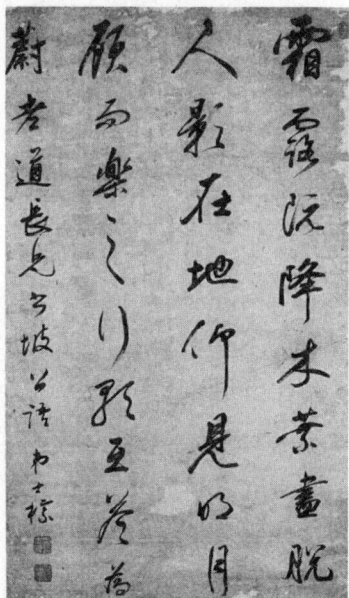

图 2-159　查士标《行书立轴》　　图 2-160　张照行书七言联

①　《历代书法论文选》，上海书画出版社，1979 年 10 月第 1 版，777 页。

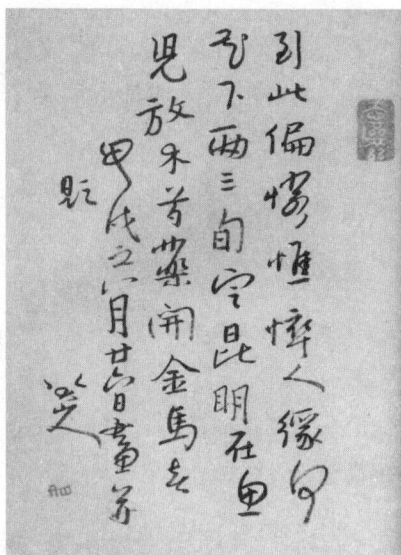

图 2-161　朱耷题画轴（局部）

雍正前后出现反叛意识，涌现出了一批想摆脱董其昌书风造成的温吞局面的书家，他们的书法呈狂放、稚拙、生硬之态，表现出对于帖学的反动，代表人物高凤翰、金农、郑板桥等。高凤翰隶书有行草笔意，郑板桥结合三种以上的书体，创作出所谓的"六分半书"。这类书家，其笔下多有野逸的山林之气，迥异于困顿的台阁书法，给当时的书坛带来一股生气。

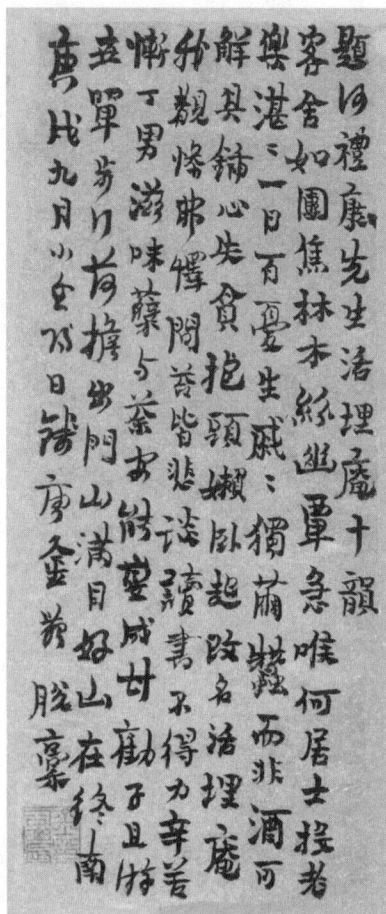

图 2-162　金农《题何礼康活埋庵十韵》

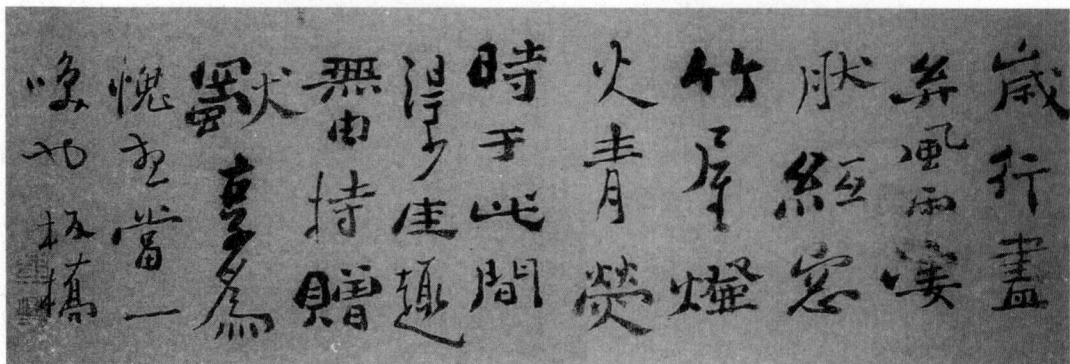

图 2-163　郑燮《行书页》

　　乾隆、嘉庆时期帖学盛极一时。以刘墉、王文治、梁同书、翁方纲等为代表，帖学成为这一时期书法主流。尤其是刘墉，俨然成为一代宗师，康有为在《广艺舟双楫》中说："近世行草书作浑厚一路，未有能出石庵之范围者，吾故谓石庵集帖学之成也。"[①]

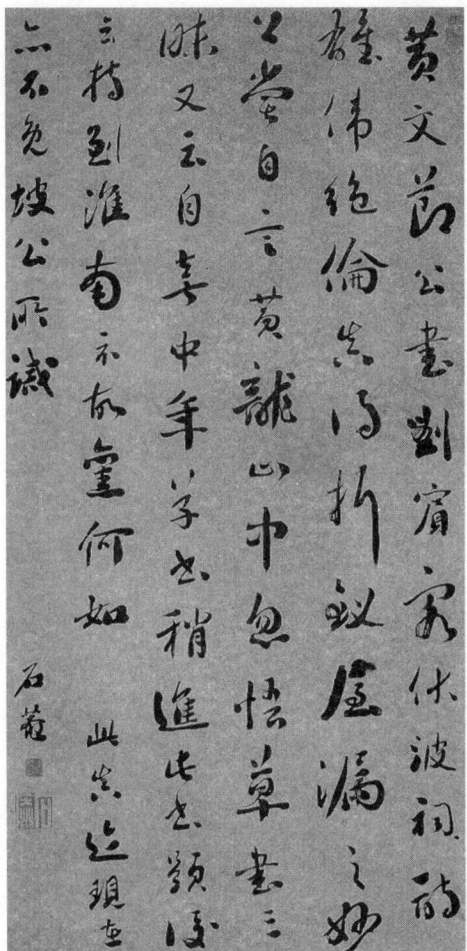

图 2-164　刘墉《行书轴》

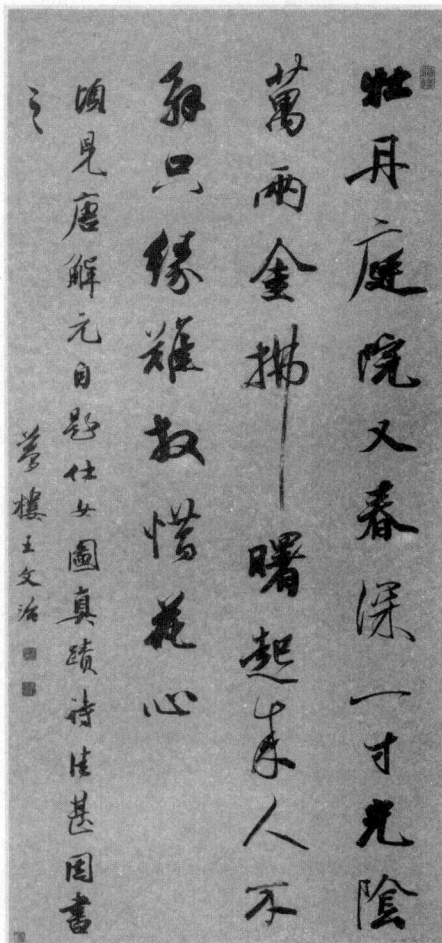

图 2-165　王文治《行书立轴》

　　（三）清代末期碑学兴起，行书逐渐取法碑学。道、咸、光、宣四朝时风大变，碑学流行，帖学遭冷遇。何绍基说："余学书从篆分入手，故于北碑无不习，而南人简札一派，不甚留意。"[②]邓石如、包世臣、何绍基、张裕钊、赵之谦、翁同龢、康有为、吴昌硕等是此期代表书家。

---

　①　《历代书法论文选》，上海书画出版社，1979 年 10 月第 1 版，860 页。
　②　《明清书论集》，崔尔平编，上海辞书出版社，2011 年 5 月第 1 版，1134 页。

邓石如(1743—1805)的书法成就主要在篆书、隶书和篆刻上，但在行书方面也有自家面目。他以篆隶笔意作行书，气势磅礴，金石味十足。何绍基(1799—1873)善于将习碑的收获融入行书。张裕钊(1823—1894)行书表现出峭劲。赵之谦(1829—1884)是将北碑融入行书的成功者，其行书表现出柔婉之趣。吴昌硕(1844—1927)的主要成就在大篆，得益最多是《石鼓文》，他用大篆的笔意作行书，雄厚恣肆，酣畅淋漓。康有为(1858—1927)行书主要取法北碑，不拘泥于起止转折等细节的准确和规矩，显得大气磅礴，苍劲生辣。

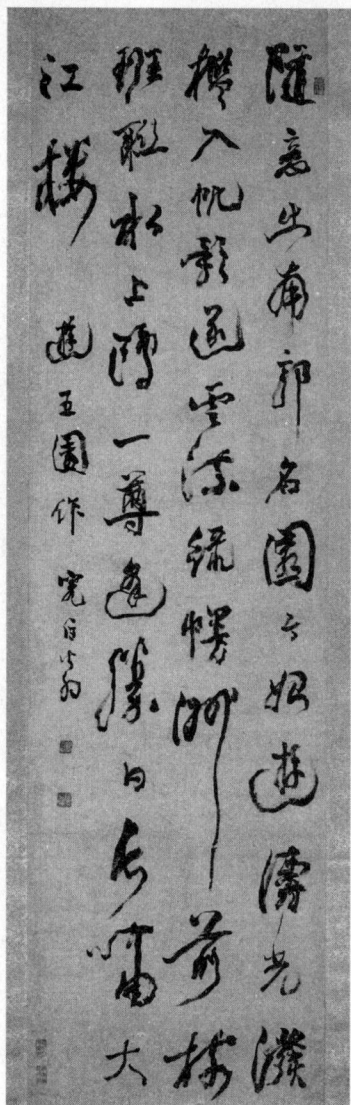

图 2-166 邓石如《行书轴》

图 2-167　何绍基《扇面》

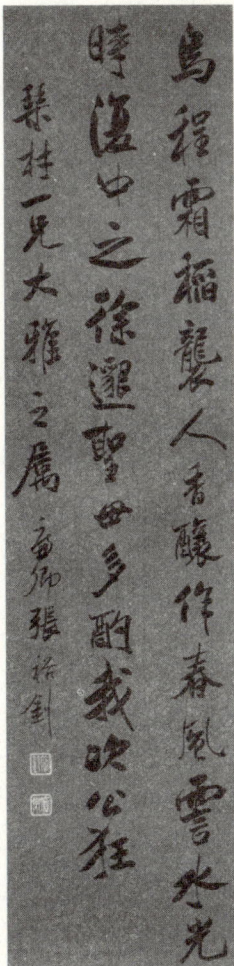

图 2-168　张裕钊《行书立轴》

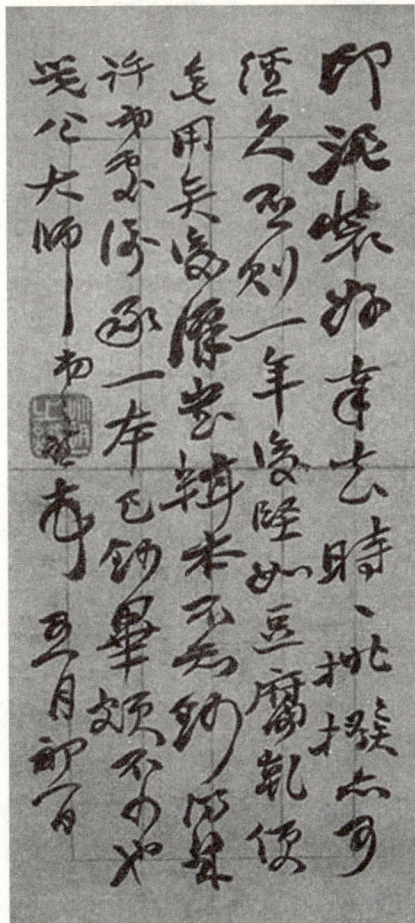

图 2-169　赵之谦《行书手札》

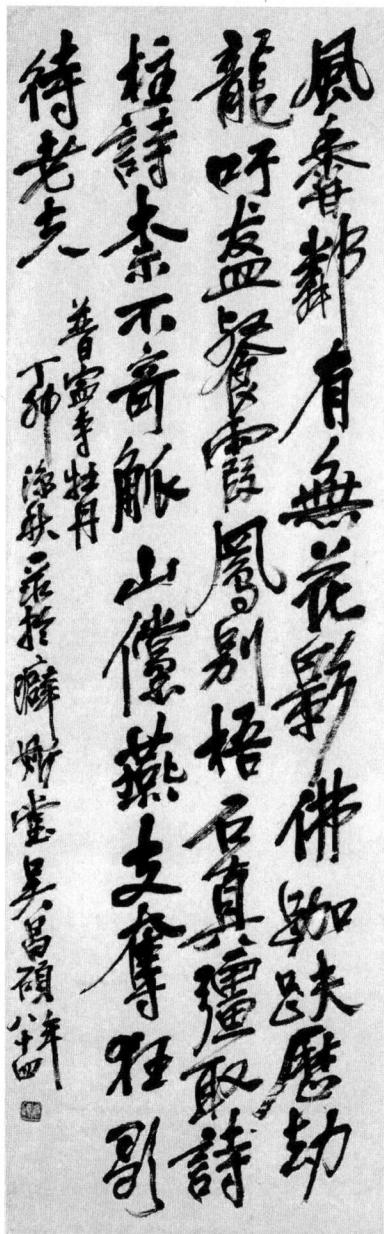

图 2-171　吴昌硕《行书轴》

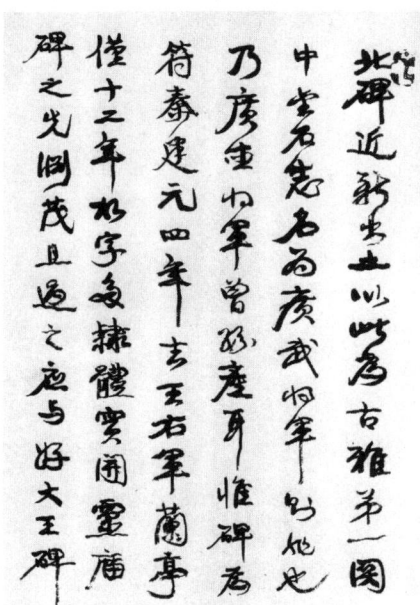

图 2-170　康有为《行书手札》

二、关于碑学与帖学

　　碑学派和帖学派之间的年代分界大约在嘉庆、道光年间。嘉庆、道光之前的书法多是帖学派，嘉庆、道光之后书法碑学派逐渐鱼贯而出。碑学派兴起的原因有三个方面：一是清代大兴文字狱，文人士大夫为了逃避杀身之祸，在学术上偏向考古，而当时墓志也大量出土，使金石学得到迅猛的发展；二是清代科举取士，"馆阁体"书法流行，乌黑、方正、光亮的书体，形式单一、了无生气，物极必反，碑学派取代帖学派是大势所趋；其三是阮元、包世臣、邓石如极力鼓吹碑学，从理论上为碑学的发展推波助澜。碑学派的代表人物还有郑燮、何绍基、赵之谦、康有为、吴昌硕等。

三、清代行书代表书家及其作品

(一)傅山

1. 傅山

傅山(1607－1684)字青主、侨山、公它等，名号甚多，入清后又名真山，号朱衣道人、观化翁，山西阳曲(今山西太原市郊)人。傅山自幼颖悟，喜任侠，赋性刚直不阿。明亡后，他又与顾炎武等人秘密从事反清活动，并曾被捕，在狱中严词抗辩，誓死不屈，绝食数日，几近于死。乾隆年间，朝廷开设博学鸿词科，傅山时已七十二岁，地方官逼其进京应试，他称病不去，官吏竟然命人舁其床而行，至都门外三十里，傅山抵死不入城，清廷免试，特封"中书舍人"放还，他既不谢恩，亦不接受，出京时，送行者途为之塞，其性情志节可见一斑。

傅山通晓经史、诸子、释老之学，著有《霜红龛集》四十卷。他长于书画，精鉴赏，并开清代金石学之源，同时在文学艺术上他也是一位富有批判和创造精神的思想启蒙先驱。他提出的艺术主张："宁拙毋巧，宁丑毋媚，宁支离毋轻滑，宁真率毋安排。"[①]三百多年来一直备受推崇。

傅山的书法传统功基深厚。他喜以篆隶笔法作书，重骨力，宗颜书而参以锺、王意趣，并受王铎书风影响，形成自己独特的面貌，中年以前已得时誉。其行草书用笔婉转圆润，重视笔势的连绵缠绕，少用顿挫，往往忽视实际笔画与牵带的主客、粗细差异。他崇尚颜真卿，注重人格魅力。行书中掺有颜体笔意与结体，显得神凝气重。行书代表作《丹枫阁记》等。

2.《丹枫阁记》

傅山的《丹枫阁记》共有两种，真迹本每页七行，藏于山西博物馆；临本，藏于辽宁博物馆。真迹本笔画圆润而又劲健，寓刚于柔，笔画细者轻灵而不飘浮，粗者厚重而不臃肿，结体壮实中又含秀逸，兼有颜、柳与二王之气韵，寓巧于拙，是融合诸家的代表作。通篇信手写来，自然洒脱韵味十足。

---

① 傅山《霜红龛书论》，见《明清书论集》，上海辞书出版社，2011 年 5 月第 1 版，562 页。

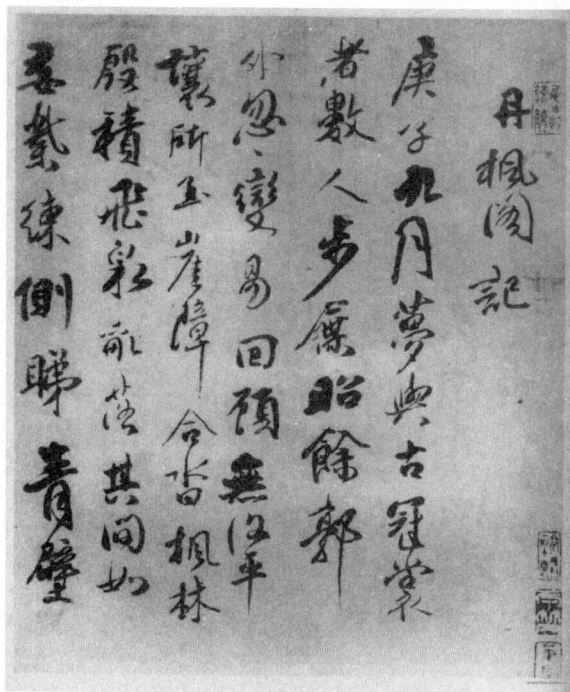

图 2-172　傅山《丹枫阁记》

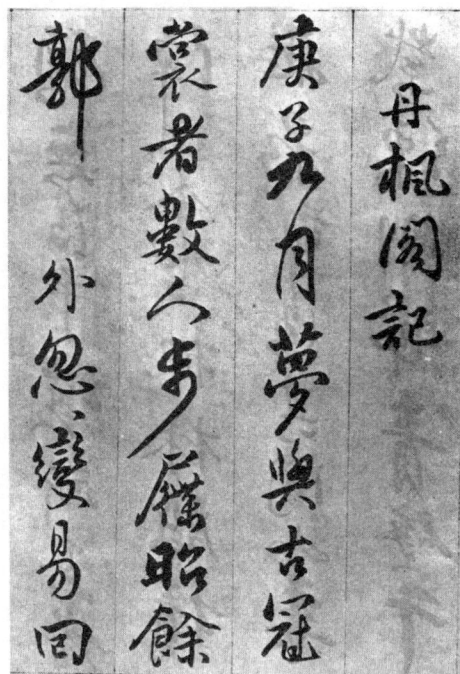

图 2-173　傅山《丹枫阁记》

图 2-174　查士标《行书五言联》

(二)查士标

查士标(1615—1698)字二瞻,号梅鹤散人,安徽休宁人,后流寓扬州。明诸生,入清后专职书画。书法师法董其昌,极超妙,得董其昌神髓,尤其到了晚年,查士标的行书表现出来的是风神懒散,气韵荒疏。他代表了康熙、雍正时期书法取法董其昌的主流派风格。行书作品很多,如《行书五言联》。

(三)朱耷

朱耷(1626—1705),字雪个,号八大山人,江西南昌人。明朝宁王朱权后裔,明亡后更名,初为僧,后作道士,僧名个山、驴屋等。八大山人有仙才,书法有晋唐风格,绘画以形写情,变形取神,着墨简淡,运笔奔放,布局疏朗,意境空旷,终身隐于书画。关于八大书法,其师承渊源,或曰宗二王、宗董其昌、宗王宠等。据王方宇先生考证,最初,八大山人受欧阳询的影响很深,稍后学董其昌的行草,又转入黄庭坚的夸张开阔等,多方探索,再追寻魏晋人书法的气质,终于参用篆书笔法,形成自己独特的风格,中锋圆润,又婉约多姿且厚重浑成,富有晋人气度。八大山人书法的成就,主要是笔法的改变,善用淡墨秃笔,简约流畅,含蓄内敛,圆浑醇厚。如《行书题画轴》。

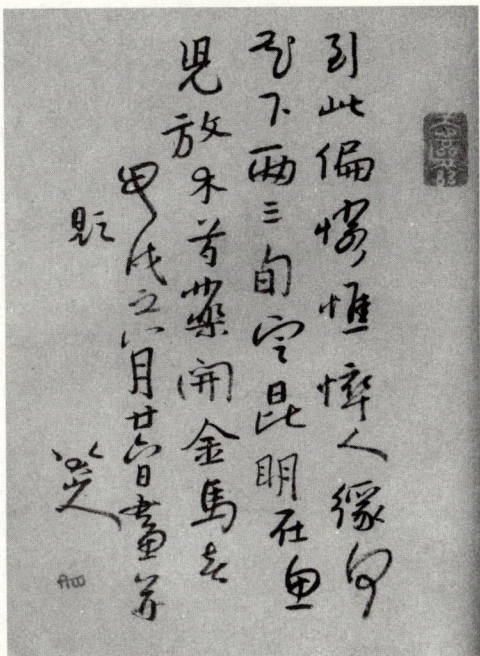

图 2-175　八大山人《行书题画轴》

(四)郑燮

郑燮(1693—1766)字克柔,号板桥,江苏兴化人。他是“扬州八怪”之一,以怪诞立于书法之林。他的书法得益于《瘗鹤铭》、黄山谷、苏东坡。主要特色是把正、草、隶、篆、行各体和书画糅合在一起,形成了独特的“六分半书”。他的行书有篆籀气,结构采用夸张的手法,紧者更紧,窄者更窄,疏者更疏。通篇章法大小错落,左右避让,上下呼应,有“乱石铺街”的艺术效果。

(五)金农

金农(1687—1763)本名司农,字寿门、吉金,号冬心,别号稽留山民、曲江外史等,浙江仁和人。“扬州八怪”之一,以书画为业。金农的行书从其早期开始就不入常格,而以碑法与自家的“漆书”法写成的行草书,用笔率真,点画浪藉而又笔墨醇厚,粗头乱服之间,平直钝厚,朴实无华,透出苍逸稚拙之趣。字形欹正错落,聚散有致,而有意将隶书的“拙”“厚”等趣味融入其中,取得一种大巧若拙、大智若愚的艺术效果。

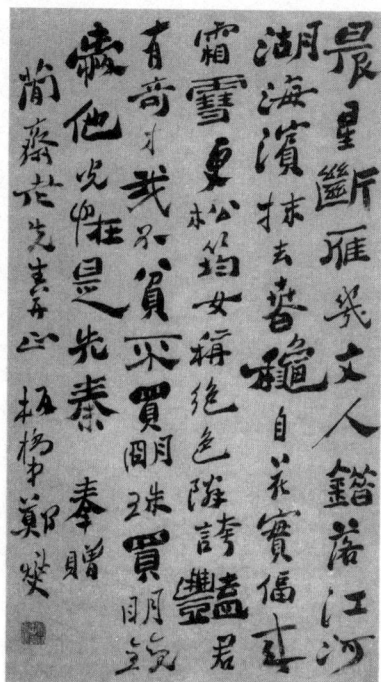

图 2-176　郑燮《行书诗轴》

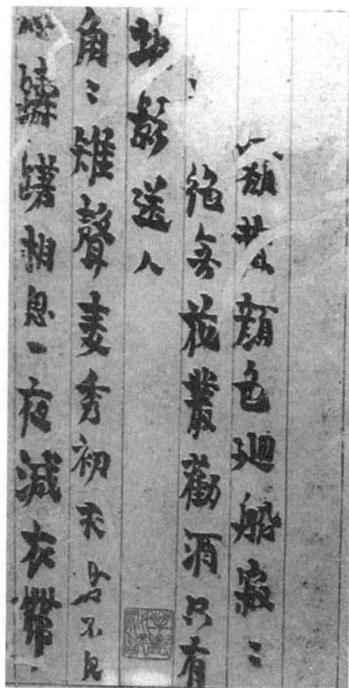

图 2-177　金农手札

(六)刘墉

刘墉(1719—1804)字崇如，号石庵、青原、日观峰道人等，山东诸城人。他诞于书香门第，长于显宦之家。乾隆十六年中进士，官至体仁阁大学上加太子太保。谥文清，人亦称刘文清。与翁方纲、梁同书、王文治并称四大家。

刘墉行书初学董其昌、赵孟頫，继学苏东坡、颜真卿，再学锺繇、王羲之。70 岁以后潜心北碑，被康有为称为清代集帖学之大成者。他最擅行书，点画圆润，如绵裹铁，字体丰腴。近代学者王潜刚《清人书评》曰："清人行书惟刘石庵能集古帖众长，变化新意，小行书尤妙。"[①]

刘墉初学赵体，珠圆玉润，如美女簪花；中年以后，笔力雄健，局势堂皇；晚年，归于平淡，从而达到炉火纯青之化境。他的行楷书肉多骨少，丰腴肥厚，劲气内敛，宛如浑然太极，包罗万象，高深莫测，用墨雍穆华丽，表现出特有的儒雅气质和庙堂气度。刘墉行书之高妙正在其精华蕴蓄。他用墨与王文治相反，喜欢用浓墨，有"浓墨宰相"之称。行书传世作品较多，有《行书轴》《元人绝句诗轴》等。

---

① 《历代书法论文选续编》，上海书画出版社，1993 年 8 月第 1 版，813 页。

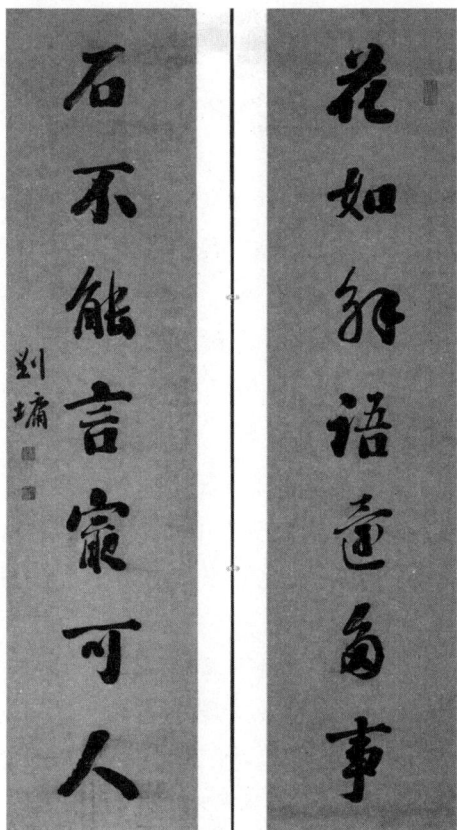

图 2-178 刘墉行书七言联

图 2-179 王文治行书八言联

(七)王文治

王文治(1730—1802)字禹卿,号梦楼,江苏丹徒人。官翰林侍读、云南临安知府。王文治擅长诗文,精于音律,笃信佛教,精研释典,书法以行书为最擅长,与刘墉比肩,喜用淡墨,被称为"淡墨探花""淡墨翰林"。

王文治书法取法米芾、董其昌、"二王"、李北海和张即之。他的行书用笔一侧取势,结体左低右高。钱泳《书学》对王文治书法作了比较具体的分析:"至太守则天资清妙,本学思翁,而稍沾笪江上习气。中年得张樗寮真迹临摹,遂入轻佻一路,而姿态自佳,如秋娘傅粉,骨骼清纤,终不庄重耳。"①

---

① 《历代书法论文选》,上海书画出版社,1979 年 10 月第 1 版,628 页。

(八)何绍基

何绍基(1799—1873)字子贞，号东洲、蝯叟，湖南道州人。官至四川学政、武英殿国史馆提调。他早年学颜真卿书法，以楷为主，中年以后转向行草和篆隶，得益于《张迁碑》《礼器碑》《张黑女墓志》《裴将军碑》诸碑。他临碑每有所取，或取其神，或取其势，或取其度，或取其韵。

何绍基在各体书法中以行书成就最高，其行书以颜真卿《争座位帖》为根基，反复临习。随着对北碑一派风格技法的体会和把握渐深，他逐渐将自己在楷书方面的用笔特点引入行书，形成笔势开张，筋骨纵肆的特点。其行书的主要特点表现为：以颜真卿行书为本，保存了颜体行书的体势，在笔法上融合了北碑、隶书的诸多元素，下笔遒劲，力重势沉，中侧锋并用。结字正欹开合互用，自然疏放，重心常常下坠，寓巧于拙，于恣肆中见逸气。杨守敬《学书迩言》云："子贞以颜平原为宗，其行草如天花乱坠，不可捉摹。"[1]

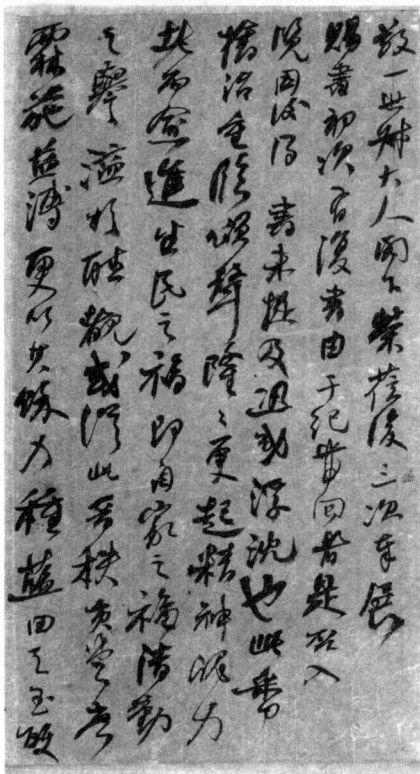

图 2-180　何绍基手札　　　　图 2-181　赵之谦行书

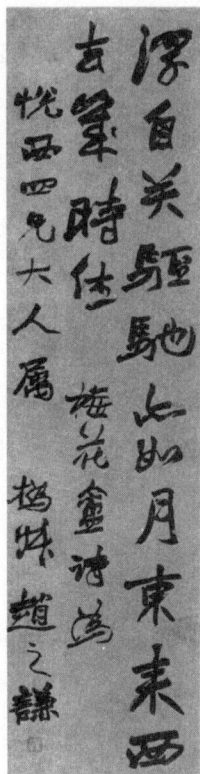

---

[1]　《明清书论集》，上海辞书出版社，2011 年 5 月第 1 版，1269 页。

(九) 赵之谦

赵之谦（1829—1884）字益甫、撝叔，号冷君、无闷、悲庵等，浙江绍兴人。官至知县。书法早年学颜真卿，崇尚遒劲书风。他的行书特色鲜明，既非纯粹的碑派，又非纯粹的帖派。他以北碑写行书，沉雄方厚，丰润饱满，富有金石趣味，将北碑与行书的特色很好地结合在一起，用笔坚实，而气机流宕，创出魏体行书。

(十) 吴昌硕

吴昌硕（1844—1927）初名俊，俊卿，中年以后更字昌硕，浙江安吉人。曾任安东（今江苏涟水）县令。吴昌硕诗书画印四绝，而且达到了时代的最高水平。应该说他是中国古代书法史上最后一位巨匠。

吴昌硕书法的主要成就在大篆，得益最多是《石鼓文》。行书初学王铎，后掺合篆、隶、楷，尤其是用大篆的笔意作行书，雄厚恣肆，酣畅淋漓，而能一气贯通，有古拙、生辣、铿锵之奇趣。

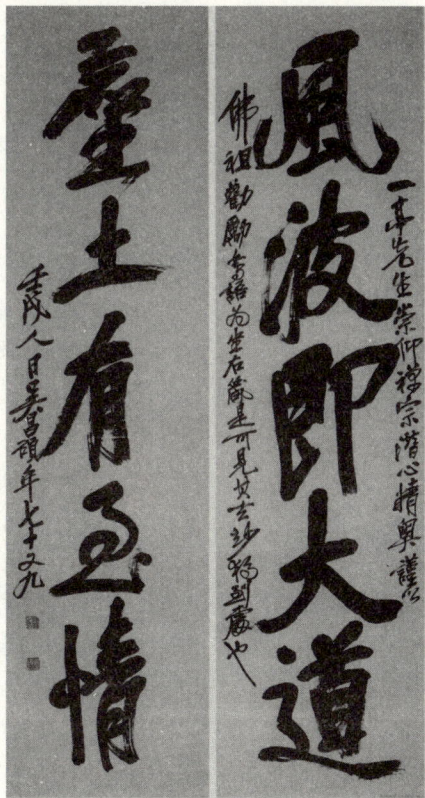

图 2-182　吴昌硕《行书五言联》

(十一)康有为

　　康有为(1858—1927)字广夏，又字长素，号更生，南海人(广东广州)，是清末民初著名的政治家、学者和书法家。他著有《广艺舟双楫》一书，尊碑抑帖，把碑学理论推向高潮。该书虽然观点偏激，但不愧为一部理论巨著。

图 2-183　　康有为《行书五言联》

　　康有为书法早年师法二王、欧、颜、苏、米、赵等，后购得汉魏六朝唐宋碑版数百本，从此浸淫日深，遂专学北碑。康氏在经过了北碑学习之后，洗涤凡庸，独标风骨，形成了笔法朴拙，结体气势开张，分行疏宕，纵横恣肆的雄放书风。康有为书法的主要成就在行书，点画古拙、浑厚，结体内敛。他的传世行书作品较多，如《得青岛旧提督楼诗轴》《祝寿赋卷》《七言诗轴》《行书五言联》等。

第八节 总述

总而言之，行书的萌芽可追溯到西汉，大约形成于汉末、魏晋之际。

晋人"尚韵"。魏晋时期的行书是古质与今妍相互融合期，魏晋风骨赋予了书法最高典范——韵，是行书发展阶段的制高点，产生了以王羲之、王献之这对父子为主流的二王书风。魏晋法帖成为行书研习的不二法门，历代不辍，这也是行书学习的重中之重。

唐人"尚法"。行书在继魏晋之后又有丰富的继承与发展。唐太宗李世民开启了行书入碑的先河，而行书的发展期主要在中唐，最大成就在于书风一改唐初宗王的瘦劲飘逸而崇尚丰肥，出现了李北海、颜真卿等代表书家，他们开辟了行书新风格。

五代时间虽短，但具有划时代意义。唐前是寻找规律的时代，唐后是学习晋唐书法，继承、发展、摆脱的时代。杨凝式笔迹雄强，与颜真卿行书相上下，成为宋代尚意书风的先导。

宋人"尚意"。出现了苏、黄、米、蔡行书四大家。成就最大者当属苏轼与米芾，他们留下了大量的法帖，苏轼才华横溢，行书极具个性，是寻求个性发展的一个切入点，米芾将行书笔法发展到极致，尽得魏晋风流。宋代手札都是研习的极好范本。

元明"尚态"。元代书法复古，回归晋唐，书坛主流是由唐入晋，宗法二王。由于受到宋人的影响，行书或融有宋人笔意，书风有了与唐和晋都不同的柔润婉约，赵孟頫成为盟主。与此同时，元末隐逸书家冲破赵孟頫笼罩，独具个性。杨维桢，行书不为时限，任性恣情，表现自我，对明代革新书派产生深远影响。明代初期，承袭元代书风，守法为主。中期出现了书法流派，如松江书派、吴门书派，出现祝允明、文徵明、王宠等代表书家。明代末年出现了一股继唐代张旭、怀素之后张扬个性的表现主义思潮，如董其昌、黄道周、徐渭、张瑞图等书家。

　　清人"尚朴"。前期主要是帖学一统天下，承明代遗风，以王铎、傅山为代表。中期碑学兴起，对帖学形成冲击，逐渐出现了以碑入帖的趣向，既有"碑学四大家"，刘墉、王文治、梁同书、翁方纲，又有极具个性的行书家，朱耷、郑板桥、金农等。晚期碑学取代帖学而占主导地位，出现了邓石如、包世臣、何绍基、张裕钊、赵之谦、翁同龢、康有为、吴昌硕等行书大家。

第三章　学习行书技法的相关问题

第一节　行书的艺术特征及学习行书的基本原则

一、行书的艺术特征

行书用笔灵活多变，方笔圆笔、中锋侧锋、藏锋露锋并用，点画之间连笔较多，篆、隶、楷、草诸体笔法皆可用之于行书。

行书结体不像楷书那样森严工整，也不像草书那样点画勾连、结体省减、放纵不拘，其连写笔画可多可少，往往一字有多少种写法，潇洒灵活。

行书章法安排较为自然随意，主要随着作者的性情，作品的内容等方面来安排章法，体现作品形式的丰富性。

明项穆《书法雅言》云："真则端楷为本，作者不易速工；草则简纵居多，见者亦难便晓。不真不草，行书出焉。"[①]

基于以上特征，行书的临习与创作会产生两种倾向：一是行书学习很容易，不需要临帖，就是在楷书的基础上书写得快一点，增加些连带，这是一种错误观念。二是行书学习太难，因为笔法、结体、章法的多变性，而导致行书创作很难把握。因此，在书法创作中，我们会发现许多篆书、隶书、楷书写得好的人，行书却不入门；很多人静不下来，沉不下去，没有行书训练的基础，一上来就想表现自己的个性，随性书写，没有规矩，不入法度。其实行书是有规矩有法度的，不是随意书写的，也需要经过大量的临习。对于行书的学习，应该像篆、隶、楷、草一样

---

① 《历代书法论文选》，上海书画出版社，1979 年 10 月第 1 版，526 页。

认真地临帖，掌握行书的基本笔法、结体、章法布置等技巧，熟能生巧，水到渠成。

二、学习行书的基本原则

(一)入古忘我，脱胎换骨

当今社会，生活状态都是快节奏的，行书因为快捷而变得最为普及，不管是硬笔还是软笔书写使用的最多的字体是行书。因为硬笔的普及，毛笔书写从一开始就失去了所谓童子功的基础，因此很多人想写好行书时，书写习惯已经养成。因此，在没有行书基础的状态下，学好行书应该从临古开始，入古忘我，学习古代行书经典法帖，丢掉不正确的书写习惯和书写习气，扎根到传统的经典法书中去，如数"拿来"，从点画、结体到章法布局全盘继承，脱胎换骨。包世臣《艺舟双楫》云："每习一帖，必使笔法、章法透入肝膈，每换后帖，又必使心中入无前帖。积习既久，习过诸家之形质性情无不奔会腕下，虽曰与古为徒，实则自怀杼轴矣。"[1]行书学习的第一关是追求"形似"，即临摹某一法帖做到笔法、结体准确到位，然后临什么像什么。在"形似"的基础上进入第二关，追求"神似"，"神似"要求在笔法、结体的基础之上，重在追求原帖的精神气质。没有"形似"就没有"神似"，熟能生巧，没有"形似"量的积累，就谈不上"神似"质的蜕变，这是当下行书学习必须要历练的。在临习阶段，不必过分强调形成自我的风格，功夫到了，把传统经典学到手以后，自然就会化为己有，写出自我，写出风格。所谓的风格是与生俱来的，十个人临《圣教序》，十个风格特点，这是每个人的个性不同使然，功夫到了，风格也就水到渠成。风格有好与坏、高雅与低俗之分，入古忘我，脱胎换骨是关键。功夫好，天赋高，学养深者能够走到一定的层次，否则，急功近利就会形成低俗的风格。当今社会，书法学习越来越升温，而有的人越写越好，有的人越写越差，脱胎换骨式的积累是一个非常重要的原因。只有"与古为徒"才能"自怀杼轴"。

(二)取法乎上，先专后博

古人云：取法乎上。行书入门学习取法非常重要，就好比走路，路

---

① 《历代书法论文选》，上海书画出版社，1979 年 10 月第 1 版，669 页。

子要对，否则沿着错误的轨道越走越远，那样麻烦就大了，改起来会非常困难。"上"在哪里？"上"在古代经典。古人有"书不入晋徒成下品"之说，强调了书法学习取法的重要性。行书入门学习最好的法帖是《怀仁集王羲之书圣教序》，是行书学习的不二法门，历代行书有成就者无不在此下过很深的功夫。《怀仁集王羲之书圣教序》刊刻于唐代，取自王羲之行书，每一个字都是精选出来的，整个碑刻的完成花了怀仁二十四年的时间，堪称经典。虽然是刻帖，但是由于刻工精细，笔法、结体刻画得细致入微，可以说字字都是典范，由此进入，学习行书，路子正，收益大。在具备了一定的技法之后，再做进一步研习，将临习的重点放在"二王"手札，继续加强笔法、结体的训练，同时开始注意章法的安排与变化。魏晋"二王"手札的章法布局也是我们学习行书最好的范例。专攻阶段，时间可能要长一些，需要耐得住寂寞，做得了冷板凳，一旦扎进去过后，后面的学习就会事半功倍。这个阶段的学习不能囫囵吞枣，不能投机取巧，既注重"量"，更要注重"质"。有了扎实的基础，行书学习即可深入进行，根据个人的审美取向和选择，由魏晋而下，唐、五代、宋、元、明、清时期的一些经典行书法帖，均可作为个人风格取法的突破口。博取是一个选择的过程，需要带有很强的目的性，广泛吸收重点突破，最终形成适合自我表现风格的作品。

从不会到会，从不好到好，"量"的积累最终达到"质"的飞跃。但是"量"不是简单的积累和重复，而是分析，提取，为"质"变服务，最终化古为我，创作出有水准的行书作品。

第二节　学习行书的工具和材料

学习行书，笔、墨、纸需要讲究。

笔，行书用笔根据个人喜好。一般来说，临写手札风格的小行书，最好选择一些弹性较好的兼毫或狼毫毛笔。因为小行书对笔法变化的极为讲究，笔锋要聚笼性好，尖利，有弹性，这样才能写出丰富多变的笔画。临写明清时期的大字行草书也可选择羊毫成分多一些的毛笔，以适应生宣涨墨的效果。毛笔的大小根据书写内容、字的大小来确定。

纸，行书入门学习，用纸最好选择吸水性中等的毛边纸、元书纸或半生不熟的宣纸，不宜用生宣。行书的行笔速度相对较快，毛边纸、元书纸或半生不熟的宣纸渗墨不快，容易观察和控制笔法，生宣墨浓则涩滞，墨淡则洇化，表达不出笔法效果，不渗墨的纸，墨不容易干，影响书写的节奏和速度。

墨，入门学习，临帖时对于墨没有过多的讲究，写出效果就行，创作阶段，可自行磨墨或选择好的墨液。

砚，适宜调整笔锋的砚即可，有条件的可以用好砚台，砚台的大小随创作作品尺幅的大小的需要来确定。另外，密封比较好的大口玻璃瓶也是盛墨比较理想的工具，瓶口光滑，更适合蘸墨调锋；在干燥的北方，墨不容易干，玻璃瓶密封性能好，适合大幅或间断作品的书写，容易保持墨色的一致性。现在都用瓶装墨液，不像古人，墨需要磨才能使用，因此，对于砚台没有太多的要求。

第三节　学习行书的方法与步骤

(一)关于临帖的路径

学习行书首先要取法经典。

路径之一：由《怀仁集王羲之书圣教序》入手，然后临习《王羲之手札》《王献之手札》《大观帖》里面部分经典行书法帖，再到杨凝式《韭花帖》，最后是宋代的手札，主要以苏、黄、米、蔡手札为主。这是一条比较传统经典的行书路线，主要是给行书的学习定下一个格调：以二王为基础，取法乎上。路径之二：在上述技法训练的基础之上，根据自己的爱好和审美取向，可有选择的重点突破汉代简牍帛书、魏晋残纸；颜真卿《祭侄文稿》《争座位帖》，杨凝式《卢鸿草堂十志图跋》；王宠、董其昌、王铎、刘墉、金农、朱耷、赵之谦等明清时期极具个性特点的行书大家。路径之二主要是寻求笔法的拓展与个性的抒发，写意抒情，从风格上有所突破。

(二)临帖的方法

对临。忠实原帖，笔笔到位，紧盯笔法的变化；结体准确，抓住结体的开合、收放。切不可囫囵吞枣。临帖首先要做到忘我入古，细致精微，务必讲究精到。这是为下一步进入自由创作做准备，变化是在准确到位的技法基础之上的自然形成，杜绝浅尝辄止。初学临帖，字的大小以 2 寸为宜，一般是根据自己情况，也可大可小。

　　背临。在对临的基础之上，选择法帖的某一部分，不看字帖临写，然后再对照原帖，找出差距，反复几次直到熟练掌握。这是一个检查与巩固的过程，目的是熟练掌握原帖的笔法，结体，为下一步创作做准备。

　　意临。意临已经带有半创作的成分，经过了对临、背临之后，将帖上的某些内容按照自己的想法组合，以原帖为主，适当地加入自己的一些想法，为下一步创作打基础。王铎留下了许多类似的作品。

　　集字训练。从临帖到创作的过渡阶段。内容可以是随机找到的，以临习的某一种行书风格为主，进行创作，从笔法到结体完全忠实于原帖的风格。务必做到"净"，不能东借一下，西拉一下，胡乱拼凑。如果集字训练出来的作品中掺杂多家笔法、结体，说明学不到位，将来的创作会很麻烦。临习阶段，只有做到"干净"，学什么像什么，然后才会熟能生巧，水到渠成。

第四章 行书经典法帖释读与技法解析

　　行书技法必须从临习经典法帖开始，要学的东西似乎很多也很杂。通过本科专业教学实践和对古代经典行书法帖的梳理和筛选，重点推介以下行书法帖为主要的研习对象：一类是《怀仁集王羲之书圣教序》《王羲之手札》《王献之手札》（精选部分）《大观帖》中一些经典法帖，杨凝式《韭花帖》《米芾手札》（精选部分）。另一类是颜真卿《祭侄文稿》，杨凝式《卢鸿草堂十志图跋》，苏轼《寒食诗帖》等。由于教学课时和篇幅的局限，不同风格、个性极强的行书作品的拓展训练，以提示方式放在课外进行训练。

　　本章节的教学内容分两个部分：首先介绍这些行书经典法帖的艺术特点并对帖文进行释读；其次解析基本技法。根据本科行书教学实践和试验，吃透这些经典法帖，基本上可以进入行书学习的初级阶段。

第一节 《怀仁集王羲之圣教序》释读与技法解析

一、《怀仁集王羲之书圣教序》简介

　　贞观年间，三藏法师玄奘为求佛教至理，游学印度，于贞观十九年（公元 645 年）一月回到长安，带回了五十粒佛舍利、七尊佛像、五百二十匣六百五十七部佛典。贞观二十年，玄奘进献新译的佛经和大唐西域记，恳求唐太宗为新译的经文题字作序。贞观二十二年，唐太宗作《大唐三藏圣教序》并附带玄奘谢表的答书，后来太子李治又作了《述圣记》。为了记载这一具有划时代意义的盛事，弘福寺的僧侣怀仁从唐太宗最为推崇的王羲之书迹中集字而刻成此碑。唐咸亨三年十二月立于长安大慈恩寺，碑高 315.3 厘米，宽 141.3 厘米。原碑已断裂，现存西安碑林博物馆。

《怀仁集王羲之书圣教序》共包括以下三个方面的内容：大唐三藏圣教序，唐太宗答敕；太子李治作记，太子答笺；玄奘译《心经》。碑文最后记载了此碑的校对者和镌刻者。

二、《怀仁集王羲之书圣教序》释读

（一）碑文

大唐三藏圣教序[1]

太宗文皇帝制

弘福寺沙门怀仁集晋右将军王羲之书[2]

盖闻二仪有像，显复载以含生；四时无形，潜寒暑以化物。[3]是以窥天鉴地，庸愚皆识其端；明阴洞阳，贤哲罕穷其数。[4]然而天地苞乎阴阳而易识者，以其有像也；阴阳处乎天地而难穷者，以其无形也。故知像显可徵，虽愚不惑；形潜莫睹，在智犹迷。[5]况乎佛道崇虚，乘幽控寂。[6]弘济万品，典御十方。[7]举威灵而无上，抑神力而无下。[8]大之则弥于宇宙，细之则摄于豪厘。[9]无灭无生，历千劫而不古；若隐若显，运百福而长今。[10]妙道凝玄，遵之莫知其际；法流湛寂，挹之则莫测其源。[11]故知蠢蠢凡愚，区区庸鄙，投其旨趣，能无疑或者哉？[12]

然则大教之兴，基乎西土。腾汉庭而皎梦，照东域而流慈。[13]昔者分形分迹之时，言未驰而成化；当常现常之世，民仰德而知遵。[14]及乎晦影归真，迁仪越世。[15]金容掩色，不镜三千之光；丽象开图，空端四八之相。[16]于是微言广被，拯含类于三途；遗训遐宣，导群生于十地。[17]然而真教难仰，莫能一其旨归；曲学易遵，耶正于焉纷纠。[18]所以空有之论，或习俗而是非；大小之乘，乍沿时而隆替。[19]

有玄奘法师者，法门之领袖也。幼怀贞敏，早悟三空之心；长契神情，先苞四忍之行。[20]松风水月，未足比其清华；仙露明珠，讵能方其朗润。[21]故以智通无累，神测未形。超六尘而迥出，只千古而无对。[22]凝心内境，悲正法之陵迟；栖虑玄门，慨深文之讹谬。思欲分条抲理，广彼前闻；截伪续真，开兹后学。[23]是以翘心净土，往游西域。乘危远迈。杖策孤征。积雪晨飞，途闲失地；惊砂夕起，空外迷天。万里山川，拨烟霞而进影；百重寒暑，蹑霜雨而前踪。诚重劳轻，求深愿达。周游西宇，十有七年。穷历道邦，询求正教。双林八水，味道餐风。[24]鹿苑鹫峰，瞻奇仰异。[25]承至言于先圣,受真教于上贤。探赜妙门,精穷奥业。[26]一乘五律之道,驰骤于心田;八藏三箧之文,波涛于口海。[27]

爰自所历之国,总将三藏要文凡六百五十七部。译布中夏,宣扬胜业。引慈云于西极,注法雨于东垂。[28]圣教缺而复全,苍生罪而还福。湿火宅之干焰,共拔迷途;朗爱水之昏波,同臻彼岸。[29]是知恶因业坠,善以缘升。升坠之端,惟人所托。譬夫桂生高岭,云露方得泫其花;莲出渌波,[30]飞尘不能污其叶。非莲性自洁而桂质本贞,良由所附者高,则微物不能累;所凭者净,则浊类不能沾。夫以卉木无知,犹资善而成善;况乎人伦有识,不缘庆而求庆?[31]方冀兹经流施,将日月而无穷;斯福遐敷,与乾坤而永大。[32]

朕才谢珪璋,言惭博达。[33]至于内典,尤所未闲。[34]昨制序文,深为鄙拙。唯恐秽翰墨于金简,标瓦砾于森林。忽得来书,谬承褒赞。循躬省虑,弥益厚颜。善不足称,空劳致谢。

皇帝在春宫述三藏圣记。[35]

夫显扬正教,非智无以广其文;崇阐微言,非贤莫能定其旨。盖真如圣教者,诸法之玄宗,众经之轨躅也。[36]综括宏远,奥旨遐深。极空有之精微,体生灭之机要。词茂道旷,寻之者不究其源;文显义幽,履之者莫测其际。故知圣慈所被,业无善而不臻;妙化所敷,缘无恶而不剪。[37]开法纲之纲纪,弘六度之正教;拯群有之涂炭,启三藏之秘扃(jiōng)。[38]是以名无翼而长飞,道无根而永固。道名流庆,历遂古而镇常;赴感应身,经尘劫而不朽。[39]晨钟夕梵,交二音于鹫峰;慧日法流,转双轮于鹿菀。[40]排空宝盖,接翔云而共飞;庄野春林,与天花而合彩。[41]

伏惟皇帝陛下,上玄资福。[42]垂拱而治八荒;德被黔黎,敛衽而朝万国。[43]恩加朽骨,石室归贝叶之文;泽及昆虫,金匮流梵说之偈。[44]遂使阿耨(nòu)达水,通神甸之八川;[45]耆阇(qí dū)崛山。接嵩华之翠岭。[46]窃以法性凝寂,麋归心而不通;智地玄奥,感恳诚而遂显。岂谓重昏之夜,烛慧炬之光;火宅之朝,降法雨之泽。[47]于是百川异流,同会于海;万区分义,总成乎实。岂与汤武校其优劣,尧舜比其圣德者哉![48]

玄奘法师者,夙怀聪令,立志夷简。[49]神清龆龀之年,体拔浮华之世。凝情定室,匿迹幽巖。[50]栖息三禅,巡游十地。[51]超六尘之境,独步迦维。会一乘之旨,随机化物。以中华之无质,寻印度之真文。远涉恒河,终期满字。[52]频登雪岭,更获半珠。问道往还,十有七载。备通释典,利物为心。以贞观十九年(公元 645 年)二月六日奉敕于弘福寺翻译圣教要文凡六百五十七部。引大海之法流,洗尘劳而不竭;传智灯之长焰,皎幽阇而恒明。[53]自非久值胜缘，何以显扬斯旨。[54]所谓法相常住，齐三光之明；我皇福臻，同二仪之固。[55]伏见御制众经论序，照古腾今，理含金石之声，文抱风云之润。治辄以轻尘足岳，坠露添流，略举大纲，以为斯记。[56]

治素无才学，性不聪敏。[57]内典诸文，殊未观览。所作论序，鄙拙尤繁。忽见来书，褒扬赞述。抚躬自省，惭悚交并。[58]劳师等远臻，深以为愧。贞观廿二年八月三日内（出）。[59]

（般若波罗蜜多心经）

般若波罗蜜多心经。[60]

沙门玄奘奉诏译。

观自在菩萨，行深般若波罗蜜多时，照见五蕴皆空，度一切苦厄。[61]舍利子！[62]色不异空，空不异色。色即是空，空即是色。[63]受想行识，亦复如是。[64]舍利子！是诸法空相：不生不灭，不垢不净，不增不减。[65]是故空中无色，无受想行识。无眼耳鼻舌身意，无色声香味触法[66]无眼界，乃至无意识界。[67]无无明，亦无无明尽。[68]乃至无老死，亦无老死尽。无苦集灭道，无智亦无得，以无所得故。[69]菩提萨埵（duǒ），依般若波罗蜜多故。[70]心无罣碍。[71]无罣碍故，无有恐怖。远离颠倒梦想，究竟涅槃。[72]三世诸佛，依般若波罗蜜多故，得阿耨多罗三藐三菩提。[73]故知般若波罗蜜多，是大神咒，是大明咒，是无上咒，是无等等咒。能除一切苦，真实不虚。[74]故说般若波罗蜜多咒，即说咒曰：

"揭谛揭谛。般罗揭谛。般罗僧揭谛。菩提莎婆呵。"[75]

般若多心经

太子太傅尚书左仆射燕国公于志宁、中书令南阳县开国男来济、礼部尚书高阳县开国男许敬宗、守黄门侍郎兼左庶子薛元超、守中书侍郎兼右庶子李义府等奉敕润色。[76]咸亨三年十二月八日京城法侣建立。[77]

文林郎诸葛神力勒石。

武骑尉朱静藏镌字。

（二）注释

1. 三藏，佛教经典总称。分经、律、论三部分。经，总说根本教义；律，记述戒规威仪；论，阐明经义。圣教，是对佛教的尊称。

2. 弘福寺位于陕西长安县南，建于唐太宗贞观八年即公元 634 年，后改名兴福寺，又名洪福寺。玄奘翻译经书于此，后转到大慈恩寺。沙门：出家佛教徒的总称。

3. 二仪：天地。化物：感化外物，化育外物。

4. 数：规律、道理。

5. 形：事物。潜：隐藏。

6. 乘幽控寂：幽微玄寂。

7. 弘济：广为救助。万品：万物。典御：统辖。十方：佛教认为东西南北及四维上下为"十方"。

8. 威灵：神灵的威力。

9. 豪厘：即毫厘。

10. 百福：多福，此指顺境，与"千劫"相对。

11. 湛寂：沉寂。挹 yì：本意是舀、酌，把液体盛出来，此处引申为探求。

12. 投：求索。或：通惑。

13. 腾汉庭而皎梦：明月腾升于天，照临汉土，夜梦为之皎洁。

14. 分形分迹之时：指开天辟地、万物分化之时。当常现常之世：指万物有序运动，一切遵循规律的太平盛世。

15. 晦影归真：光影隐晦，佛祖涅槃之后。迁仪越世：仪容改变，经历多世。

16. 三千之光：三千大千世界之光。佛教以须弥山为中心，七山八海交绕之，更以铁围山为外廓，是谓一小世界，合一千个小世界为小千世界，合一千个小千世界为中千世界，合一千个中千世界为大千世界，总称为三千大千世界。四八之相：指佛之三十二相。佛教以为佛陀具有的三十二种不同凡俗的显著特征，与微细特征八十种"好"，合称"相好"。如足下安平、手指纤长、金色、丈光、身如狮子、广长舌、绀青眼、顶成肉髻和眉间白毫等相。各经所举略有出入。详见《大智度论》(卷四)。

17. 含类：各类众生。三途：即火途(地狱道)、血途(畜生道)、刀途(饿鬼道)，亦称三涂、三恶道。十地：指佛家谓菩萨修行所经历的十个境界。大乘菩萨十地为：欢喜地、离垢地、发光地、焰慧地、极难胜地、现前地、远行地、不动地、善慧地、法云地。另有三乘共十地、四乘十地、真言十地等，各目各有不同。

18. 曲学：邪说。耶通"邪"。

19. 空有之论："空"指法性，"有"指幻相，"空有"谓相反相俗的真俗两谛。大小之乘：佛教教派分大乘与小乘，大乘强调利他，普度一切众生；小乘强调自度。隆替：盛衰、兴衰。

20. 心志专一而又聪敏好学。佛教之"三空"有二说：一为无性空、异性空、自性空；二为我空、法空、俱空。四忍：指无生法忍、无灭忍、因缘忍、无住忍，菩萨修行时，面对他人之侮辱、恼害等而不生嗔恨心，或遇苦难而不动摇信心。若能证悟此四忍之真理，则能超出毁犯禁戒之罪。

21. 讵：岂、怎。

22. 六尘：即色、声、香、味、触、法。与"六根"相接，便能污染净心，导致烦恼，只：唯一。

23. 陵迟：渐趋衰败。深文：指佛教的经文。拚 xī：同"析"。

24. 双林：指释迦牟尼涅槃处。八水：《涅槃经》所谓印度之八条大河。即恒河、阎摩罗河、萨罗河、阿夷罗跋提河、摩诃河、辛头河、博叉河悉陀河。味道：深究佛道。

25. 菀：同"苑"。鹿菀，鹿野苑的略称，在中印度的波罗奈国，传为释迦牟尼在菩提伽耶得道成佛后第一次讲法处。鹫峰，灵鹫山的别名，在古印度摩揭陀国王舍城之东北，梵名耆阇（qí dū）崛。山中多鹫，故名，或云山形象鹫头而得名，如来等在此讲《法华》等经，故佛教以为圣地。简称"灵山"或"鹫峰"。

26. 探赜（zé）：探索奥秘。

27. 一乘五律之道：佛道谓引导教化一切众生成佛的唯一方法或途径。五律即"五部律"，指曾盛行于西北印度的小乘五部派所传持之律典。佛灭后百年间，付法藏第五祖优婆毱多之下有五弟子，于戒律上各抱异见，一大律藏便生五部之派别，即昙无德部、萨婆多部、弥沙塞部、迦叶遗部婆粗伏罗部。八藏：佛所说之圣教分为八种，即胎化葬、中阴藏、摩诃衍方等藏、戒律藏、十住菩萨藏、杂藏、金刚藏、佛藏。三箧：指三藏，声闻藏、缘觉藏和菩萨藏。

28. 垂：通"陲"，东土。

29. 火宅：佛教用以比喻充满众苦的尘世。爱水：比喻情欲。

30. 泫：水珠下滴。渌波：清波。

31. 庆：福泽。

32. 遐敷：远播，广被。

33. 珪璋：比喻人资质优异，才德出众。

34. 内典：佛教徒称佛经为内典。闲：通"娴"，娴熟。

35. 皇帝：唐高宗李治。春宫：太子居住的宫室。

36. 轨躅：车轮碾过的痕迹，比喻法则、规范。

37. 词茂道旷：文词丰沛，道理深远。文句浅显：义理幽深。

38. 六度：指使人由生死之此岸度到涅槃之彼岸的六种法门：布施、持戒、忍辱、精进、静虑（禅定）、智慧（般若）。群有：群生。涂炭：比喻极困苦的的境遇。秘扃 jiōng：秘门，关键。

39. 应身：指佛、菩萨为度化众生，随宜显现各种形象不同的化身。

40. 二音：指钟声和诵经之声。鹫峰：此处指佛寺。双轮：指日轮和法轮。鹿菀：此处亦指佛寺。

41. 排空宝盖："宝盖排空"的倒装，形容仪仗盛大，接于天际。宝盖：佛教仪仗的伞盖。

42. 上玄：上天。

43. 垂拱：垂衣拱手，谓不亲理政事，无为而治。八荒：又称八方，指最远之处。黔黎：黎民百姓。敛衽：整理衣襟，表示恭敬。朝万国，万国来朝。

44. 朽骨：指死去的人。贝叶之文：写在贝叶上的经文，即佛经。偈：佛经中唱词。

45. 阿耨（nòu）达水：即阿耨达池水。在古印度北大雪山北香山南，二山之中。神甸：神州，指中国。八川：古代关中地区灞、浐、泾、渭、酆、镐、潦、橘八条河。

46. 嵩华：嵩山和华山，代指中国之山。

47. 凝寂：宁静沉寂。廪：没有。智地：智慧的境地。火宅之朝：宅子着火之时。

48. 汤武：商汤和周武王并称。

49. 夙怀聪令：聪明而有美才。立志夷简：平易质朴。

50. 定室：禅室，代指佛寺。

51. 三禅：佛教谓色界之第三界，此天名"定生喜乐地"。

52. 迦维：地名，释迦牟尼诞生地。无质：指缺少佛经。满：成就之意。

53. 长焰：佛家指传法。

54. 胜缘：善缘。

55. 法相：谓诸法真实之相。三光：指日月星。

56. 轻尘足岳，坠露添流：以轻微的尘土来增加山的高度，以坠落的露水来增加水的流量，比喻进一步的阐发、增饰。

57. 治：指李治。

58. 惭悚：惭愧惊恐。

59. 远臻：远来。

60. 般若（bō rě）：梵语音译，本意为智慧。是指佛教的妙智妙慧，他是一切众生本心所具有的。波罗蜜多：梵文译为"度""到彼岸"。亦即度生死苦海，到涅槃彼岸。心译为核心、精华、纲要。此经简称《般若心经》或《心经》。全经只有一卷，属于《大品般若经》六百卷中的一节，被认为是般若经类的提要。由浅入深地概括了《大品般若经》的义理精要，言简而义丰，词寡而旨深，古来认为读此经可以了解般若类的基本精神。

61. 自在菩萨：又称作"观世音菩萨"。观，观照、审视。自在，自心存在。行：功行、修行。深：达到很深境界。五蕴：构成一切有为法的五种要素，即色蕴、受蕴、想蕴、行蕴、识蕴。"蕴"意指积集，旧译又称"五阴""五众""五聚"。"色"就是一般所说的物质，佛教认为是地、水、火、风四大种所造；"受"就是感受、领纳，其中包括苦、乐、舍三受；"想"就是想象，于善恶憎爱等境界中，取种种相，作种种想；"行"就是行为或造作，由意念而行动去造作种种的善恶业；"识"就是了别的意思，由识去辨别所缘所对的境界。在此五蕴中，前一种属于物质，后四种属于精神，乃是构成人身的五种要素。苦厄：苦难。

62. 舍利子：即舍利佛，释迦牟尼佛的十大弟子之一，因其持戒多闻，敏捷智慧，善解佛法，被称为"智慧第一"。此处是佛称呼他的名字。

63. "色"：即行色、色身，指一切物质形态。"空"指虚空。佛教中的空并不是空无所有，而是实相、本体，是世界的真性和本质。这四句意思是"空"和"色"本来就是不可以分割的，色身借四大和合而成，自体就是空，本来就含有相对性。"空"和"色"是相互包含的两极，世间无一物不"空"，世间也无一物非"色"。因此修佛之人不能执迷于任何一面，不要偏于任何一极，既不执于空相，也不执于色相。

64. 受想行识：感受、思想、行为、认识。

65. 不生不灭：佛法无生灭变迁，即"常住"之异名。不垢不净：凡夫染于有漏的恶缘，名为"垢"；圣人修行无漏的善缘，名为"净"。然而他们的垢和净只有其名，究其本体而言，根本无所谓垢与净，所存在的只是空而已。空是既不可谓净，也不可谓垢的。不增不减：世人的本来心量，如大海一样宽广博大，含容万物，蕴育万机。但只有圣人才能把本来的心显示出来，不为事事物物所遮掩。也就是说，无论凡夫还是俗子，佛性本有，真心俱在，人为地增一分或减一分都是不可能的。

66. 眼、耳、鼻、舌、身、意称为"六根"，也称"六情"。"六根"能够摄取相应的"六境"，即色、声、香、味、触、法，生长出相应的"六识"，亦即眼识、耳识、鼻识、舌识、身识、意识。六根有认识的功能，六境是认识的对象，六识是认识的态度。色、声、香、味、触、法称为"六境"或称"六尘"，他们是六根作用而来，即眼能观色，耳能闻声，鼻能嗅香，舌能尝味，身有所触，意有所思所念。六根、六境都是由真空实相上幻化出来的虚妄法，易于蒙蔽众生本有的真心，生出了种种虚妄分别心，造作种种业因，感受种种果报。

67. 无眼界乃至无意识界：此句是"十八界"的略说，即"六根"、"六境"、"六识"，合为十八界。具体地说，依次为：眼界、耳界、鼻界、舌界、身界、意界；色界、声界、香界、味界、触界、法界；眼识界、耳识界、鼻识界、舌识界、身识界、意识界。这里的"乃至"是举十八界的首尾，将中间的各界省去。十八界是以人的认识为中心，对世界的一切现象和事物所作的分类。一人一身即具此十八界。十八界是一切不善法的根本，是一切苦厄烦恼的原因。

68. 无明：痴愚无智慧的意思。无明是"十二因缘"中的一支，即一无明、二行、三识、四名色、五六处、六触、七受、八爱、九取、十有、十一生、十二老死。十二因缘中的各个环节，是互为因果的。

69. 苦、集、灭、道称为"四谛法"。苦谛是说人生多苦的真理，人生的本质是苦，有三苦、四苦、八苦等，大凡世间上一切烦恼和身心不安的事，都可以叫做苦。集谛就是聚集之意，是讲人生苦的原因，人生痛苦的原因是因为人的痴愚、贪欲、嗔恚等烦恼，使人做出各种不明之事，结果就有了种种痛苦聚集而生。灭谛与道谛，是出世间法，又叫无漏因果。灭谛指断灭产生世间诸苦的一切原因，灭有为还于无为，也就是涅槃，亦即靠修行而达于最终的寂静；道谛是指脱离"苦"、"集"的世间因果关系而超入无苦有常无我清净地的理论说教和修行方法。四谛法门可以简单地说成知苦、断集、修道、证灭。

70. 菩提萨埵：全称为"菩提萨埵摩诃萨"，也可简称"菩萨"，是指觉悟而有情的人，也就是上求佛果、下度众生的大圣人。

71. 挂碍：牵挂、阻碍，此指思想的忧虑和烦恼。

72. 颠倒梦想：因迷惑错乱而产生的妄想。究竟：最终彻底。涅槃：就是灭度、无为、圆寂等，这是佛教徒经过修行后达到的理想境界，经过长期刻苦的修道，就能除去一切烦恼并具备一切清净功德。涅槃就是对生死诸苦及其根源烦恼最彻底的断灭。

73. 三世：指过去、现在和未来，此处含有"十方三世"的意思。这一佛教用语，大致相当于今天我们所说的一切时间和空间，这也就是佛教所看待的时空宇宙。阿耨多罗三藐三菩提：梵文的音译，意思是"无上正等正觉"，是只有佛才能够有的能力。

74. 咒：也叫"总持"，音译为"陀罗尼"意思是有力量的语言。《心经》

中从"观自在菩萨"至"真实不虚"为显说般若，以下一段咒语则为密说般若。佛法本来分为显密两种：显明者，是借世俗文字语言传达真理，示现于人，导人修持而得到利益；秘密法，则含有咒语这样的方法。佛法的本质在至极之处是不可说的，佛只是为了众生的利益才不得不说法，那神妙不可说的秘密只有借咒语来传授了。秘密法门之一的陀罗尼，凡夫不能理解，只好不作汉译，但念诵仍是有效力的。

75. 此四句为梵文咒语，按以往的说法，《心经》中全部要义，完全包括在这四句咒语中。念通这四句咒，其效力等同于诵读此经。依法藏大师所说，此四句分别可以理解如下："揭谛"为"去"或"度"之意，这也就是深般若的本有功能，度众生于彼岸。重复"揭谛"二字，是自度度他的意思。"般罗"一般写作"波罗"，意为"彼岸"，"波罗揭谛"即"度到彼岸"的意思。"僧揭谛"的"僧"意为"总"或"普"，因而"波罗僧揭谛"意思是"普度自我及他人都到彼岸"。"菩提"为"觉"，"萨婆呵"即为"速疾"的意思，意谓依此心咒，速疾得成大觉。

76. 润色：当是指润色所译的经文。王澍《竹云题跋》卷二："款称'奉敕润色'，乃润色经文，非润色其字也。当时即敕玄奘就弘福寺翻译，遂下诏令太子太傅尚书仆射燕国公于志宁、中书令来济、礼部尚书许敬宗、黄门侍郎薛元超、中书侍郎李义甫、杜正伦看阅，随事润色。盖恐译经时文义或有未安，故特敕于志宁等润色之。唐代事佛最谨，佛典最为矜重，故宰相必带译经润色使衔，至宋初犹因未改。盲人不解此义，遂谓右军书法一坏，于怀仁之勾摹二坏，于于志宁等之润色，岂不可笑。"李义甫即李义府。

77. 法侣：修佛的道友。

(三)译文

(李世民　大唐三藏圣教序)

大唐三藏圣教序

太宗文皇帝制

弘福寺沙门怀仁集晋右将军王羲之书

听说天地是有形状的，显露在外，覆盖并且承载着一切生灵；四季没有形状，通过寒暑的交替来化育万物。因此观察体验天地的变化，即使是平凡而愚蠢的人也能知道它的一些征兆；要洞晓阴阳变化，即使是贤能而有智慧的人也难以穷尽它的变化规律。但是天地包容着阴阳变化而容易懂的原因，是因为天地有形状；阴阳变化在天地之间而难研究透的原因，是因为阴阳变化是没有形状的。所以事物显明易察，即使愚蠢的人也不会困惑；而事物变化隐藏了起来没有人能看得见，即使是聪明人仍会迷惑不解。况且佛道推崇虚空，它驾乘着隐秘来操纵着超脱一切的境界，也主张广泛救济众多生灵，用佛教的理论来治理天下。佛法发神威就没有上限，克制神奇的力量也没有下限。大到遍布宇宙，小到能收拢一丝一毫。佛道不生不灭，超脱一切，遭逢千难万劫而不会衰微。它有时隐藏，有时显露，经历百福千祥而永远长新。佛道中寓含的神妙的道理和高深的玄机，即使遵循它也没有谁知道它的边际；佛法广阔而沉寂，即使推崇它也没有谁探究出它的根源。所以众多平凡而无知的人，以及那些平庸浅陋之辈，面对佛教高深的旨意，怎么可能没有疑惑呢？

　　然而，佛教是在西土产生并兴起的。流传到大唐汉地就像明月腾升于天，照临汉土，夜梦为之皎洁，照耀着大唐而流传着慈爱。上古天地初开之时，语言还没有传播，教化还没有形成；万物有序运动，一切遵循规律的太平盛世，人民仰望圣德而知道遵守。佛祖涅槃之后，他的身影已经隐晦了，他的仪容也经过世代的转换而改变。佛祖那光辉的容颜被一种颜色所遮蔽，佛光照耀不到三千大世界之上；今朝它美好的形象才得以展开，我们似乎看到了空中端坐着佛像，甚至连它身上的三十二个显著特征都清晰可见。于是精妙的语言广为流传，拯救三恶道中的生灵。遗训得到广泛传播，引导众生经过十个境界的修炼，脱离苦难。但是真教是很难遵循和广泛流传的，不能把真教的意旨精华统一归属到一起；而邪僻的不正当的学问却容易使人依从，于是邪正之间就在教义上交错杂乱。所以"空""有"相反相成的真俗两谛，因世俗的解说而莫衷一是；大乘佛教和小乘佛教的学说，随着时代的变换而兴衰不定。

　　有个叫玄奘的法师，是法门的领袖人物。他从小就很聪明，心怀忠诚，早就能领悟佛教的"三空"教义；长大后他的神情、性格又和佛教的要求很是投合，坚持"四忍"境界的佛门修行。即使是松林涧的清风、湖水中的朗月，也比不上他的清丽华美；即使是仙饮的晨露、明亮的珍珠，岂能和他的明朗润泽相比？所以他智慧超群，通达无碍，精神清透，并不显露；他超脱了六尘的困扰，是千古无双的圣人。他聚精会神地从内心修炼自己，悲哀正法的日渐衰微；他静心钻研佛教，感慨这精深的理论被谬传。他想着要有条有理地分辨剖析经文，扩大古代的经文典籍；取掉虚假的，保留真实的，以利于开启后学。因此他向往净土，前往西域求学。他冒着生命危险在万里征途上行进；他拄着拐杖独自远行。积雪在晨风中飞扬，道路难以寻觅；傍晚风沙弥漫，遮天蔽月难辨方向。

万里山川，有他排开险阻、拨开迷雾前进的身影；无数个严寒酷暑的季节里，留下他踩霜宿雨而前进的脚印。诚心敬重佛祖，以劳苦为轻，期望着自己的心愿得以实现。他游遍了西域各国，历时一十七年。他历经了所有经过的地方，探询追寻正教。古印度的双林、八水，深究佛道，餐风露宿；他去鹿苑，登鹫峰，瞻仰了佛祖生活过的奇珍异途。他亲承了先贤圣人的至言，受教于上贤高人的真教。深入探索，精研学问。一乘、五律的修行之道，了然于胸中；八藏、三箧的经文，他讲起来就像波涛流水，滔滔不绝。

于是玄奘从所经过的大小国家中，总共搜集了三藏经文共六百五十七部，翻译成汉文后在中原传布，宣扬宏大的功业。从西方引来慈仁的云朵，将佛法之雨润泽于东土众生。佛教教义由残缺而复归完善，苍生由罪业而重获福泽。尘世火宅中的烈焰被凉雨浇灭了，迷茫的众生找到了前途；痴爱而生的浊浪平息了波涛，万民同登涅槃的彼岸。恶是因为罪业而堕落，善是依靠因缘而升华。升华和堕落的根源，全在人自心的追求和依托。好比桂花生长在高高的山岭上，天上的雨露才能够滋润它的花朵；莲花出自清澈的湖水，飞扬的尘土就不会玷污它的叶子。这并不是说莲花原本洁净，桂花原本贞洁，的确是因为桂花所依附的条件本来就高，所以秽物不能伤害到它；莲花依附的本来就很洁净，所以浊物就玷污不了它。花草树木没有知觉，尚且能凭借好的条件成就善事，更何况人类有智慧见识，岂能不依靠佛的福泽而求得福泽呢？希望这部佛经得以流传广布，与日月一样永恒不衰；福泽的传布，与乾坤一样广大无边。

（李世民　敕答谢启）

朕才疏学浅，识见不能通达，对于佛教的经典，更是称不上娴熟。前时写的那篇序文，深感十分拙陋，唯恐粗劣的笔墨玷污了圣洁的经典，只怕是将瓦砾堆砌在珠玉的宝殿中。如今忽然得到法师的来书，谬为赞赏，我自加反省，更为自己感到脸红。实在是没有什么值得称道之处，白费了你的一番美意。

（李治　述三藏圣记）

唐高宗皇帝李治为太子时所作的《述三藏圣记》。

正教的弘扬，缺乏才智的人是不能助推其传播的；佛经的阐述，没有贤能的人是无法论定其要义的。佛教是真如的圣教，是诸法中最玄妙、是经典中最深奥的。它内涵广阔，意趣深远，穷尽了"空"和"有"的微妙含义，阐明了"生"和"灭"的关键所在。佛经的文词是充沛的，义理是精深的，求索者很难理清其脉络；文字是浅显的，而含义是晦涩的，修持者无法探测其边际。佛祖的圣慈所覆盖之处，没有什么善业不能到达的；佛祖的妙化所及之处，没有什么恶缘不能剪除。佛祖开示了大法的纲领，以弘扬六度的正教。他要拯救群生于困厄之中，开启三藏经文的密门。所以佛之名，虽没有翅膀，但能传遍天下；佛之道，虽然没有根脉，但能坚固不催。佛以他的道和名施与天下以福泽，历经万古而永恒；佛随感应而化身，遭遇无数劫难而不朽。清晨的钟声、傍晚的诵经声，在佛寺中交响；智慧之日轮、佛国之法论，在法界中运转。盛美的宝盖接于天际，与翔云相辉映；葱郁的春林覆盖着山野，与天花相交织。

伏念皇帝陛下（唐太宗）蒙上天之福泽，无为而治天下。恩德广被黎民，万国使者整衣来朝。他的隆恩下及黄泉，广施一切生类。他下令保护佛教经文，弘扬佛教教义，使天竺阿耨达池圣德之水，润泽了中国的山川；使耆阇崛山之秀色，与嵩山、华山之秀气相连。我以为佛法是清净空寂的没有沉潜之心难以晓解；智慧的境界是玄妙的，只有至诚之心才能感通。于是重重的暗夜，因智慧之炬而现光明；熊熊的火宅，因法雨的淋润而清凉。百川各自奔流，同汇于大海；万国分域成治，归一于实相。如此圣治，又何必与商汤和周武王比较治国的优劣，与唐尧和虞舜比较圣德的高下呢？

玄奘法师素来具有聪明和美才，立志平易朴素。早在童年时代，便显出清朗的资质，在乱世的浮华中，超拔于流俗之上。他凝心禅室，隐居深山，悉心修禅，不断修行，超脱了六尘的烦扰，独步于自由的佛境，参会一乘的要旨，随机感化大众。因为中国没有完善的佛经，因此他决定前往印度求取。他长途跋涉来到恒河，一心只要求得真经；他数次攀越雪岭，绝不留下遗珠之憾。这番求学问路，一路往还达十七年之久。他因此精通了佛家的经典，一心以利他为志。他于贞观十九年（公元 645年）二月六日，奉皇帝圣旨于弘福寺翻译佛经要文共六百五十七部。佛法之流如大海一般壮阔，洗尽了尘世的劳苦；智慧之光，如灯火一般长明，带来了长夜中的光亮。如果不是长年凝心于佛门，怎么可能建立这番大功呢？正所谓法相常住，与日月星辰齐放光明。皇帝陛下福泽深厚，与天地共永恒。我看到陛下所作的众经论序文，辉映古今，如含金石之声，似有风云的润泽。我李治却只是以轻微的尘土来增山岳之高，以坠落的露珠以增洪流之广，实在是微不足道。权且略举大要，作为这篇序记。

（李治　答沙门玄奘谢圣教序书）

我（李治）素来没有什么才学，生性也不聪敏。佛教的经典，所读不多。前所作的论序文，极其拙劣。忽见法师的来书，对拙文多加褒赞。我自加反省，既惭愧又惶恐。有劳法师远来，深以为愧。贞观二十二年（公元 648 年）八月三日于内府。

（般若波罗蜜多心经）

般若波罗蜜多心经

观音菩萨，进行甚深的智慧关照时，洞彻五蕴的虚空，救度一切众生的苦难。佛说：舍利子！空和色没什么不同，色就是空，空就是色，尘世间所有的现象都是如此。佛说：舍利子！一切的法都是空的，没有生，没有灭，没有污垢，没有洁净，不能增加，不能减少。所以空之中没有色，也就没有感受、思想、行动、认识，更没有眼识、耳识、鼻识、舌识、身识、意识者六根，没有色、声、香、味、触、法这六尘。没有眼界，一直到没有意识界。没有愚痴和昏暗，也就没有愚痴和昏暗的消除。以至没有衰老和死亡，也没有衰老和死亡的消除。因此，也没有知苦、断集、证灭、修道的法门，并没有智慧，亦没有所得，因为根本没有任何东西可以得到。菩萨按般若波罗蜜多修行，所以心无挂碍。因为心无挂碍，所以没有恐怖，就会远离妄想，最终超脱尘世的烦恼达到涅槃的境界。过去世、现在世和未来世的一切佛，就是因为按般若波罗蜜多修行，最终得到了至高无上的无上正等正觉的智慧。所以可以知道，般若波罗蜜多是能够消除生活烦恼的大神咒，是能够破除人间愚昧的大明咒，是能够带来光明前景的无上咒，是无可替代的无等等咒，它能消除一切苦，真实不虚。所以，请念般若波罗蜜多咒，咒语说：自度度他，度到彼岸。普度自我和他人都到彼岸，迅疾得成大觉。

般若波罗蜜多心经

太子太傅尚书左仆射燕国公于志宁、中书令南阳县开国男来济、礼部尚书高阳县开国男许敬宗、守黄门侍郎兼左庶子薛元超、守中书侍郎兼右庶子李义府等奉旨润色经文。咸亨三年十二月八日京城的佛教道友建立此碑。文林郎诸葛神力勒石。武骑尉朱静藏刻字。

三、《怀仁集王羲之书圣教序》技法解析

我们把《怀仁集王羲之书圣教序》作为行书入门的最基础教学，因此对于此帖的技法解析，主要分为两个部分，第一部分重点是点画与结体的技术解析；第二部分是通临与节临相结合。

《怀仁集王羲之书圣教序》形神兼备，书法秀劲超群，分行布白，笔

意俱存，俨然是一气呵成，不愧为中国古刻名碑之妙品。虽然是碑刻，但是由于摹刻精到，因此笔法表现得淋漓尽致，相同笔画极尽变化之能事。临摹此碑时务必要抓住这些特征，做到精准。结体方面，集字尽量注意字与字之间的呼应关系，因此对于每一个字的结体变化也十分讲究，轻重、开合，俯仰变化非常丰富。章法方面，基本保持了字与字、行与行之间的关系。同时我们也应知道，此碑毕竟是集字，细心观察，还是能发现因原字书写的时间、年龄、情绪、气氛的差异，而笔势的连贯略失自然，进而影响全文的浑然和谐。对于这一点，临习者千万不可忽视。

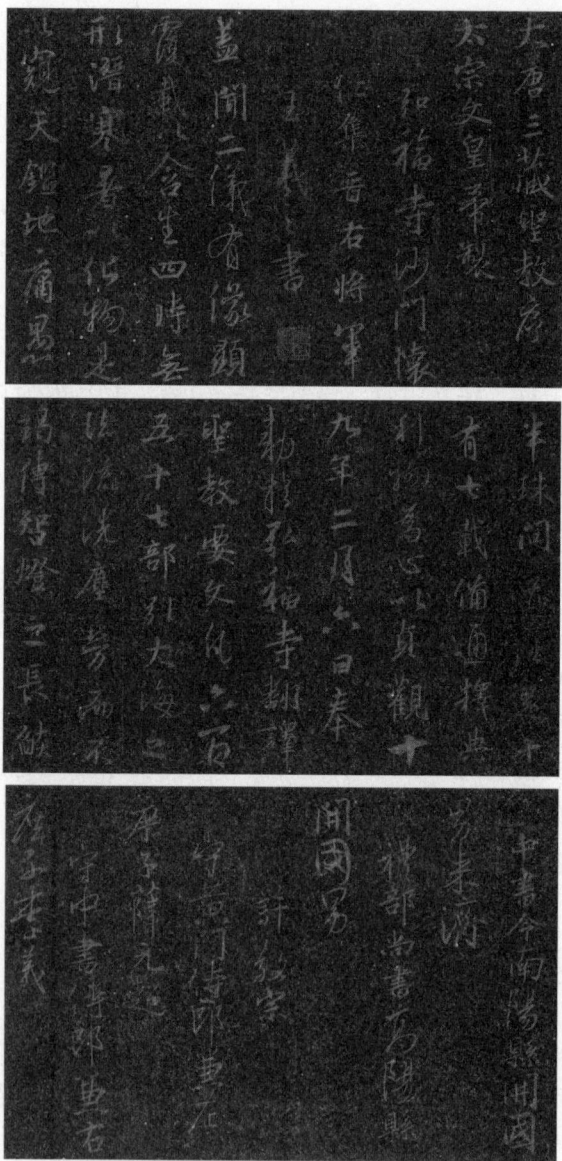

图 4-1　《怀仁集王羲之书圣教序》局部

关于《圣教序》的学习，重点在点画，结体，主要以学习单字为主，至于顾盼布局，则需再临摹王羲之手札。

(一)笔画

相对来说，行书行笔的节奏和速度比篆隶楷快，比草书要慢，这就决定了行书临习与创作对笔画质量的要求更高，慢而不滞，快而不飘，因此，行书创作也需要有法度。法度的形成从临摹点画开始，更需要讲究笔法的准确性，具体表现在起笔、收笔、行笔。起笔、收笔准确到位，行笔注意把握好节奏和速度。

1. 点

（1）楷法点，点如楷书写法。临写时注意饱满到位，如"太""庸""潜""之""含""谛""音""俗"等。

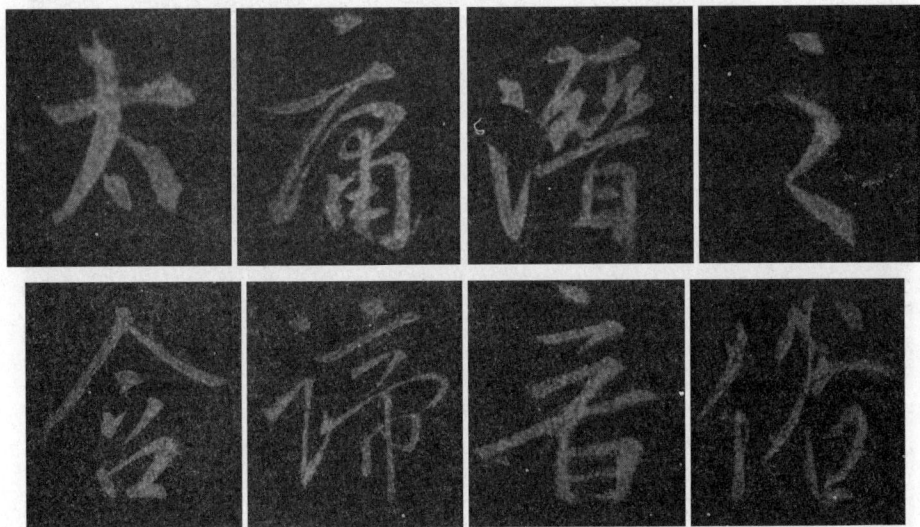

图 4-2 《怀仁集王羲之书圣教序》选字

（2）呼应点，点与点之间相互呼应。临写时注意笔锋转换，确保写得有质感，笔法送到位，与下一笔呼应，不要随意甩出去，如"六""小""得""方""福""縣""其""蜜"等。

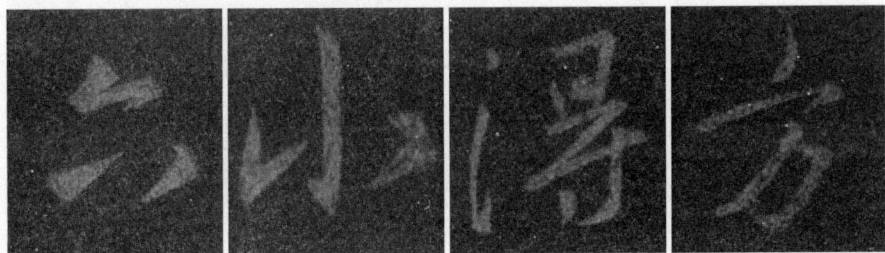

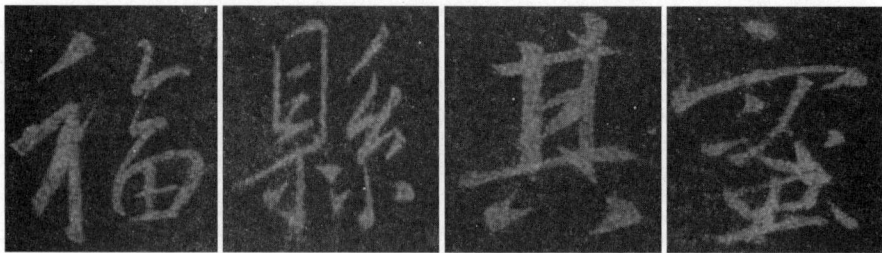

图 4-3 《怀仁集王羲之书圣教序》选字

（3）连点，点与点之间连带。临写时注意连带中的轻重提按，有的连中带提按，有的直接连成一笔，如"心""流""枰""立""照""想""無""枰""帝""常""當""習"等。

图 4-4 《怀仁集王羲之书圣教序》选字

2. 横

（1）楷法横，横画就如楷书的写法。起收笔与楷书无异，临习时注意把笔运到位，如"太""不""大""十""二""所""可""典"等。

图 4-5　《怀仁集王羲之书圣教序》选字

　　(2)连带横，横与其他笔画形成连带关系。临写时注意起笔与收笔之间连带过程中笔锋的转换，连带的方向主要是上连与下连或与下一笔呼应，如"古""未""生""上""真""域""前""经""积""者""方""五""有""三""百""悟"等。

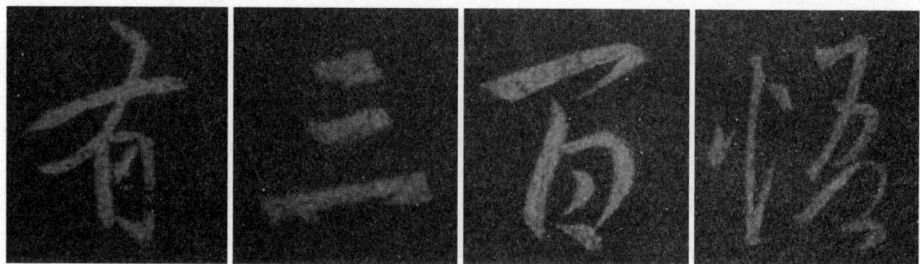

图 4-6　《怀仁集王羲之书圣教序》选字

3. 竖

（1）楷法竖，楷书竖的写法。临写时写成悬针、垂露，如"年""半""十""中""華""郎""布""门"等。

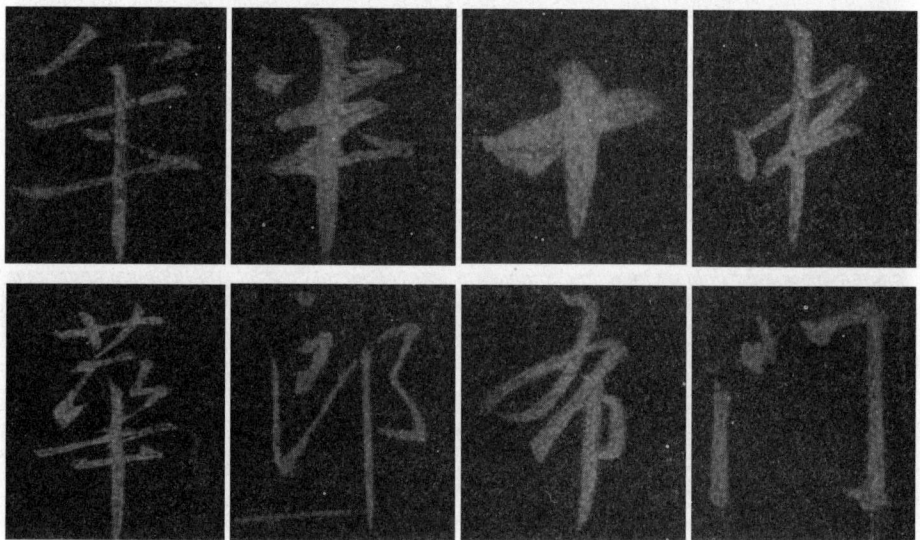

图 4-7　《怀仁集王羲之书圣教序》选字

（2）连带竖，竖与其他笔画形成连带关系。临写时注意竖连带的方向以及与不同笔画之间的连带及取势关系，如"上""下""恒""隆""峰""所""并""抑"等。

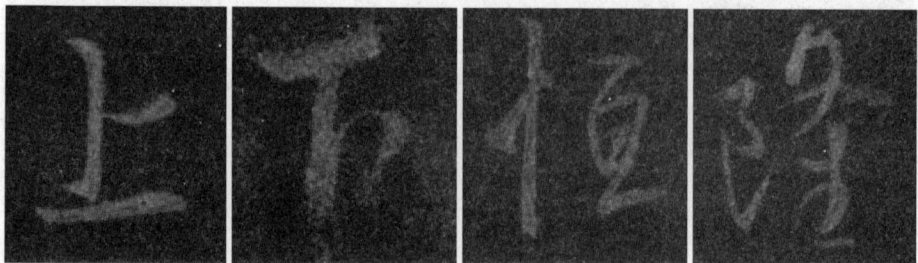

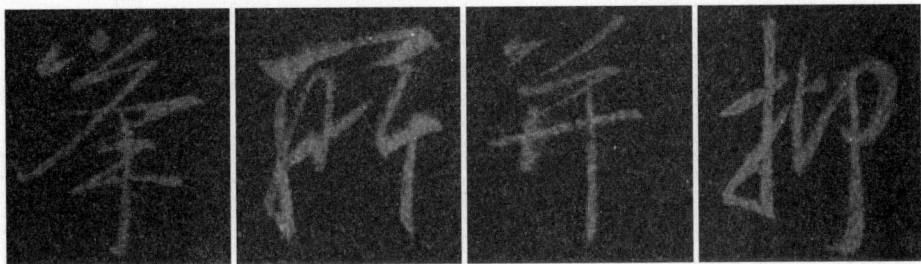

图 4-8 《怀仁集王羲之书圣教序》选字

4. 撇

(1)楷法撇,楷书写法的撇。临写时注意起收笔交代清楚,如"大""天""文""万""金""施""来""阴"等。

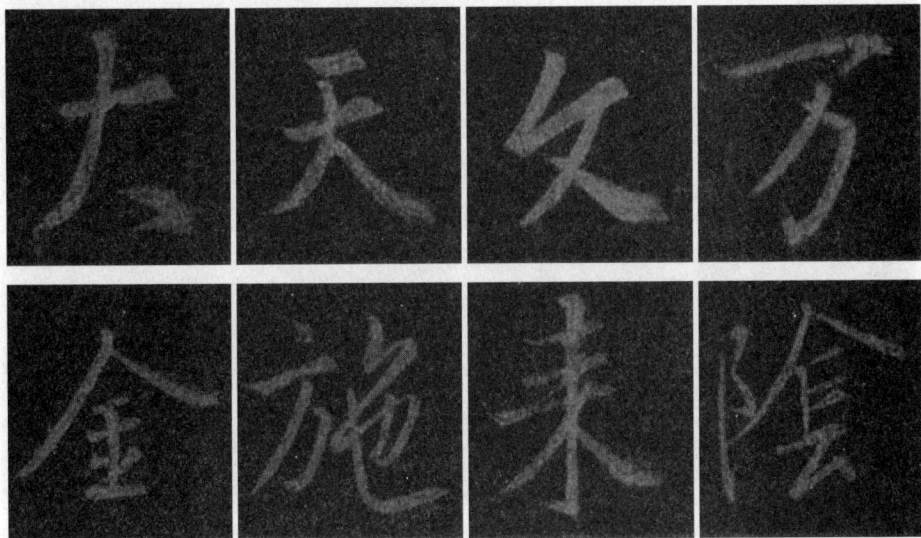

图 4-9 《怀仁集王羲之书圣教序》选字

(2)收笔撇:撇画收笔取收势。临习时注意收笔分两种,一种是往里收,一种是往外收,如"庸""序""遲""今""金""在""乃""慶"等。

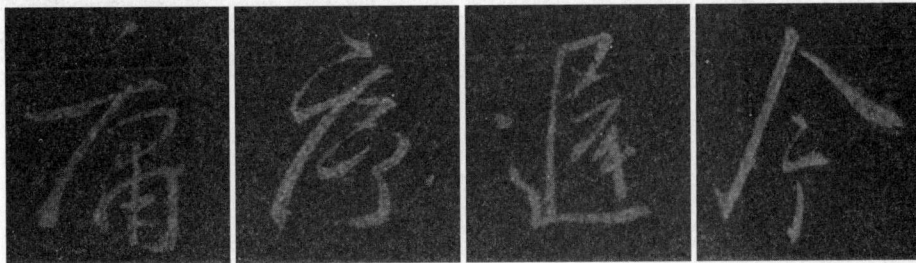

图 4-10 《怀仁集王羲之书圣教序》选字

（3）连带撇，撇与其他笔画连带。临写时注意撇画的收笔与下一笔相连，连带的方向有上连和下连的变化，把握好提按转锋的过渡，如"有""林""相""神""李""文""是""化""本""波""才""僕"等。

图 4-11 《怀仁集王羲之书圣教序》选字

5. 捺

（1）楷法捺，楷书捺笔写法。临习时注意捺画收笔如楷书，如"遷""道""之""遊""蠢""太""教""春"等。

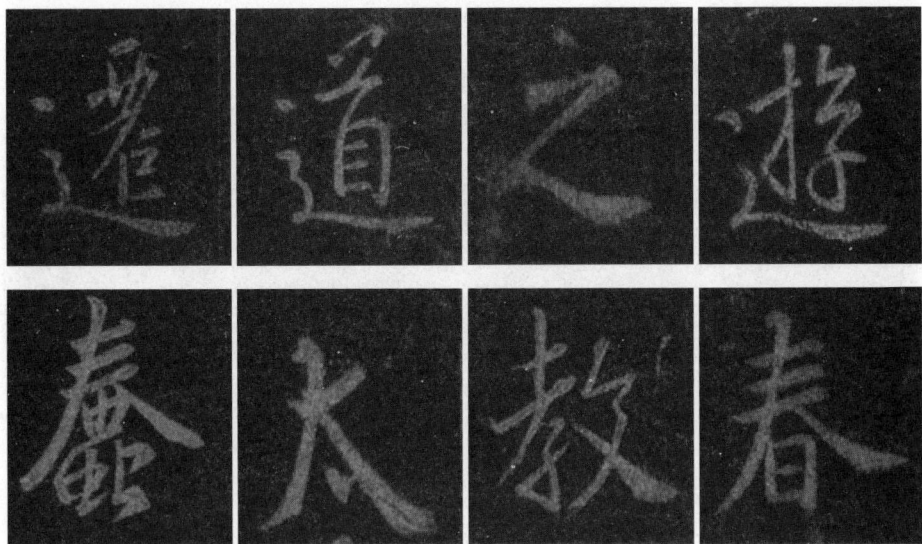

图 4-12 《怀仁集王羲之书圣教序》选字

(2)反捺，捺笔收笔取反势。临习时注意捺笔收笔时的轻重变化与方向，如"之""微""之""林""大""文""及""遠""足""敬""太""水"等。

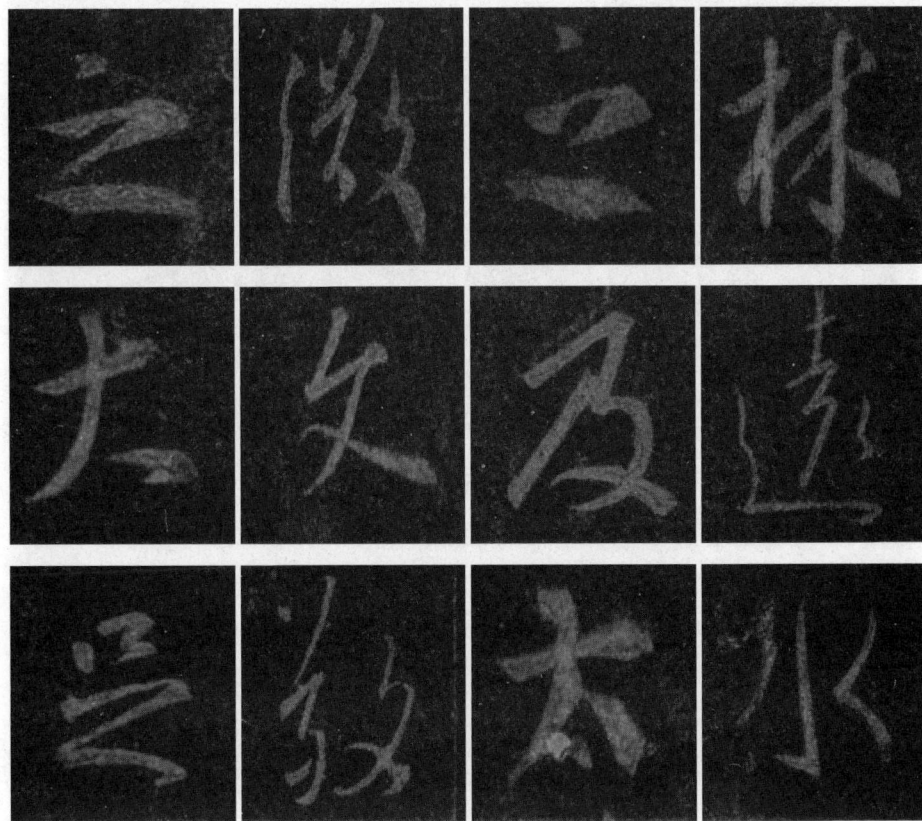

图 4-13 《怀仁集王羲之书圣教序》选字

（3）点捺，把捺笔写成点。临习时注意角度，长短的变化，如"孤"
"欲""分""界"等。

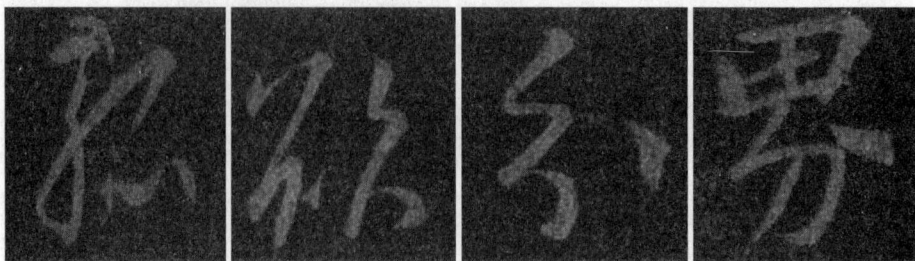

图 4-14　《怀仁集王羲之书圣教序》选字

6. 折

（1）方折，折角顿按成方形。临习时注意采用楷书折比写法，如"五"
"理""智""劣""東""四""日""罪"等。

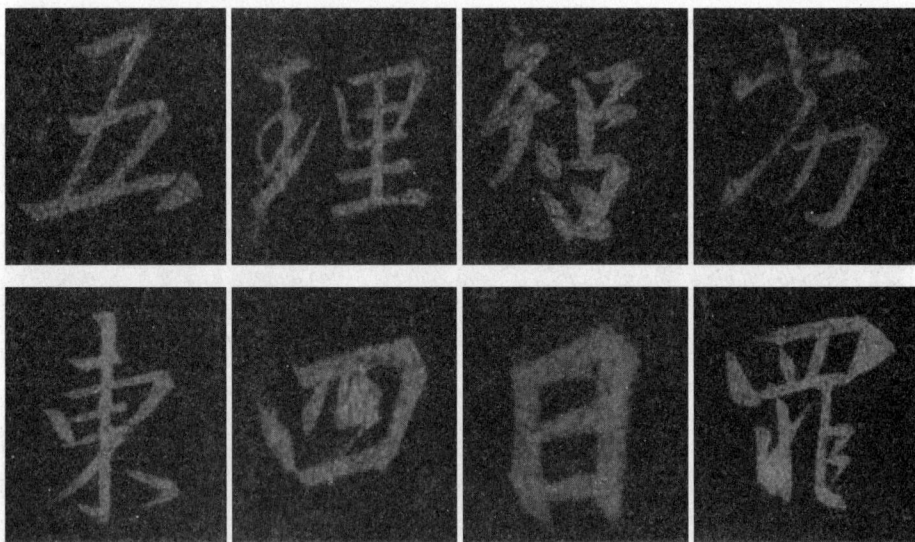

图 4-15　《怀仁集王羲之书圣教序》选字

（2）圆折，折角提笔转过。临习时注意提笔圆转而下，如"爲""自"
"通""物""而""而""洞""愚""葛""當""優""道""習""俗""固""百"等。

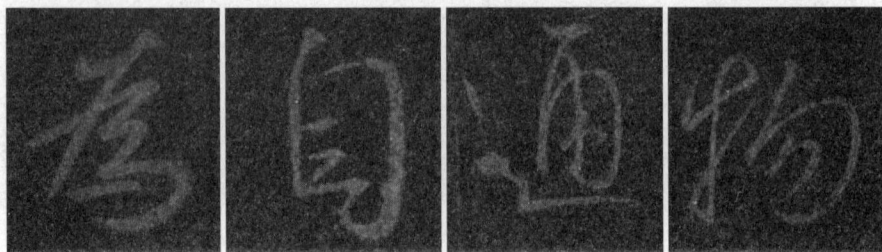

图 4-16　《怀仁集王羲之书圣教序》选字

7. 钩

（1）方钩，钩以方折为主。临习时转锋折笔，力送到位，如"苞""月""朗""门""将""长""珠""物"等。

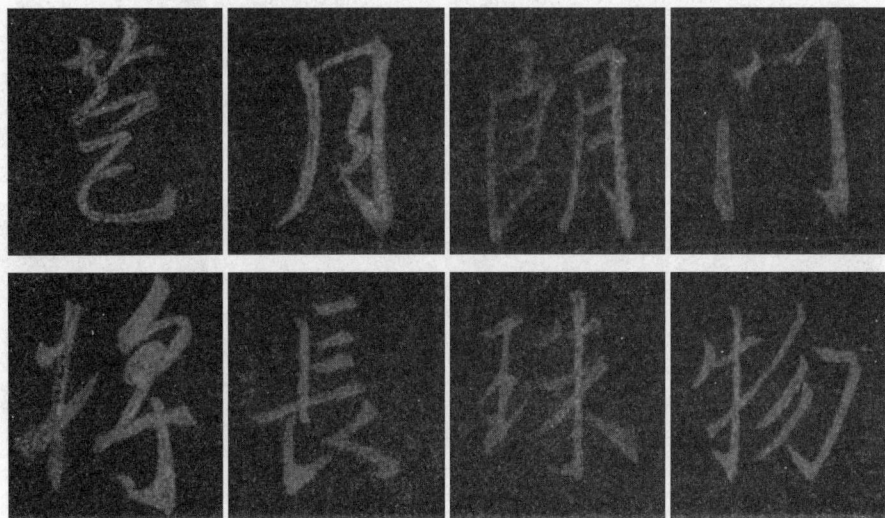

图 4-17　《怀仁集王羲之书圣教序》选字

（2）圆钩，钩与上一笔连在一起书写，转笔带出成圆笔，临习时注意圆转而过，渐行渐提，如"而""物""豪""力""高""永""端""國"等。

图 4-18 《怀仁集王羲之书圣教序》选字

8. 方笔

方笔起笔呈现方头。临习时注意落笔轻顿，根据角度不同，表现出直顿方笔与斜顿方笔，如"三""七""玄""木""情""出""奥""能""之""及""文""海"等。

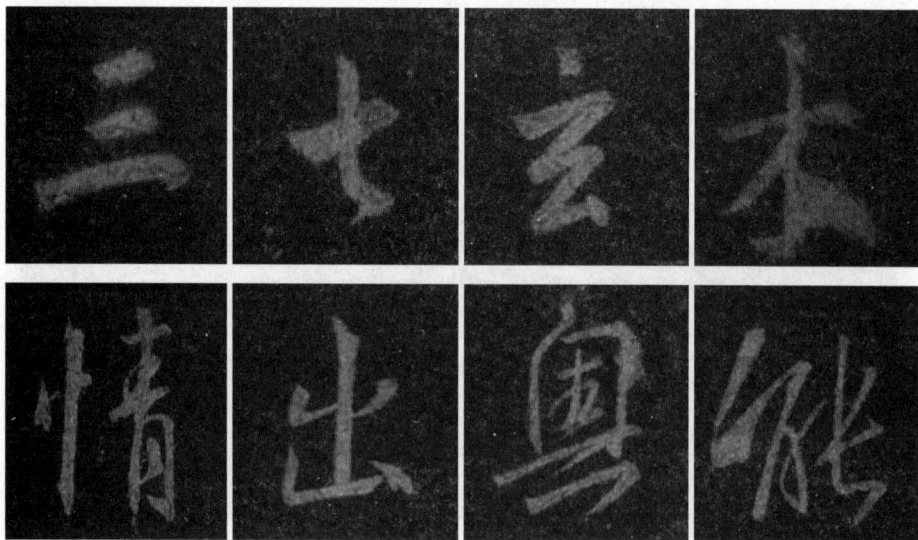

图 4-19　《怀仁集王羲之书圣教序》选字

9. 尖笔

起收笔表现出来的是露锋尖笔。临习时注意顺锋落笔，然后顺势行笔，根据需要调整笔锋方向和力度，如"夙""而""撫""宣""枠""宙""水""麼"等。

图 4-20　《怀仁集王羲之书圣教序》选字

注意：方笔与尖笔入笔时笔锋的藏与露的度，不能锋芒太露，把握好起笔与行笔的衔接。

10. 重笔

笔画粗重，如"不""多""行""老""十""正""拙""夢"等。

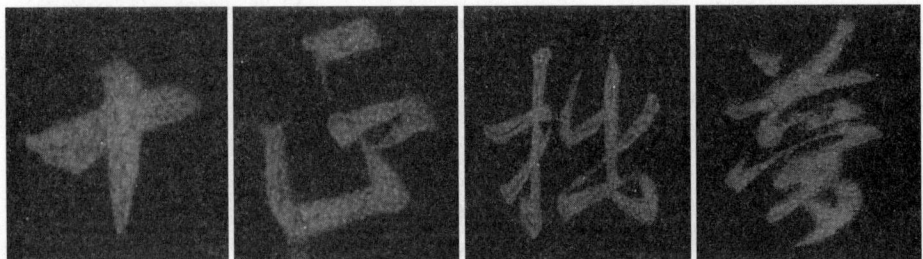

图 4-21　《怀仁集王羲之书圣教序》选字

11. 轻笔

笔画轻灵，如"拔""法""高""國""習""寻""儀""真"等。

图 4-22　《怀仁集王羲之书圣教序》选字

(二)结构

　　书法创作其实就是制造矛盾，解决矛盾的过程，矛盾最基本的表现就是结体的变化。古人云"密不透风，疏可走马"是对开合、收放的形象描述，行书的结构变化表现最为丰富。临习时要学会归纳、分析，这样写出来的字才能生动，富有节奏感，《怀仁集王羲之书圣教序》为我们提供了许多经典范例。

　　1. 字的开合、收放变化

　　(1)左收右放

图 4-23　《怀仁集王羲之书圣教序》选字

（2）右收左放

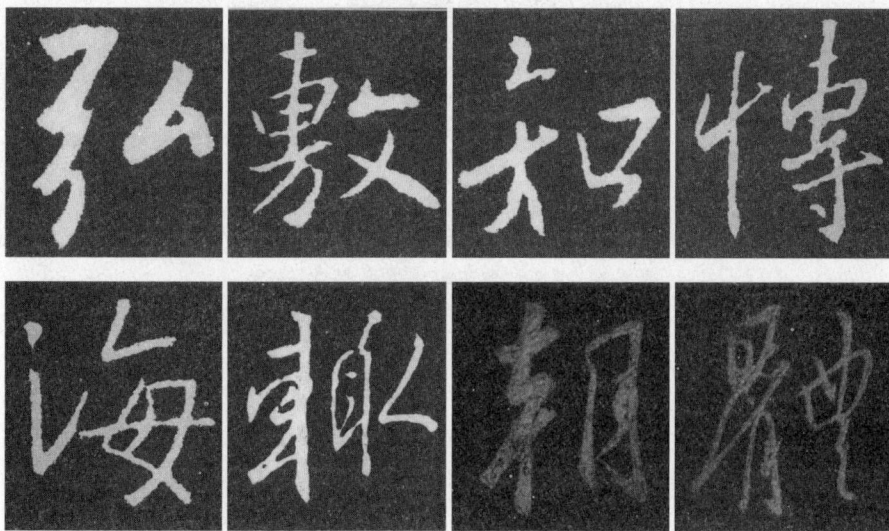

图 4-24　《怀仁集王羲之书圣教序》选字

（3）上放下收

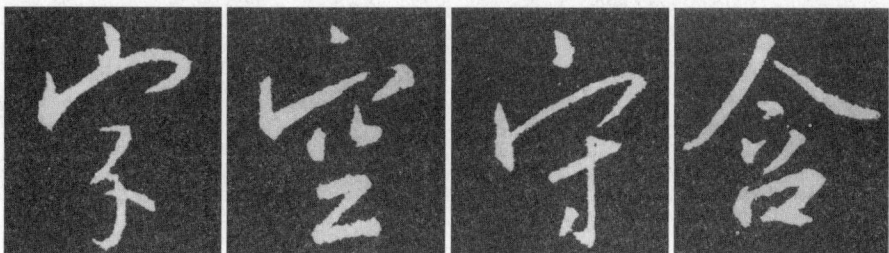

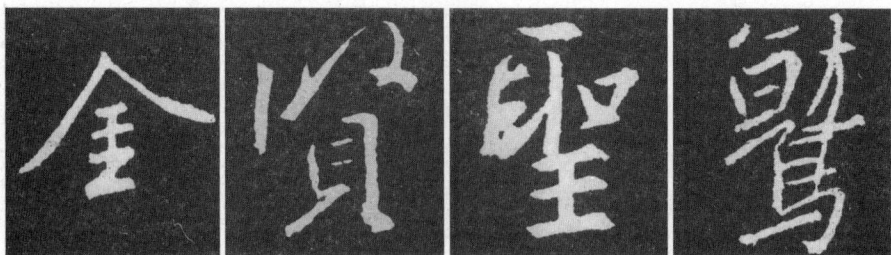

图 4-25 《怀仁集王羲之书圣教序》选字

（4）上收下放

图 4-26 《怀仁集王羲之书圣教序》选字

2. 相同部首的不同变化

行书的书写是要讲究变化的，尤其是相同部首在不同字里的书写，务必寻求多变。《圣教序》对于部首的变化处理非常丰富，下面分别列出几个偏旁部首练习和重点训练，体会一下王羲之对于偏旁部首的处理及与其他偏旁搭配的变化。

何	偽	偷	儀
淂	行	彼	住	激
楊	機	桂	標
极	栖	相	想
掩	抑	掘	控
拔	揉	搦	柱

湿	洼	湛	河
洗	泓	波	源
跟	躐	迹	蹋
镜	鍾	镇	鑑
軋	输	㩒	轄
燈	炬	燭	煙

陽　降　陰　陵

茂　菩　萬　葉

嚴　蕊　萬　篁

舜　家　寶　寧

宦　蜜　空　宅

靈　雲　雪　霧

照 熙 然 竖
君 者 否 菩
智 會 者 著
質 負 質 賢
想 輕 忽 思
赴 趣 越 趄

遺	邊	邊	道
邁	遠	通	迷
麀	度	座	序
閒	閱	問	閑
緣	續	終	經
惟	懷	恒	性

图 4-27 《怀仁集王羲之书圣教序》选字

3. 一个字的不同写法

字字雷同是书法创作一大忌，临帖时尤其要注意求变。

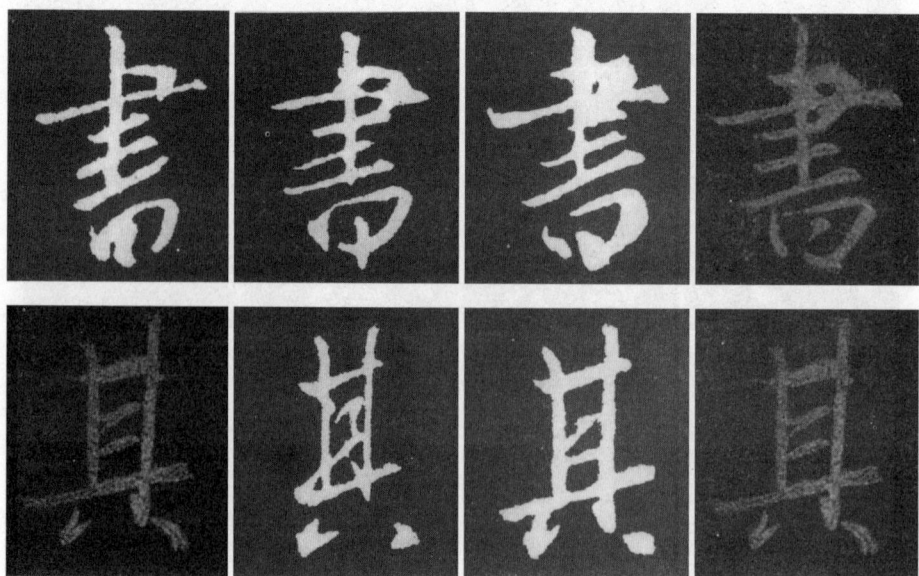

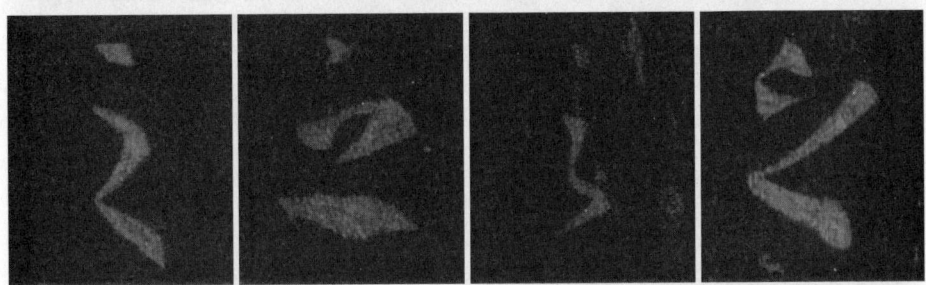

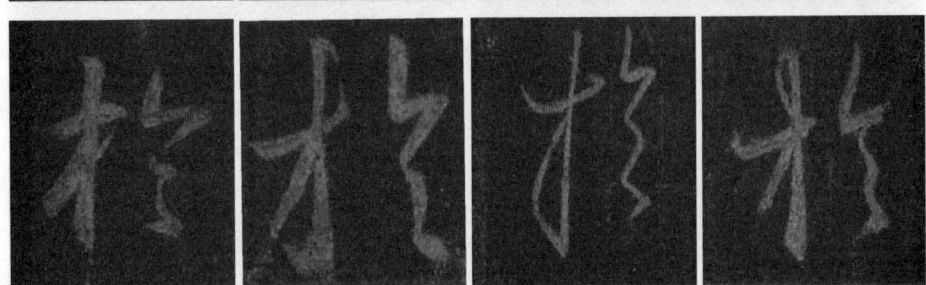

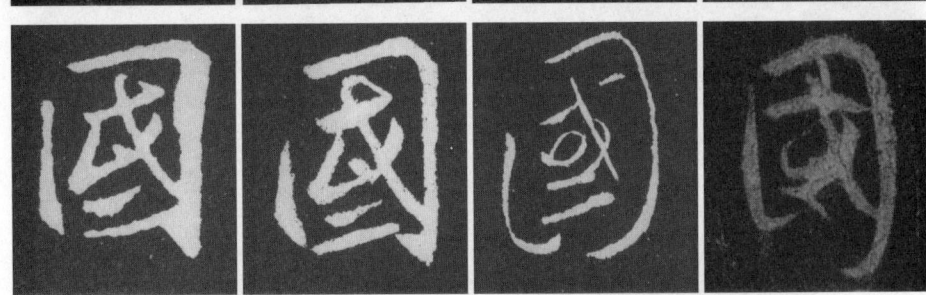

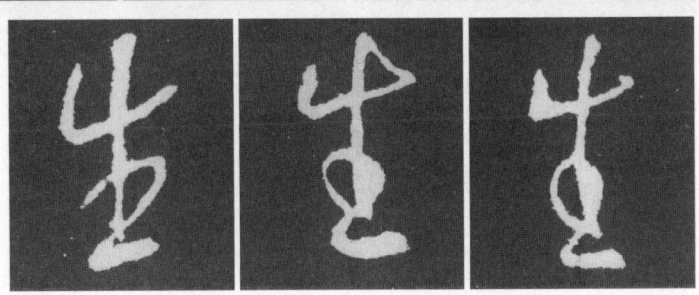

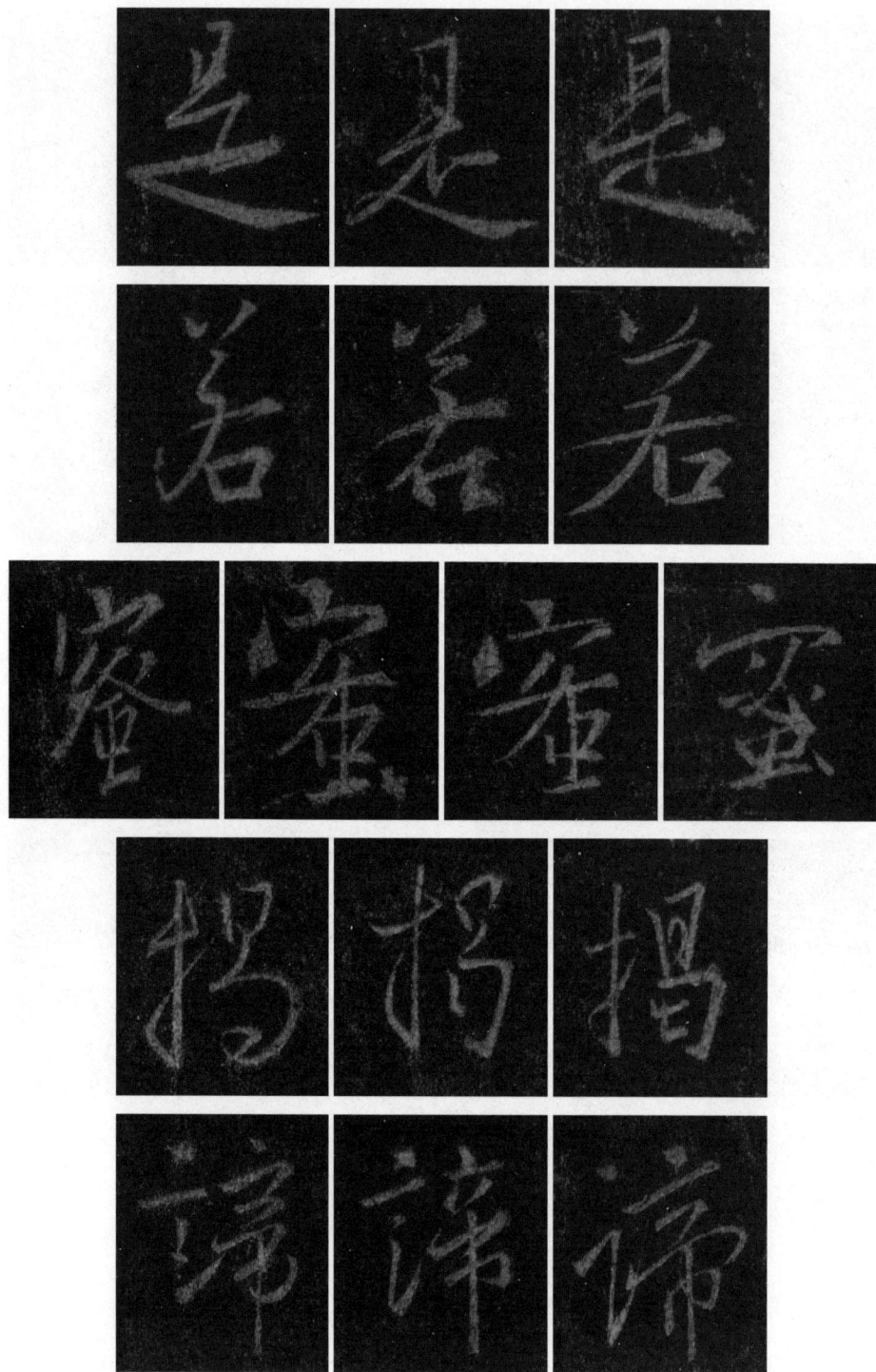

图 4-28 《怀仁集王羲之书圣教序》选字

（三）《圣教序》节临

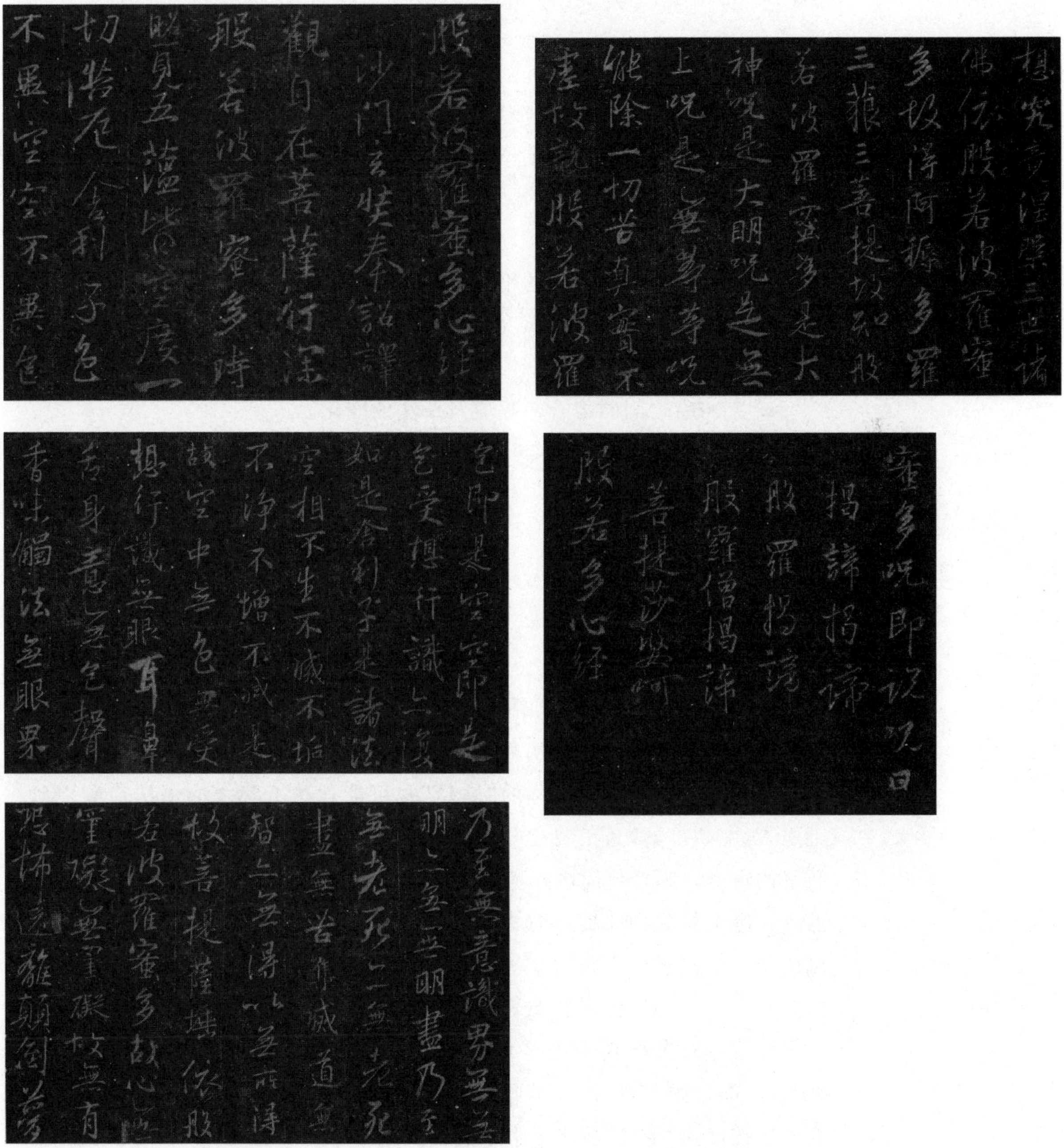

图 4-29　《怀仁集王羲之书圣教序》局部

第二节　王羲之手札

学习行书《圣教序》主要是掌握笔法与结体，在此基础上临习王羲之手札，通过手札的学习，进一步掌握王羲之行书笔法、结体，尤其是章法方面的特点。

临帖注意点：

1. 王羲之每一个手札的不同风格。

2. 笔法的丰富性，中锋、侧锋并用，隶书笔意在王羲之手札中的运用。

3. 结体的开合收放。

4. 字与字之间的组合、呼应及章法的变化。

临帖要求：实临，忠实于原帖的笔法、结体、章法。

一、《姨母帖》

(一)简介

《姨母帖》是《万岁通天帖》中第一帖。此帖勾摹之精堪称诸帖之冠，与王羲之其他书迹比较，明显带有隶书遗意，充满了质朴的气息。根据王玉池先生推断，帖中所称的"姨母"很可能就是王羲之的书法启蒙老师卫夫人。《姨母帖》是王羲之早年所写，其用笔和结字都反映了魏晋早期行书的特点，和晋代简牍帛书有相近之处。帖中字势，宽广均平，正面迎入，笔画凝重、朴拙，有古体本色。一、笔法圆厚、简约、稚拙，笔画中实，少提按，有浓厚的隶书笔意。如"一""十""痛"等字中的横画，"痛""日""何"等字的转折处都较生拗峭拔，并残存横式。这些都是早期行书作品具有古朴高华的艺术特点。二、结字以扁平为主，重心居中。如"日、顷、固"字，如画半圆，加强字的灵动感。三、《姨母帖》字间多断、顿挫，除"奈何"两字上下牵连，其余都字字独立；其"哀痛摧剥，情不自胜"的心绪直露无遗。

(二)释文

十一月十三日，羲之顿首、顿首。[1]顷遭姨母哀，哀痛摧剥，情不自胜。²奈何，奈何！因反惨塞，不次。³王羲之顿首、顿首。

1. 顿首：指以头叩地而拜，后世常用于书信人署名之后，以示尊敬。

2. 顷遘：顷，片刻、短时间。遘：相遇、遭遇。意为突然遭遇。哀：哀悼，此处指突然得知姨母去世的消息。摧剥：摧，折断、毁坏；剥，脱落、伤害。即摧心剥肝，意为悲痛至极。自胜：自制。

3. 因：因为、因此。"反"通"返"，反复。惨：凄惨悲切。塞：阻塞。不次：有多种解释，王玉池认为可作"不一一"解，即心情悲惨阻塞，反复发作，不一一细说。祈小春认为是古代吊丧书特有之语词，应属结尾部分的习语，也就不觉重复了。

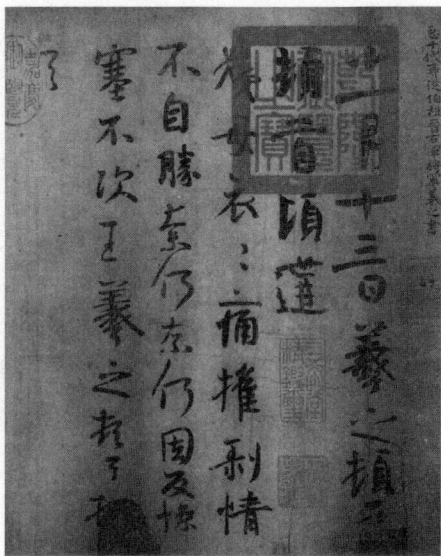

图 4-30　王羲之《姨母帖》

(三)译文

十一月十三日，羲之叩首遥拜。顷刻之间得到姨母（去世）的噩耗，哀痛至极，如摧心剥肝，情绪激动，不能控制。真实无可奈何，无可奈何！因此内心的凄惨悲切反复发作，不一一细说了。王羲之叩首再拜。

(四)临习解析

临《姨母帖》要将其古朴的韵味写出来。用笔多藏锋入笔，行笔用力较匀，渐提渐按，尤其是长横画的处理，注意用力和取势的变化，比如首行"一""十""三"，第二行"首"字的长横，起笔、行笔姿态各异，具有典型的隶书书写意味；收笔力送到位，随势提笔圆收，显得很敦厚含蓄。转折处多提笔带过，以外拓为主。《姨母帖》结体以正面示人，前两行字形较大，显得厚重，中间一行过渡，后两行稍小，出现了唯一的"奈何"两字连写，其他字均以独立为主。前重后轻整体搭配协调。临习时需要注意把控好前两行与后三行的字形大小问题，避免行与行长短不一。

二、《初月帖》

(一)简介

《初月帖》是《万岁通天帖》中第二帖，关于此帖的书写时间、地点以

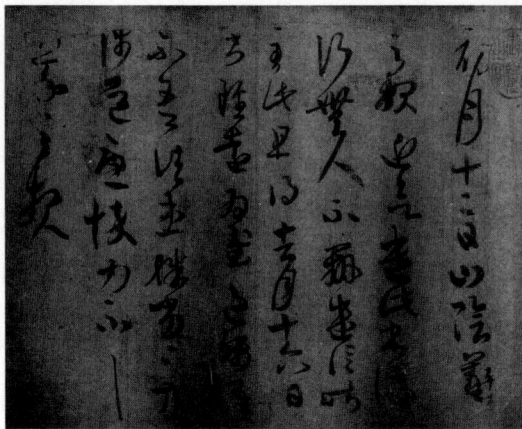

图 4-31　王羲之《初月帖》

及某些字的释读情况，启功、刘涛、祈小春，日本的杉树邦彦、上田早苗和中田勇次郎等有许多研究，意见不一致。王玉池认为此帖可能是王羲之由其隐居地剡县到山阴会稽时所写。

此帖在很大程度上反映了王羲之书法的真实面貌。笔法变化特别丰富，还保留有隶书的笔意，用力之处在中段，在整个行笔过程中，使转较多，使笔画变化莫测，尤其表现在中、侧锋的运用。结体掺杂草书，增加了灵动性。章法布局尤其注重字群意识，多两字或三字一组。这些都是临帖时需要注意的重点。

（二）释文

初月十二日，山阴羲之报。[1]近欲遣此书，济（停）行无人，不办遣信。[2]昨至此，且得去月十六日书，虽远为慰。[3]过嘱。卿佳不？[4]吾诸患殊劣殊劣。[5]方涉道忧悴，力，不一一。[6]羲之报。

1. 初月：即正月、一月。王羲之祖父名"正"，此处用"初"，是避讳。山阴：县名，今浙江绍兴，说明王羲之已在此居住。报：根据中田勇次郎研究，用"报"字者一般为"复信"。

2. 遣：发送。济行无人："济"又释为"停"，因其草书字形相近，王玉池释为"济"，为渡水，与下文"涉"同。信：信使，专门送信的人。

3. 去月：去年十二月。

4. 过嘱：过分、极度的嘱咐或关怀，即无微不至的关怀。

5. 吾诸患殊劣殊劣：我患有多种疾病，身体甚差。

6. 涉道：乘船走水路。忧悴：忧，愁苦；悴，衰弱、憔悴。力：尽力、勉力。不一一：或释为"不具"。此是书信中常用语，意思是我勉力提笔写信，已经十分劳累，就不一一细说了。

（三）译文

一月十二日，山阴王羲之禀报。近期早想给您写信，但是没有船只外出，无法办理送信事宜。昨天来到这里，看到您上月十六日的书信，即使相隔很远，亦感到很欣慰。（感谢）您无微不至的关怀。您身体好吗？我现在多种疾病缠身，身体状况甚差、甚差。刚才又远道乘船走水路而来，已筋疲力尽，尽力写了这些，详情不一一细说了。羲之禀告。

(四)临习解析

《初月贴》的起笔多强调藏锋，行笔中加强了提按，以表现轻重变化。全帖以中锋为主，兼用侧锋。侧锋主要在转笔处，比如"忧"右边的两个转笔，"悴"的撇，"报"字的横画及折笔等。侧锋增加了笔画的块面厚度，这也是魏晋时期行书用笔的典型特征。《初月帖》结体行草书混用，临帖时注意转换关系及连带。此帖章法布局的最大特点是字群与字组，两个字相连为多，如"初月""近欲""虽远"等，穿插单字进行调节，形成了笔断意连的呼应关系，另外，字形通过大小、穿插、欹侧贯通行气。帖中两个字"羲""殊"的笔顺要认真琢磨。"羲"字是采用草书的写法，右边的笔画有点断开，应该与纸的破损有关；"殊"字的左边笔顺纠缠不清，既有书写的因素，应该也有勾摹的原因，可采用"歹"字的草法处理。

三、《丧乱帖》

(一)简介

《丧乱帖》是早在唐代就传入日本的王羲之书帖之一。它和《二谢帖》《得示帖》共表作一轴。《丧乱帖》基本上符合东晋时期的时代风格。启功先生对此评价很高："《丧乱、二谢、得示帖》笔法精妙，结体欹侧取姿，有奇宕潇洒之致，是王羲之所创造的最新体势的典型作品。"

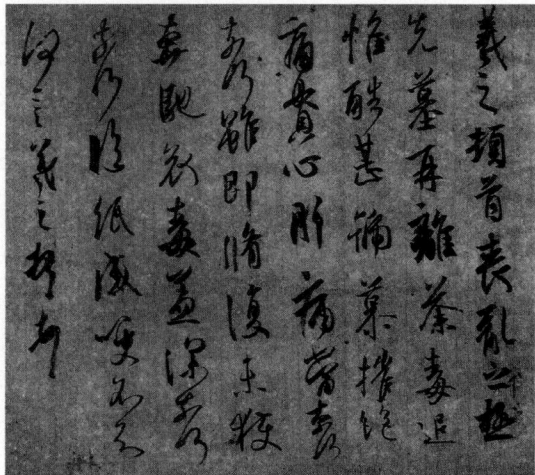

图 4-32　王羲之《丧乱帖》

(二)释文

羲之顿首。丧乱之极。[1] 先墓再离（罹）荼毒。[2]追惟酷甚，号慕摧绝，痛贯心肝，痛当奈何、奈何![3]虽即修复，未获奔驰。哀毒益（或"盖"）深，奈何、奈何![4]临纸感哽，不知何言！羲之顿首、顿首。

1. 丧乱：根据王玉池考证当为西晋永嘉之乱。永嘉五年（公元 311年）四月，前赵石勒破晋军主力，杀晋王公以下十余万人。晋人陵墓也被挖掘、破坏。历史上称这次事件为"永嘉之乱"，俗称"丧乱"。

2. "离"字古通"罹"，意为遭遇。荼：苦菜；毒：指毒虫，荼毒指毒害、凶狠之意。

3. 追惟酷甚：追，追忆；酷，残酷、暴烈。号慕摧绝：号，呼叫、号啕；慕，王玉池解释："《礼记·檀弓》：'其往也如慕'。这是孔子称赞卫国送葬情况的话语，意为'小二随母啼呼'。王羲之当时只有九岁，他借这个典故来形容自己在当时的极度恐惧、慌乱的环境中绝望的心理状态。"摧：折断。绝：断绝、极度。

4. 毒：此处可解释为强烈、痛苦。

(三)译文

羲之叩首再拜！丧痛混乱到了极限。祖先的坟墓再次遭到狠毒的毁坏。追想当时情景，非常残酷、暴虐，号啕大哭，撕心裂肺，痛苦到了极点。真是无可奈何，无可奈何！坟墓虽然立即修复，我没能前去参加修复工作，更增加了痛苦和遗憾，真实奈何不得，奈何不得！我面对信纸，感到喉咙哽咽，不知说些什么，怎么说才好。王羲之顿首再拜，顿首再拜！

(四)临习解析

临习《丧乱帖》重点注意三个方面：一、笔法，入笔主要采用切入与顺入，切入是笔锋搭纸后根据所需，垂直或往右下角，笔尖不走动，顺势下按笔锋，形成直切面或斜切面，注意锋藏笔画中，不要过露、过尖长，随即转锋行笔同时进行，转笔时不要硬拧笔锋，形成疙瘩。二、收笔，主要是往上翻或者下转，两者都要调整好笔锋的方向和控笔力度，在刚开始不熟练的情况下可以做两笔写，熟练之后一笔完成。在起收笔交代清楚以后，行笔速度可快一些，以增加笔画的质感，临写细笔画时，注意笔笔送到位，不可随意甩笔。三、结体，《丧乱帖》的结体主要取纵势，以长形为主，注意把握好字形左右欹侧的角度。章法布局，前面较为稳重，后面几行随着感情的深入，写得比较飘逸。临习此帖，重点是掌握其笔法与结体。

四、《二谢帖》

(一)简介

《二谢帖》与《得示帖》《丧乱帖》共裱为一轴，是早年传入日本的唐代勾摹本。此帖是王羲之一封信札，用笔爽利，遒劲之力尽显；结体多欹侧取姿，有奇宕潇洒之致，是王羲之所创造的最新体势的典型作品。此帖书法自然洒脱，纵笔迅疾，恰如惊猿脱兔；驭笔徐缓，又如虎踞龙盘，抑扬顿挫，极有节奏感，是纵擒有度之作。在章法布局上尤具特色，轻重缓急非常分明。

(二)释文

二谢面未?[1] 比面，迟承良不静。[2] 羲之女爱再拜(旁"珍"字)。[3] 想邵(或"耶")儿悉佳。[4] 前患者善。[5] 所送议当试。[6] 寻省，左边剧……[7]

1. 二谢：应指谢安、谢万兄弟。二人与王羲之关系密切。

2. 比面：并列、等到。比面即等到会面，或待会面时。迟承：迟，王玉池认为是王羲之书信中常用的套语，如"迟面""迟具问"等，多数指等待、到时。刘涛认为"迟"应做思念、盼望解。任平认为二王书札中表达盼望之意，多

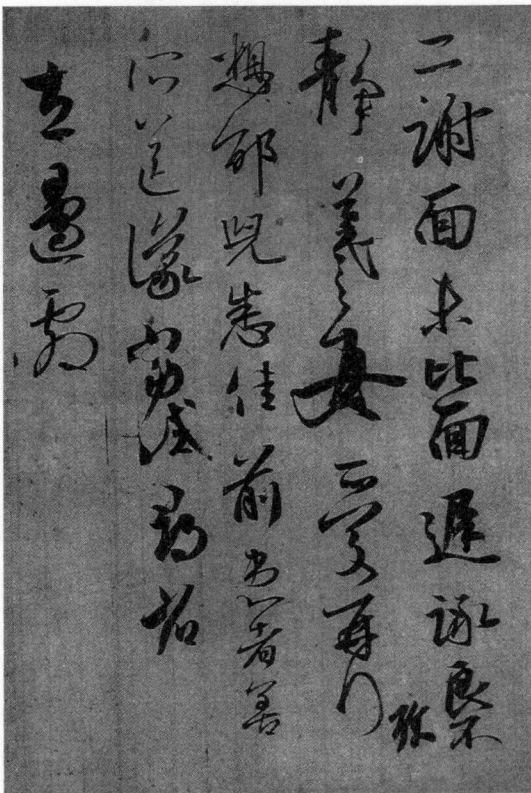

图 4-33　王羲之《二谢帖》

作"迟"。承：承闻、听说的意思。原墨迹本上"承"字上横画中间断开，曾被许多人释为"詠"字，后被启功先生辨识纠正。良：很、甚。

3. 爱：为王羲之女儿名字。珍：是梁代摹书人姚怀珍的押署，与原帖内容无关。

4. 邵儿：王玉池认为"邵"为私名，"邵儿悉佳"指邵儿及其父母等人全家都好。推论是：羲之之女与邵儿是幼年时的好友，时常想念，故托父代为叩拜问好。

5. 患：患病。

6. 议，可释为"仪"。所送议当试：所赠送的礼品正在议论和试用。

7. 寻：随即；省：觉醒、明白。寻省：思考、思量。有释为"所送议当试寻省"；"寻省左边剧"。左边剧：意为身体左侧剧烈疼痛。

(三)译文

和二谢见面了没有？等到会面，到时见面情况告诉我，我会非常不平静。我(羲之)之女爱托我叩拜。想(她的好友)邵儿和你们全家都好。

以前所患之病已经好了。所赠送的礼品正在议论和试用。忽然觉得身体左边剧烈的疼痛。

(四)临习解析

《二谢帖》笔法表现丰富——方笔、圆笔、中锋、侧锋、直线、弧线、重按、轻提……极尽变化之能事,线条的粗细对比、速度的快慢对比较强烈。重笔的块面与轻笔的线交相出现,既沉着痛快又轻盈飘逸。结构方面,根据每个字的重心处理、疏密对比、正欹相映、前后呼应等方面的规律,进一步切入其结构原理,了解并掌握王字结体的一般处理方法。开头的"二谢面未比面"可以说是行楷笔意,用直线条比较多,字比较挺。"迟承(詠)良不"行笔较快,开始有粗细和大小变化。而"静羲之女爱再拜"则完全是草书,并极尽夸张之能事,如"羲女爱"三字都写得很长,每一个字的长度相当于第一行"咏(诼)良不"和第三行"患者善"三个字的长度。第三"想耶(郘)儿悉佳前患善",整行字都很细秀,行草杂糅。"所送议"点画虽然也细秀,但更为草化,更简省。"当试寻省"线条粗重,和头三个字形线强烈的对比。最后的"左边剧"用笔粗细变化更大,更丰富,"左"字的粗线抵得上其他细线条的十倍。短短35个字的一封信札就包含有七种书法语言,变化丰富,对比强烈。

五、《得示帖》

(一)简介

《得示帖》是王羲之一封信札,为唐代摹拓墨迹,是对东晋王羲之尺牍进行的双勾廓填,或响拓而形成的唐摹本。《得示帖》此帖行草相杂,用笔提按使转,轻重变化,呼应摇曳,精美绝伦。

(二)释文

得示,知足下犹未佳,耿耿。[1]吾亦劣劣!明日出乃行,不欲触雾故也。迟散。[2]王羲之顿首。

1. 得示:收到来信。耿耿:放心不下,心绪不宁。

2. 迟散:迟,等待、盼望。散,原指一种丹药"五石散",为道家炼丹所得,据说可以使身体健康、延年益寿,实际对身体有害,身体发热,需要冷食,药性散发,亦称"散"。王羲之是服食者。迟散,应指等待、盼望药性散发之意。大约药性散发之前，触雾会使身体十分不适。

（三）译文

来信收悉，知道您身体尚未见好，我耿耿于怀。我的身体也非常不好。明天等到太阳出来才能外出。不愿接触晨雾。等到五石散散发后再外出。王羲之叩首再拜。

（四）临习解析

《得示帖》用笔主要以中锋为主，间杂个别侧锋。"得示"显现的稳健、疏朗，方、迟、疏；"知足下"显现的缠绵、急速，圆、重、密。"犹"的独立性与"未佳耿耿"连带。"吾亦劣劣"与"知足下"一笔连带，取草法，很有动感，"犹"字动，"明"字静，"不欲"轻，"触雾故也"重又与"迟"的小、细、圆形成鲜明对比和节奏的变化。"散"的独立与"不欲"的牵带对比，"王"对应"欲触"的白处，"羲之顿首"一气呵成，动感十足。结构总体上呈现收左放右姿态，细节处理微妙多端，"示"之下主上次，左下点与竖厚重紧密、右下点轻灵空荡；"犹"之左主右次，左部双撇凝而相聚，右部虚化简约；"触"之右主左次、右放左收，右部墨聚于"虫"之中轴；"散"之左主右次、左收右放、左实右虚；"雾"之上主下次，下部右主左次，

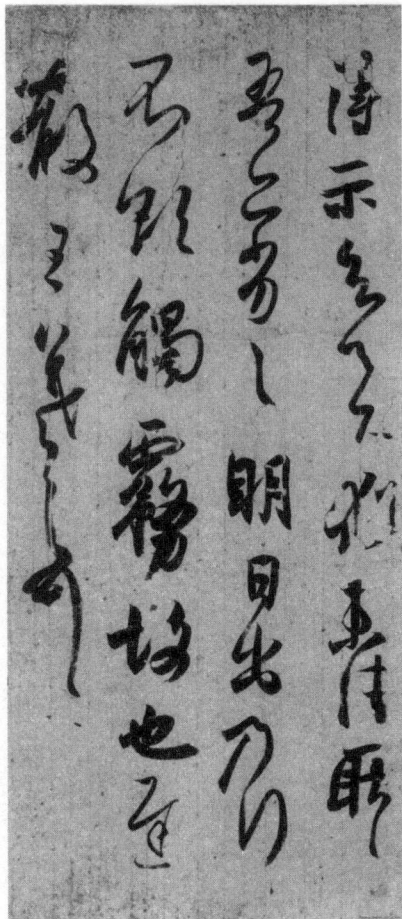

图 4-34 王羲之《得示帖》

"务"部中段浓墨重画紧接，整字虚实变换、松脱灵动。以上五字通过点画关系的巧妙调整均形成视觉中心点，即字眼，呈现变化与统一、灵动与安稳、形散而神不散的结体妙构。此帖章法布局非常巧妙，三组草书连带与重轻搭配协调，节奏感很强。

六、《频有哀祸帖》

（一）简介

《频有哀祸帖》和《孔侍中》《忧悬》三帖共裱一轴（有人认为《孔侍中》与《忧悬》应为一帖）。此帖在唐中期传入日本。启功先生评论此帖云："在活泼的行书笔意中带有凝重之感，在结体章法结体上又显示出攲侧取妍

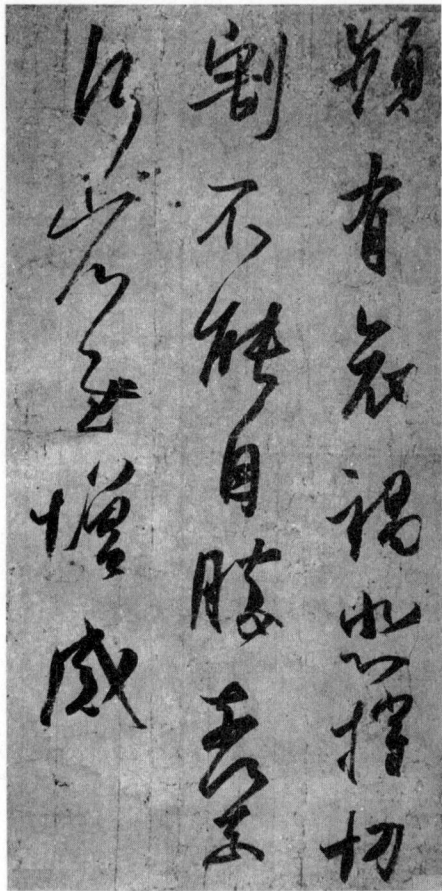

图 4-35　王羲之《频有哀祸帖》

的艺术效果。"

《频有哀祸帖》表达了极为哀伤的感情。由于感情过于悲伤，对结字、章法都无意经营，故字显得比较随意，笔画侧缝较多，棱角鲜明而不失厚重之感。此帖中"胜"字，由于勾摹的问题，笔顺不清，临写时当注意。"祸"字的右边细笔、"增"字左偏旁的细笔，当属于拓本的纸质脱落问题所致。

(二)释文

频有哀祸，悲摧切割，不能自胜。[1]奈何、奈何！省慰增感。[2]

1. 频有哀祸：常有哀祸发生。王玉池认为王羲之晚年，在他的亲人和挚友中，常有哀祸发生，使他悲痛欲绝，如在十天之内，两个孙辈连续夭亡。此信所指哀祸内容不详。悲催切割：摧，摧毁；切割，痛彻心扉。

2. 省慰增感：省，明白；慰，安慰；意思为知道对方在安慰自己，更增加了对他的感慨之情。

(三)译文

频繁发生灾祸，使我悲痛万分，心如刀割，不能控制自己。无可奈何，无可奈何。(知道)在安慰我，更增加了感激和悲痛之情。

(四)临习解析

《频有哀祸帖》书体时草时行、点画时方时圆，书写风格沉雄跳宕、劲健流纵，体现了王羲之高超的书写技巧和驾驭能力。笔法变化丰富，起收笔、使转提按节奏分明，比如"割""不""省"的放，"摧""奈""感"的收。结体主要取纵长之势，欹侧摇摆，斜中取正。章法布局相对疏朗，第一行字字独立，字距较宽，第二行增加了"不胜自""奈何奈"两组连带，第三行"省慰"连带轻重欹侧配合，表现出了丰富的艺术语言。

七、《孔侍中帖》

(一)简介

《孔侍中帖》为唐代摹拓墨迹，是双勾廓填而形成的勾摹本。行草书，3行，25字。作品墨迹收藏于日本前田育德会。《孔侍中帖》笔画体态丰腴雍容，用笔较为严谨，方圆并用，结体严谨，字字独立，显得从容自如，极具"中和""多力丰筋"之美。

(二)释文

九月十七日羲之报。[1]且(旦)因孔侍中信书，想必至。[2]不知领军疾，后问。[3]

1. 报：报告，禀报。

2. 此句王玉池考证：《法书要录》所载"且"与"因"之间尚有一"行"字。"且"字又有人释"旦"，从字形来看，二释皆有可能。"且因"或"旦因"在此都颇为费解，或有误字。"且"，语助词，常用于句首，无实际含义。"旦"谓早晨或白天。孔侍中，应为孔氏家族中的一位。孔氏为会稽山阴人，与王羲之多有来往。"侍中"具体指何人，颇难确定。

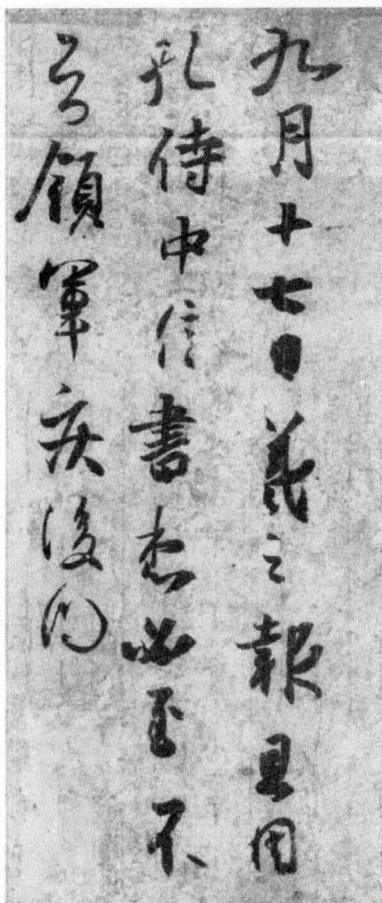

图 4-36 王羲之《孔侍中帖》

查孔氏家族之孔愉、孔坦、孔汪、孔安国等都曾任侍中一职。孔愉、孔安国曾任领军。时王羲之只有三十余岁，不可能写此信。孔汪、孔安国任侍中时间较晚，均在羲之逝世以后，惟孔严(字彭祖)与羲之年岁相当，又与羲之为好友；事见《世说新语》。然《孔严传记》中未见任侍中、领军等职。故此侍中、领军为谁尚待考证。信书：信指专门送信的人，如现代的邮递员。书，指书信、信件。

3. 领军：刘涛认为，此指王羲之从弟王洽。王洽于穆帝时征拜领军，升平二年卒于官。

(三)译文

九月十七日羲之报：早晨写就的，由信使送出的给孔侍中的书信，想必收到了。不知道领军(王洽)得了疾病，随后慰问。

(四)临帖解析

《孔侍中帖》六行,主要为行书,其中有的字规矩若楷,有些字纵肆如草,整体看来,却和谐一体,绝无生涩之感。"九月"三字轻盈舒展,"十七日"三字厚重收敛,映衬和谐。"报"字用笔虽然粗重,但左敛右放,起笔落笔交待清楚,笔姿揖让向背,结体敦实而又趋势若动,工而灵活。第二行最后两字"至不"之间距离似乎稍大,但整幅看来却又泯然不显,恐系为与第一行末字"固"相衬,故"不"字中竖极重而下长。第三行之"领"字,第一撇放之甚长且远,其他皆依附其侧,而精神振奋,皆赖此一笔之力。"后问"的"问"字取圆势,带有行草书意味。

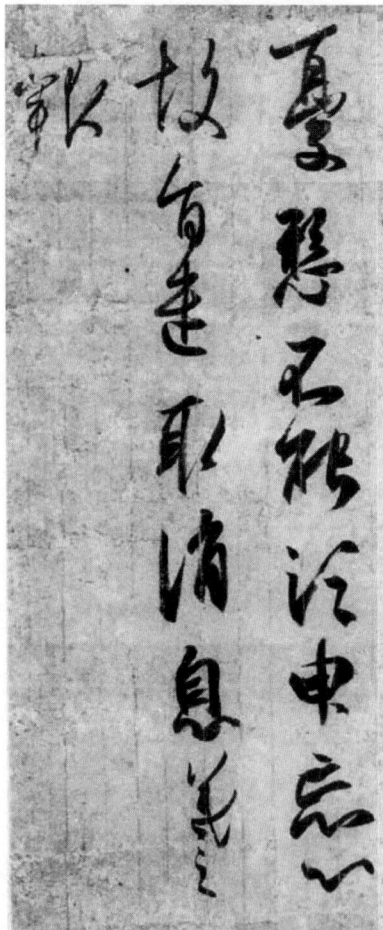

八、《忧悬帖》

(一)简介

《忧悬帖》置于《孔侍中帖》后,故对此有争议,有人认为是一个帖。理由是:一、唐张彦远《法书要录》载为八行,卷三收有此帖帖目,云:"九月十七日羲之报。且行因孔侍中。八行。"此两帖加在一起为六行,为一帖的可能性很大;二、从两帖的内容看,意思亦可连贯。但就几个是一帖或两帖,尚难断定。本文采用王玉池说法,按两帖对待。

临习此帖注意笔法的变化与转换,中侧锋并用,行笔的果断与速度的把控,写出王羲之手札丰富的表现力与中和之美。

(二)释文

忧悬不能须臾忘心。[1] 故旨遣取消息。羲之报。[2]

1. 忧悬:忧心、悬念。须臾:片刻。

2. 故旨遣取消息:因此写信遣人送去,从而取得您的回信,想知道您的近况。故:因此,因之;旨遣:差人,派信使;消息:代指去信后由送信人取回彼方之信,代指信。

图 4-37　王羲之《忧悬帖》

（三）译文

我担忧悬心，一刻也不能忘怀。所以等待您送来的好消息。王羲之报告。

（四）临帖解析

《忧悬帖》较之《孔侍中帖》用笔更加放得开，这是我们临习当注意的重点。"不"字，中竖已然偏左之甚，为了救正，竟将末笔之点，偏向右边平放出去。"忘心"二字之神态笔致可称随意信手，但恰到妙处。两个"心"字虽有似处，而又大不相同。"旨遣"两字相连，"遣"字之一捺仅蜷缩稍微一露，试着若放长笔必致与上部并列而板滞失神。"取"字"又"旁的写法特殊处理，能带动全字的精神。"息"字的心字距上一行"忘心"之"心"不远，易显雷同，但其姿神又以收敛含蓄为意趣。"羲之"两字起连，"羲"字大小省笔，与"之"衔接，似成一字，甚是巧妙。最后"报"字最后三笔连成一笔，细锋轨迹益增神采。

九、《平安》三帖

（一）简介

《平安帖》（《修载帖》）《何如帖》（《不审帖》）《奉橘帖》三帖共裱作一轴。现藏台北故宫博物院。从唐褚遂良《晋右军王羲之书目》所记载来看，《何如帖》和《奉橘帖》可能为一帖。帖上有梁徐僧权、唐怀充和隋姚察等人的押署，帖后有开皇十八年和释智果等题字。帖上欧阳询、蔡襄以下题名甚多，可见流传之古。

三帖均为唐代摹本，米芾《书史》已有定说。笔法勾摹精到，字形妍美遒丽，犹胜《丧乱》诸帖。临帖时注意将笔提起来，行笔主要是以中锋为主，干净利索，结体多取纵势。残损部分较多，可参考有关刻帖补齐。个别字的笔顺因为勾摹，不容易辨认，比如《平安帖》第一行的"馀"字右半部分，当按草书书写顺

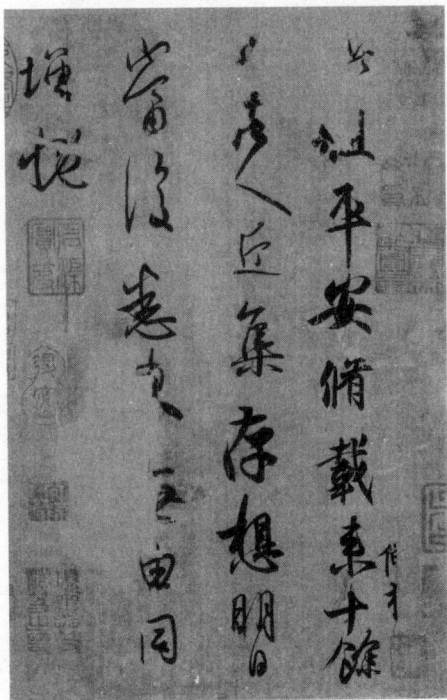

图 4-38　王羲之《平安帖》

序，撇捺写完接着连写竖钩，提笔向上斜俩横，再连带下面两点。《何如帖》中的两个"羲"字，上半部分分两次写，整个把"羲"写完，"戈"钩的撇带下来写最下面的一个笔画"丂"。其他残损部分的或参考刻帖补全或忠实原帖。

(二)《平安帖》释文

"此粗平安。[1]修载来十余日，诸人近集，存想明日当复悉来，无由同，增慨。"[2]

1. 平安前"此粗"两字残损。

2. 修载：王羲之叔父王廙之子。《王氏谱》云："耆之字修载，琅琊人。荆州刺史廙第三子。历中书郎、鄱阳太守、给事中。"存想：构思、想象。由：从也，随从。无由同：(你)不能同来参加。

(三)译文

我这里大致安好。修载(兄)来这里已经十几天了。诸位亲友近来要聚集，我想明天大家都会到来。(你)不能同来，增加了我的感慨之情。

(四)《何如帖》释文

羲之白：不审尊体比复何如？[1]迟复奉告。[2]羲之中冷无赖。[3]寻复白。[4]羲之白。

1. 审：知、悉。比：近来。

2. 迟：期待。

3. 中冷：腹内寒冷，肠胃病。无赖：无大碍。

4. 寻复白：随即陈述告知。

(五)译文

羲之禀告：不知道贵体近来如何？期待回复赐告。羲之我腹内寒冷，甚为无奈，随即陈述如上。羲之再次告白。

(六)《奉橘帖》释文

奉橘三百枚。霜未降，未可多得。[1]

奉：奉上奉送。此信札主要是说明橘子没经过霜降，故所得不多。

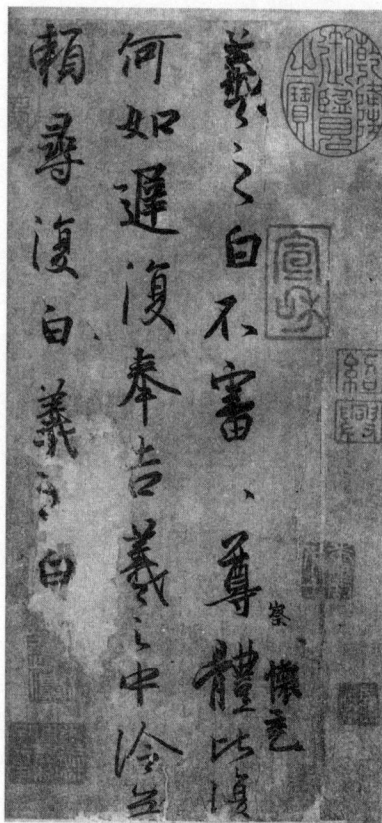

图 4-39 王羲之《何如帖》

(七)译文

奉送橘子三百枚。尚未下霜，所得数量不多。

(八)临习解析

《平安帖》用笔峻利，沉着潇洒，俊宕清健，体势丰满，尤其是尖笔的起讫牵带，丰富多变，饱满完整，实为行书楷则。其平直画虽多，各有异态，同为长竖，"平"字悬针，有若引绳，而"来"字微拱，"十"字则左拂；同为短竖，"修"字各有粗细。同为横画，"安"字侧锋下拱，姿态妩媚，"集"字长横甚细，"存"字之横则粗，变化多端。结体清峻，筋肉附之。章法布局疏密得当，尽显雍容之态，酣畅之情。临习时把握好这种清逸之气。

《何如帖》用笔练达爽峻，如铁削泥，显示出一种肯定与从容的意态。线条虽细，但筋、骨、血、肉无一不全。用笔多有侧锋，然并无扁薄之病。结体秀长飘逸，已完全脱去隶书的痕迹。简远、高贵、不激不厉的魏晋风度寓于《何如帖》之中，行中带楷，规矩严然而不拘板，法度谨然而不滞泥，有飘逸流畅之妙，秀骨清相，笔纤墨浓，非功力极深者，不能得此妙处。

《奉橘帖》虽寥寥数字，但各个不同，从笔法方面看，有的方折，峻棱毕现，有的圆转，圭角不露，视若轻盈，实则厚实，中锋、侧锋并用，灵活多变，意趣丰富。结体舒朗，纵横聚散恰到好处，造型大多是圆润的椭圆形，有轻灵之感。《奉橘帖》寥寥数字，书风坦然清纯，字字挺立，令人回味无穷，充分表现了王羲之行书的主流风貌。

临习此三帖注意提得起笔，控制好速度与节奏，将笔画写得干脆利索。

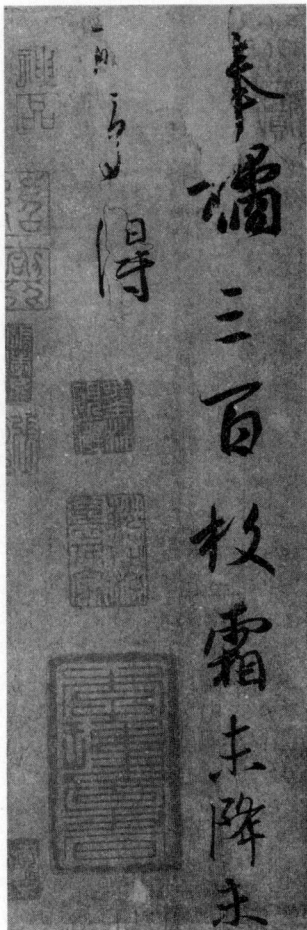

图 4-40　王羲之《奉橘帖》

十、《寒切帖》

(一)简介

《寒切帖》又称《谢司马帖》《廿七日帖》，原帖现藏天津艺术博物馆。帖上有梁代徐僧权押署。此帖应为王羲之晚年作品，较为真实地反映了王羲之书貌风采。徐邦达称此帖备见锋芒，精好不在《远宦》下，为唐摹

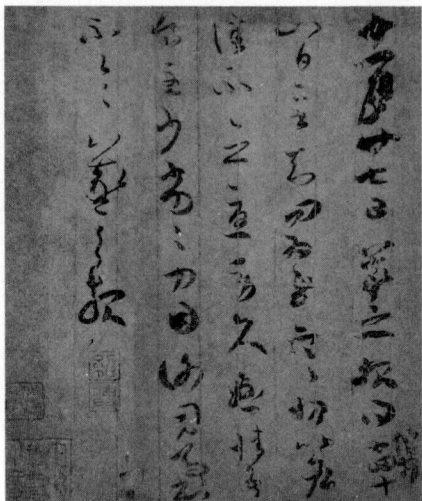

图 4-41　王羲之《寒切帖》

善本。

此帖平和安静，没有一点火气，笔画极为简练，墨色淡雅，更增加了其简淡的气氛。笔墨不多而韵高气足，随意挥洒而自然天成。历来对此帖的评价较高。

(二)释文

十一月廿七日羲之报。得十四、十八日二书，知问为慰。寒切，比各佳不？[1] 念忧劳久悬情。[2] 吾食甚少，劣劣。力因谢司马书，不一一(具)。[3] 羲之报。

1. 寒切：切，贴近、接近；寒切意为天气转寒，最寒冷的季节即将到来。比：等到、近期。各：诸位朋友。佳：好。

2. 忧劳：忧烦、忧愁、劳累。悬情：放心不下。

3. 力：力量、体力。因：原因、凭借、于是。谢司马：指谢安。不一一：或说不具，意思是不一一细说。

(三)译文

十一月二十七日羲之禀报：得到十四、十八日书信，知道足下问候我，感到十分欣慰！现在天气转寒。近期各位还好吗？想到各位忧烦劳累，我长久放心不下。我自己食量极少，身体状况甚差。我体力较差，关于谢安司马的书信，就不能一一细说了。羲之再报。

(四)临习解析

《寒切帖》丰润灵和，笔势流畅，体态圆丽，其韵致颇近于西晋陆机《平复帖》，区别在于《寒切帖》流利丰润，《平复帖》则沉朴苍浑，明显有章草遗意。此帖用笔平和简淡，笔画并无过多的转折、顿挫，如"得""因""谢"等字，虽简化却是高度概括，做到了点画处意韵十足。法帖残破较重，许多字，如"月""羲""劳"字等虽残破，而气势仍然丰满。整体来说，笔画比较妍润，但有些笔画，如第一种"之"字，"寒切"等字，润中含朴，非常耐人寻味。《寒切帖》的新意，正在于作者将章草进行了再创造，或在新体中间入章草的笔意，使新体不失古意。此帖对用笔的轻重尤为讲究，笔锋多露，提按幅度较大，按得下去，但同时又要保持笔画的弹性力度。使转流畅，避免流俗形成习气。

十一、《远宦帖》

(一)简介

《远宦帖》又称《省别帖》，是王羲之存世墨本中艺术性甚高并且收信人以及书写时间大致可考的书帖之一。此帖收入《十七帖》，是王羲之写给他老友、益州刺史周抚的书信之一。周抚为东晋名将周访之子，他们与琅琊王氏关系密切，曾做过武昌太守，后任南中郎将，镇襄阳，免官闲居武昌。适值王羲之到武昌庾亮府中任参军，与周抚由交往成莫逆之交。这封手札是周抚在给其武昌的亲属写信时，代为问候羲之一家，王羲之给周抚的回复信，整个信札好像不完整，后面还应该有几句话。

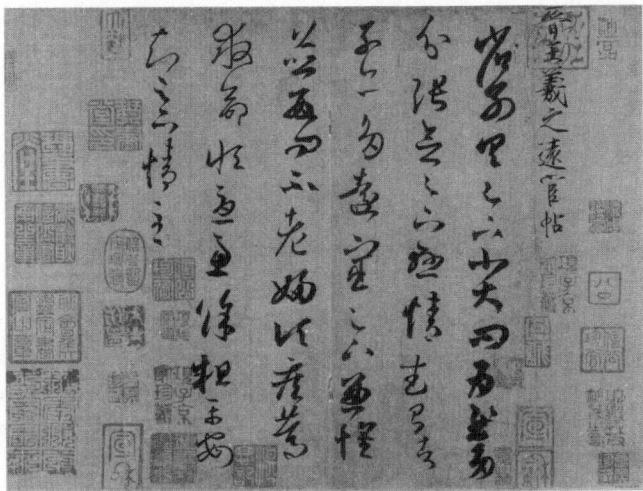

图 4-42　王羲之《远宦帖》

此手札的艺术成就很高，徐邦达认为：此帖勾摹精到，笔画锋棱毕现，神采风度，应去晋不远，确是唐摹善本。从笔法上来看，侧锋、中锋并用，锋芒毕露，使转特征鲜明。结字行草相杂，有若干章草笔意，字形大小相近，字字独立，各字之间缺少呼应与连接，但就每个字来说，变化丰富、姿态横生。

(二)释文

省别具。[1]足下大小问为慰。[2]多分张，念足下悬情。[3]武昌诸子，亦多远宦。[4]足下兼怀，并数问不？老妇顷疾笃，救命恒忧虑。[5]余粗平安。知足下情至……[6]

1. 省：明白。别：另外、其他。具：陈述。

2. 足下：古代对朋友的尊称。大小：指周抚及其子辈。

3. 分张：指分散各地。此处王玉池认为是王羲之说自己一家人多分散各地，当时王羲之诸子，献之尚小，长子早卒，其他五子都在各地为官。

4. 武昌诸子：指咸和九年至咸康六年期间，在武昌征西将军庾亮府中集中了殷浩、孙绰、王兴之、王胡之、庾翼、王羲之等诸多才俊，"南楼咏谑，甚得任乐"，称为历史上的一段佳话。武昌之子应该指这些人。远宦：在远处做官的人。

5. 老妇：羲之对其夫人郗璇的称谓。顷：突然。笃：极、甚。救命：抢救。恒：常、长久。《世说新语》记述郗氏此次重病未死，并得长寿，大约活了九十余岁。

6. 粗：大约。知足下情至：此句看似不完整，意思是，知道您的感情真挚深切……

(三)译文

从你别的书信中知道，你和你全家大小对我和我家人的问候，我感到很欣慰。我们家人分散各地，感谢你思念他们。武昌的诸位朋友，也都分散到远地做官。足下还同时怀念他们，还经常有书信问候不？我老婆突然间得了重病，正在抢救，很是让人忧虑。我家的其他人尚平安无事。知道你的感情真挚深切……

(四)临习解析

《远宦帖》用笔包含了圆转、方折、连带、割断、轻重、提按等对立因素在内，在起笔、收笔、运笔过程中的运用与变化丰富。此帖用笔简约，虽间有萦绕，亦简略不繁，两字连属者仅有"省别""小大""子亦""数问""救命""足下"六处，无三字相连者。偶有收笔如章草者，如"不"字，也因笔毫不易遣锋之故，"远"字最后之萦绕，向上回笔处笔锋分岔，正能说明用笔为硬毫，使转、收纵不甚灵便。字形多向横扁发挥，无一笔纵情直下者。章法方面的大小错落、左右穿插、上下移位等因素，也增加了字势的运动感，显得虚活灵动，生机盎然。

临习此帖注意笔画洒落有致，粗细之间匀净清爽，又不失其古朴之趣。

十二、《快雪时晴帖》

(一)简介

《快雪时晴帖》是一封信札，纸本墨迹，所存为唐代双勾廓填的响拓本，现藏台北故宫博物院。主要内容是王羲之在大雪初晴后的愉快心情及对亲人的问候。

此帖以圆笔藏锋为主，起收笔、钩挑波撇都不露锋芒，由横转竖也多为圆转的笔法，结体匀整安稳显现气定神闲、不急不徐的情态。

(二)释文

羲之顿首，快雪时晴，佳！想安善。[1] 未果为结，力不次。[2] 王羲之顿首。山阴张侯。

1. 想安善：祈小春考证是致书人表达其询察或祈愿对方近况良好的推测型语气，属典型的特定问候语式。

2. 未果为结：未果，没有结果，没能实现。结，心情郁结。力不次：即未能一一详尽，是古代作为一般尺牍文谦辞，与"不一一、不具、不宣、不备"意同。

(三)译文

羲之叩首，快雪过后天气转晴，很好。想必你也安好。事情没有结果，心里郁结，不一一详说。王羲之叩首。山阴张侯启。

图 4-43 王羲之《快雪时晴帖》

(四)临习解析

《快雪时晴帖》用笔以圆笔藏锋为主，圆净健劲，起笔与收笔，顿挫起伏的节奏与弹性感较平和，钩挑波撇都不露锋芒，由横转竖也多为圆转的笔法。结体以正方形为主，平稳饱满，时敛时放，能含能拓，寓刚健于妍丽之中，寄情思于笔端之上。用墨清和爽朗，浓淡适宜。全帖匀整安稳，气定神闲。因此，临习此帖需要不温不火，含蓄内敛，把雍容典雅的神采写出来。

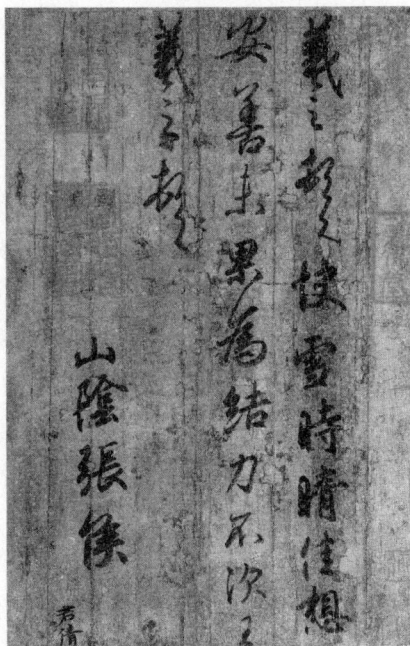

第三节 王献之、王珣手札

一、《廿九日帖》

(一)简介

《廿九日帖》为《万岁通天帖》中第六帖，硬黄纸，唐摹本，辽宁省博物馆藏。

原帖第一行末有"别怅"二字右半部残损，样本依样摹出，忠实原迹。

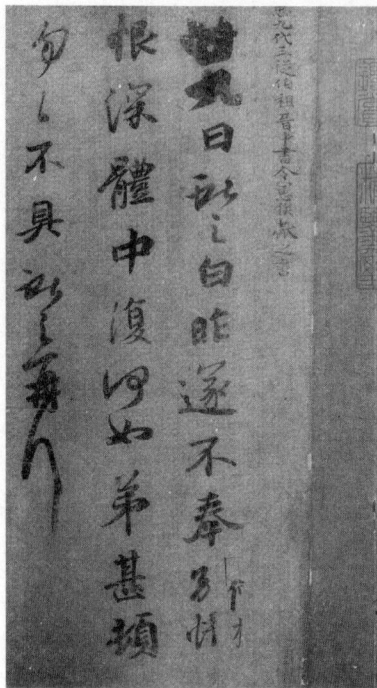

图 4-44　王羲之《廿九日帖》

此二字的右面有"僧权"二字的左半部分，这是南朝梁内府"鉴识艺人"徐僧权的押署。

此帖用笔洗练沉稳，笔画丰满，撇画称翻挑之态，笔势外耀。结字欹侧遒整，字形丰满，风流洒脱。章法生动，感之意犹未尽，回味无穷。出入右军法中，师古创新的面貌跃然纸上。帖首"廿九"二字，卧笔铺毫写出，似用侧笔在刷字，笔画宽阔而又锋芒毕露。"何如""献之"两组草书，灵动跳跃，为遒整的姿态增添了几分秀俊洒脱。除流传的献之楷书《洛神赋》外，其书多是行草书，此帖中有些字极近楷书，尤为难能可贵。

(二)释文

"廿九日，献之白。昨遂不奉别，怅恨深。[1]体中复何如。弟甚顿，匆匆不具。[2]献之再拜。"

1. 奉别：奉，敬辞，如奉候、奉托；奉别即告别、送别之意。怅恨：惆怅、遗憾。

2. 甚顿：顿，有困顿、劳烦之意。不具：不一一细说。

(三)译文

二十九日，献之告白，昨天竟没有告别，感到非常惆怅、遗憾。你近来身体恢复如何？我甚疲乏，匆忙间，就不再叙了。献之再拜。

(四)临习解析

《廿九日帖》为王献之早期行书作品，师承来路十分清晰。行书中掺杂楷书，如"日""白""昨""中"等，有的字是草书，如"何如""献之再拜"，楷、行、草共处一纸，自然、协调，毫无牵强之感。临习时行笔要劲健有力，尤其注意笔画间提按转折。其中楷体字"日""白""中"等转折处多用方笔，很接近后来的北碑。结体端正严整，并在方正的均势中加入欹侧、高低、长短的变化，增强了字的动感。字形偏于扁方形，横向取势，且掠画多为隶法，用笔含蓄深沉，点画厚朴，近锺繇与王羲之早期书风。

此帖书写自由，不拘体式，由此可见东晋士人寄情翰墨，自由书怀的风尚。秀媚飘洒，风流俊美，笔意连贯而舒展，章法生动，感之意犹未尽，回味无穷。出入右军法中，师古创新的面貌跃然纸上。

帖中"献之""何如""再拜"为书信常用语，所以作惯式草体。

二、《十二月割至帖》和《中秋帖》

(一)简介

　　《十二月割至帖》墨迹曾为米芾收藏,后摹勒上石,南宋人收入《宝晋斋法帖》。墨迹早已失传,现仅有拓本传世。《十二月割至帖》文字不通,据明代董其昌考证,《十二月割至帖》与宋太宗淳化年间的《淳化阁帖》中王献之的《庆至帖》原为一帖,后被割裂。《中秋帖》和《十二月割至帖》因句子被割,各家对其标点不一,语句不连贯,不知所写,故无法释读。《中秋帖》,纸本,行草书3行,共22字,北京故宫博物院藏。在晋王献之名下书,历来认为是米芾的临本。曾被清高宗弘历(乾隆皇帝)誉为"三希"之一,意即稀世珍宝。

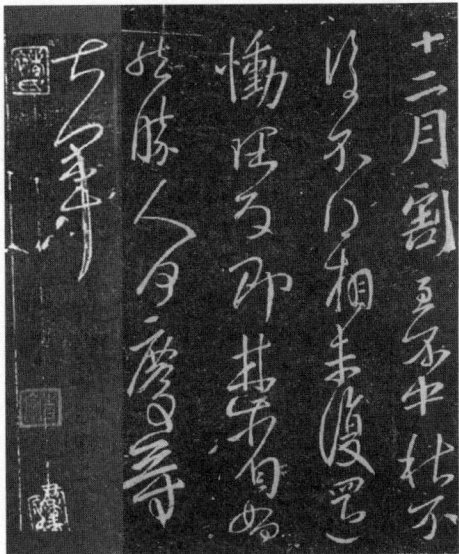

图 4-45　王献之《十二月割至帖》

　　《十二月割至帖》开笔的"十二月"三字作行楷书,第四字便转为行草书,笔势连属。第二行共七字,前六字一笔贯通而下,优游疏爽。其后连多断少,形势宏逸。现在所能见到的《十二月割至帖》是刻本,笔画映带的细微变化,墨色润燥的质感,已损失良多。如果是毫发毕现的墨迹本,草纵之致,宏逸之势当更显神骏。

　　《中秋帖》应该是《十二月割至帖》的不完全临本,原帖在"中秋"之前还有"十二月割至不"六字。帖用竹料纸书写,这种纸东晋时尚制造不出,约到北宋时方出现。从行笔中可知,所用毛笔是柔软的无心笔,而晋朝使用的是有心硬笔,吸水性较差,笔的提、按、转折往往不能灵活自如,常出贼毫,如此帖那种丰润圆熟、线条连贯、行气贯通、潇洒飘逸的效果是写不出来的。《中秋帖》笔法沉着痛快,情驰神纵,体现了王献之"飞草飞行,流便于草,开张于行,草又处其间"的典型书体,表现出献之一笔书的特点与神采。但因为是米芾信手临写,并未拘泥于王献之原作,笔画厚阔,结体欹侧,呈现出舒张圆劲之势,故具有米氏本人的特色。

图 4-46　王献之《中秋帖》

（二）释文

《十二月割至帖》：十二月割[1]至不？中秋，不复不
得相，未复还，恊理为即甚，省如何？然胜人何庆等大军。

《中秋帖》释文：中秋不復不得相還爲即甚省如何然勝人何慶等大軍。

1. 割：此处当释为灾害。

《中秋帖》和《十二月割帖》因句子被割，标点异议，无法释读，语句
不连贯，不知所写。

（三）临习解析

《十二月割至帖》书法，第一行由行楷书起，渐为行草，第二行以下
则字多连属，这就是后世所谓王献之的一笔书，即字之体势，一笔而成，
偶有不连，而血脉不断，及其连者，气韵通其隔行。临写此帖当先熟悉
每一个字的笔法、结体，尤其注意用笔的使转和每个字的开和变化与连
带，通临时成竹在胸一气呵成，如果看一笔写一笔势必气息不能贯通。
临写出来的点画显得犹豫迟缓。选择此二帖主要是为了训练行笔的连
贯性。

三、王珣《伯远帖》

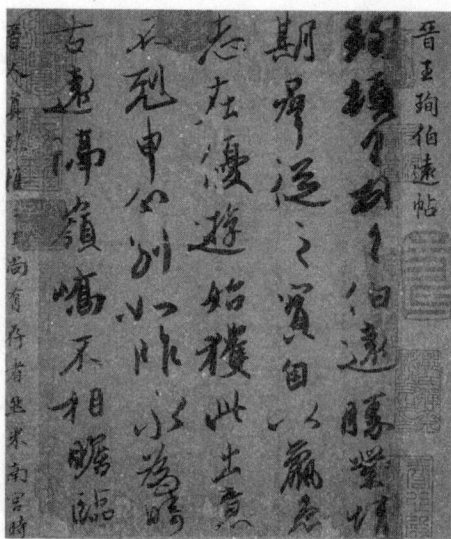

图 4-47　王珣《伯远帖》

（一）简介

《伯远帖》与陆机的《平复帖》是现存比较可信的两
件晋代名家法书真迹。乾隆十一年（公元 1746 年）进
入内府，经过乾隆品题，与王羲之《快雪时晴帖》、王
献之《中秋帖》并藏于"三希堂"。帖中提到的"伯远"是
王珣的从兄王穆，《南史》卷二十三《王彧传》载："王
彧，字景文，球从子也。祖穆，字伯远司徒谧之长
兄，位临海太守。"王珣、王穆都是王导的孙子。关于
对此帖的理解，目前还停留在推测的层面，一种认为
是王珣写给王穆的，一种认为是王珣写给友人的信中
提到王穆。

《伯远帖》行笔自然流畅，俊丽秀雅，为魏晋时期

行书的典范之作，通篇用笔精熟，疏朗飘逸，从平和的文字中我们可以洞窥到东晋一代的"尚韵"书风。用笔挺健，笔画遒劲秀丽，中侧锋并用，舒朗飘逸；结体开张，大小参差，疏密有致，妩媚流便，是典型的魏晋书风。

(二)释文

珣顿首！顿首！伯远胜业情期，群从之宝。[1]自以羸患，志在优游。[2]始获此出，意不克申。[3]分别如昨，永为畴古。[4]远隔岭桥，不相瞻临。[5]

1. 胜业：指优秀的道德操行，气度风姿。另外，胜业一词多见于佛教典籍，指善业、善缘，《圣教序》有"泽布中夏，宣扬胜业"。情：特指人情、舆论。期：期许、称许。此句的意思是伯远的行操气度深得舆论称许。从：指同宗。群从：指堂兄弟及诸子侄。

2. 羸患：体弱多病，身有痼疾。优游：悠闲自得的生活。

3. 出：出外做官。意不克申：心志没有得到伸展。申通"伸"。

4. 畴：往昔，从前。畴古指往古、古昔。"分别如昨，永为畴古"含有生死离别之意。

5. 岭桥：泛指五岭地区。五岭一般指在湖南、江西南部和广西、广东北部交界处的越城岭、都庞岭、萌渚岭、骑田岭、大庾岭。瞻临：瞻看临顾，指见面相聚。

(三)译文

王珣顿首！顿首！伯远(王穆)的行操和气度深得舆论称许，他是众兄弟和子侄辈心中的珍宝。他自小身有痼疾，体弱多病，所以向来只是意在优游而已。如今他获得这个出外任官的机会，心志得不到伸展。我和他的分别仿佛在昨天，没想到那一刻竟成了千古永别。你我远隔五岭，只恨不能相见。

(四)临习解析

《伯远帖》劲俏秀丽，自然流畅，真实地反映了魏晋时期行书的风格特点。临习时可用较硬的狼毫笔或兼毫笔，以便写出瘦硬坚挺的笔画，行笔要果断。此帖结体较开张，特别是笔画少的字显得格外舒朗，飘逸，临习时需要把握好，比如帖中的三个"辶"旁的处理，形态各异，势足韵胜。善于蓄势，也是此帖的一大特点，如"從"，临写时要注意将右面的几个折笔撑开，为最后的捺笔留下足够的伸展空间，使这个字很有张力。

全帖章法布局上松下紧，临习时细细琢磨，把握好每一个字开合收放关系。

第四节　杨凝式《韭花帖》《卢鸿草堂十志图跋》

一、《韭花帖》

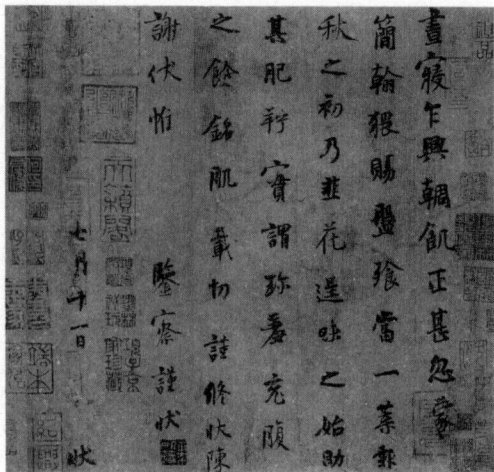

图 4-48　杨凝式《韭花帖》

(一)简介

《韭花帖》，墨迹纸本，目前有三本，一为清内府藏本，今藏无锡博物馆。另一为台湾兰千山馆藏。三为罗振玉百爵斋旧藏本。一般认为罗振玉旧藏本为真迹，其余为仿本。

此帖是杨凝式致友人的一通信札。初秋七月，杨凝式午睡刚起，正赶饥饿，忽收到友人来信及所赠韭花酱和羔羊肉，充饥之后，作此信答谢。

《韭花帖》宽疏、散朗的布白该是其最先夺人眼目的特征。字与字之间，行与行之间，留有大片的空白，这在行书作品中，可谓奇特之极。一方面表现在他善移笔画，将字内空间作出巧妙而合理的处理，使结体似斜反正，饶有情趣；另一方面表现在他将字距行距在欧阳询《梦奠帖》章法的基础上进一步拉开，使作品倍感疏朗、洒脱。平中寓奇的结体则是《韭花帖》最为突出，也最令人叫绝之处。它把紧密与散落这一对矛盾统一于一体，却没有丝毫的牵强，反而给人以自然天成的感觉，奇趣盎然。通篇形态宛若一个闲雅奇士，一举手，一投足，无不雅逸风流，沉静自若。散落的布白与平中寓奇的结体，相得益彰，使得作者萧散闲适的心境跃然纸上。无论是从书法本身，还是文字内容，你都能真切地感受到作者这种散淡的心境。

(二)释文

昼寝乍兴，輖饥正甚。[1] 忽蒙简翰，猥赐盘飧。[2] 当一叶报秋之际，乃韭花逞味之始。[3] 助其肥羜，实谓珍羞充腹之余，铭肌载切。[4] 谨修状陈谢，伏惟鉴察。[5]谨状。七月十一日，（凝式）状。[6]

1. 昼寝乍兴：午睡刚起来。輖：此字当是将"朝"右边的"月"旁换成"周"的一个字。通"朝"，朝饥，本指早上空腹时感到饥饿，此处引申为午后的饥饿感。

2. 简翰：书信、手札。猥（wěi）：谦词，等于说"承辱"。飧（sūn）：同"飧"，食物、熟食。

3. 一叶报秋：见一片落叶，知秋天来临，形容初秋时节。韭花：即韭菜花，故称"菁"。《说文解字》："菁，韭华也。"韭菜花采摘磨制后制成酱，称为"菹"，韭花酱在古代为"七菹"之一。

4. 肥羜（zhù）：肥嫩的小羊羔。铭肌载切：刻骨铭心。

5. 修状：叙述自己的情况。伏惟：表示伏在地上想，下对上陈述时的表敬之辞，多用于奏疏或信函。

6. 状前面应该有"凝式"二字，罗振玉旧藏本中无此二字，但有磨痕，当为残损所致。

（三）译文

午睡刚刚起来，腹中正感十分饥饿。忽然收到来函，并辱承赐予食物。当时一叶飘落的新秋之际，正是韭花初现美味时节。用它来佐食肥美的羊羔肉，实在可称是天下美味。饱食之后，感激之情铭刻于心。谨此修书略述景况，以表谢忱，敬请察知。谨上。七月一日，凝式陈说。

（四）临习解析

临习《韭花帖》需要把握好笔法、结体、章法三个最主要的关系。《韭花帖》的用笔将二王与颜体融为一体，笔法主要表现出精致与精巧，似乎每一笔都是经过精心设计出来的，而又那么随意自然。几个经典的用笔，临习时务必注意。"寝""翰""鉴""察"的捺笔，行笔没有大幅度的提按，出现捺角，而是均匀发力，有魏碑捺笔的味道；"羜""珍"的竖钩写得上重下轻，非常灵动；"蒙""当""察"的"宀"的右面折笔，不是向下按，而是沿横画回锋带出，显得非常的含蓄；同样"逞""谨""口"字旁折笔，"羜"字、"羊"字旁的第二横的出笔，都是采用这样的写法。"赐""切""充"，三个"之"字用的是颜体的笔法，厚重而又有力，因此临习《韭花帖》务必有一些颜体的功夫，方能写出其中的味道。结体方面，《韭花帖》善于险中取巧，"實""察"字拉开"宀"与下面部首的距离，"味""谓""珍""谨""谢""鉴"等偏旁轻重对比处理，使这些字显得很生动。章法疏朗是

《韭花帖》最大的特色之一，临习时务必仔细观察，处理好每个字的位置关系，这样才能临写出韵味。

二、《卢鸿草堂十志图跋》

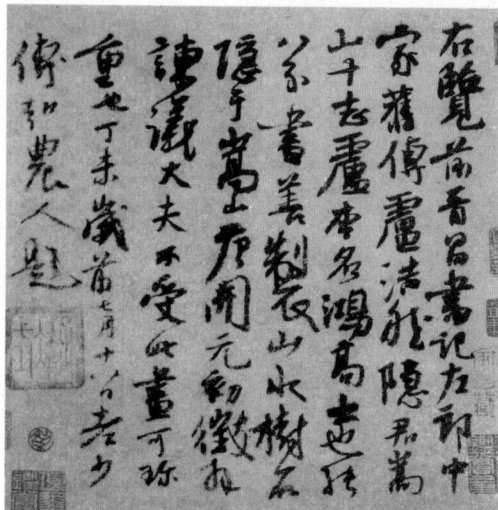

图 4-49 杨凝式《卢鸿草堂十志图跋》

(一)简介

《卢鸿草堂十志图跋》，纸本，行书，是杨凝式为卢鸿所画的十幅草堂图题的跋，跋文书于后汉天福十二年丁未（公元 947 年）七月，现藏台北故宫博物院。

卢鸿（又作鸿一）字浩然，一作灏然，生卒年月不详，唐幽州范阳（今河北涿县）人，后来迁到洛阳，隐居嵩山（今登封市）。卢鸿学问渊博，精通籀、篆、楷、隶，善于描绘山、水、石、树，造意清气袭人，得平远之趣。卢鸿的绘画作品，主要是反映他清闲自得的隐居生活，最出名的是《草堂十志〈嵩山十景〉图》，包括草堂、倒景台、樾馆、云锦淙、期仙磴、涤烦矶、洞玄室、金壁潭等十景。原作久已失传，有李公麟的《草堂十志图》临本，杨凝式题跋于后。《卢鸿草堂十志图跋》书风与颜真卿行书极相近，笔力沉练，苍劲古朴；用墨枯润相间，老笔纷披。杨凝式书法本出于颜，而加以不衫不履，尤其是其行书不拘小节，遂自成家。

(二)释文

右览前晋昌书记左郎中家旧传卢浩然隐君嵩山十志。[1]卢本名鸿，高士也。能八分书，善制山水树石。[2]隐于嵩山，唐开元初征拜谏议大夫，不受。此画可珍重也。丁未岁前七月十八日，老少传弘农人题。[3]

1. 晋昌：当为地名，此处有人释为"晋留"，不妥。卢浩然：即卢鸿，唐代画家，曾作《草堂十志〈嵩山十景〉图》。

2. 八分书：即隶书。山水树石：此处指山水画。

3. 弘农：杨凝式祖籍弘农。弘农郡西汉元鼎四年置，辖河南黄河以南、宜阳以西的洛、伊、淅川，陕西洛水、社川河上游、丹江流域。杨氏一门是此地的望族，杨凝式自称是弘农人。老少传弘农人，一说是杨凝式的号。

（三）译文

右览前晋昌书记左郎中家里旧传隐士卢浩然嵩山十志图。卢浩然本命鸿，是位高士。擅长写八分书，善于画山水树石。隐居于嵩山，唐代开元初征拜谏议大夫，不接受。此画可珍重。丁未岁前七月十八日，老少传弘农人（杨凝式）题。

（四）临习解析

《卢鸿草堂十志图跋》体现了杨凝式对于颜体笔法的精深把握，得其神髓，因此，临习此帖需要具备颜体书法的基础。从笔法的角度讲，此跋用笔有篆籀气，藏头护尾，中锋行笔，没有过多的提按，笔在之上抹行，使得点画线质厚重苍辣。墨色由浓到淡，与笔法浑然一体。章法布局不像《韭花帖》那么疏朗，而是字距、行距紧密，显得尤为朴拙。因此，临写时重点放在笔法的训练上，用笔最好是选择笔毫弹性适中，蓄墨性好的羊毫或兼毫，笔锋以中锋为主，起收笔交代清楚，行笔中实。结体大小顺其自然，注意字与字，行与行之间的穿插避让。

第五节　米芾手札选临

米芾是宋代行书大家，对于魏晋二王的继承达到了时代的高度，因此，巩固魏晋二王书风，米芾留下的法帖不得不临，学习米芾重点学他的笔法。可以说米芾将毛笔用到了极致，限于篇幅，我们只选择了最能体现米芾用笔特点的几个法帖进行临习，以此来巩固笔法。

一、《清和帖》

（一）简介

《清和帖》亦称《致窦先生尺牍》，约书于北宋徽宗崇宁二年（公元 1103 年）五月。行书，纸本，台北故宫博物院藏。此帖历经项子京、笪重光等人收藏。

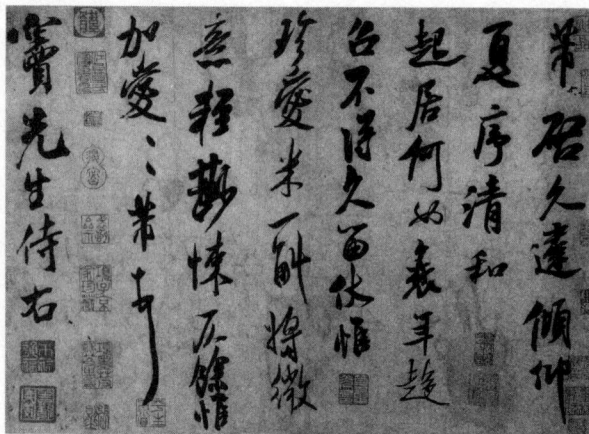

图 4-50　米芾《清和帖》

此帖是米芾的精品之一，全文四十九个字，其中省略两个字，表达的是对窦先生的问候。从行文的内容、行笔的凝重和结体的沉稳上看，米芾当时的心情是谨慎的。因为是日常手札，写时顺思想流淌，完全不计技法，写得潇洒超逸，不激不厉，用笔比较含蓄，与其它帖比较，温和了许多，但笔画的轻重时有对比，字的造型欹侧变化，又使此帖平添了几分俊迈之气。由于他深厚的临古功底，一切表现的又是那么精到、自然。

(二)释文

芾启。[1]久违倾仰。夏序清和，起居何如?[2]衰年趋召，不得久留，伏惟珍爱。[3]米一斛，将微意，轻趁悚仄。[4]徐惟加爱、加爱。芾顿首。窦先生侍右。

1. 根据曹宝麟考证，此帖当书于将去太常之时。启：禀告。

2. 清和：一般指农历四月俗称。

3. "衰年趋召"与"久违"：当是首次为京官。不得久留：去期已知，大约是崇宁二年五月。

4. 轻趁：微薄。趁，鲜的异体字。悚仄：亦作悚侧，悚惧不安之意。

(三)译文

米芾禀告。(入官以来)很久不见，很是倾倒仰慕。正是夏初四月，最近的生活起居怎么样？衰老之年被召为官，没办法在这里久留。希望好好珍爱自己。敬米一斛聊表微意。微薄之意悚惧不安。只是期望一定要好好爱护自己。米芾顿首敬上。窦先生侍右。

(四)临习解析

米芾善用侧锋，点画爽利峻拔，此篇却用之甚少，但是其笔法却表现得非常丰富，如"夏"字起笔、"意"字中间主横有篆书笔意；"珍""轻""趁"("鲜"之异体字读上声)"伏"等字方笔切入，在全篇众多的顺锋入笔中显得"锋势备全"；多个相同偏旁的不同处理等，这充分说明了他高超的控笔能力，这些在临帖时要多加注意。"斛""仰"字末竖笔右斜，体现了米芾的习气，学米者当注意。米芾对字形的处理往往是取欹侧之势，他学晋唐，而又能打破晋唐字形平稳严谨的特点，但是他的欹侧并非一味的向某一方向偏侧，而是多方位的挪移偏侧。较之其他作品，本篇尺牍字形的结体取势以平正为主，收敛很多，左右倾斜，摇曳多姿者较少。表现较为明显者主要有四处，第四行"伏惟"，第五行"一斛""将微"，第六行"惟馀"等，这些欹侧都向左一个方向，这可说是无意为之的表现。临习时注意把握好。尺牍一共八行，章法安排一任自然，无任何安排做作之气。中间五行，字数相等，但是随字形的大小、用笔的轻重而参差错落。第三、五行取放势，第三行之"如""趋"和第五行用笔略轻，第四行用笔均较重，然取其收势，第六行笔重而字偏大，四行之间轻重、收放相穿插，相互呼应，相得益彰。第七行第二个"加爱"用两点代替，占据一个字的位置，"顿首"二字一笔连下，打破了和二、八两行的齐平。章法学习也是取法的一个重点。

二、《张季明帖》《李太师帖》

　　米芾《三帖卷》计《叔晦帖》《李太师帖》《张季明帖》，均纸本，行书。《三帖》合装一卷，为米芾行书中的精品。项元汴认为米芾此帖书风于王羲之相近。米芾的书法的确得力"二王"最多，但与二王父子书法又有不同，王羲之法度紧敛古质蕴藉内含；而王献之的笔致则是散朗妍妙，俊逸姿媚。米芾的天资个性于王献之较为相近，所以，米芾的结体，用笔中多可以见王献之的风骨。

(一)《张季明帖》

　　1. 简介

　　约书元祐元年（公元 1086 年），纸本，日本东京国立博物馆藏。

　　2. 释文

　　余收张季明帖。云秋气（衍字点去）深，不审气力复何如也，真行相间，长史世间第一帖也。其次"贺八帖"。余非合书。

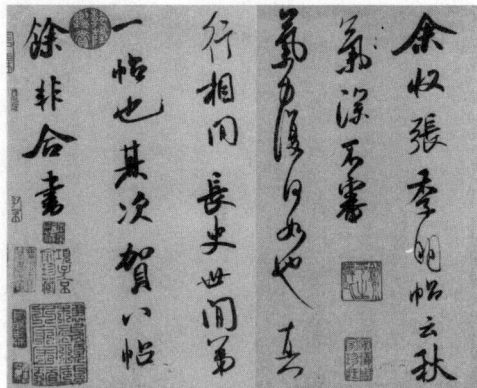

图 4-51　米芾《张季明帖》

3. 译文

我收到了张季明（张旭）帖。说到秋天已深，不知道气力怎么样了，真行相间，张长史世间第一帖。其次"贺八帖"。其余并非合我书。

（二）《李太师帖》

1. 简介

约书于元祐二年（公元 1087 年），日本东京国立博物馆藏。

2. 释文

李太师收晋贤十四帖。武帝、王戎书若篆籀，谢安格在子敬上。真宜批帖尾也。

3. 译文

李太师收藏晋代明贤十四帖。武帝、王戎书有篆籀气，谢安书法格调在王献之之上。真书宜批帖尾。

4. 临习解析

米芾书法得益于二王，但与二王父子又有所不同，王羲之法度紧敛古质蕴藉内含；王献之的笔致则是散朗妍妙，俊逸姿媚。米芾的天资个性于王献之较为相近，所以，米芾的结体，用笔中多可以见王献之的风骨，但是米芾更加狂逸。此二帖米芾将其丰富多变的用笔特点发挥得淋漓尽致，入笔的藏锋、露锋所表现出来的方笔、尖笔，收笔的提、按、挑、转，行笔的平、俯、仰随心所欲，可以说米芾最大限度地发挥了笔锋的多面性，这是我们临习时必须好好玩味的，要善于用锋，精准地表现每一笔，不可囫囵吞枣。米芾行书的结体往往是向左倾斜的多，这在临习时需要注意，不要认为这就是米芾的优点，因此新出来的行书全是歪的，其实并不需要这样，优点过了就成了习气。我们学米芾最主要的学其精到多变的笔法，以及他是如何学习古人的，而不是一味地模仿外形。

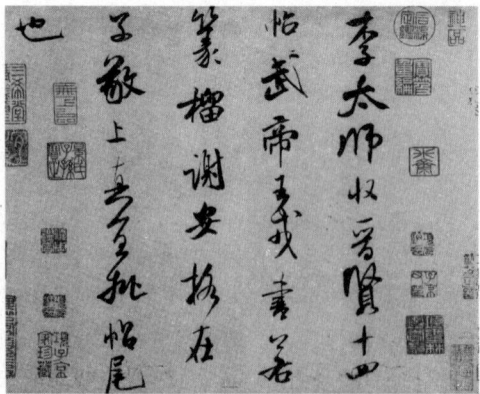

图 4-52　米芾《李太师帖》

三、《临沂使君帖》

(一)简介

《临沂使君帖》(又称《戎薛帖》)行草书,台北故宫博物院藏。

(二)释文

芾顿首。戎帖一、薛帖五上纳,阴郁,为况如何?芾顿首。临沂使君麾下。

(三)译文

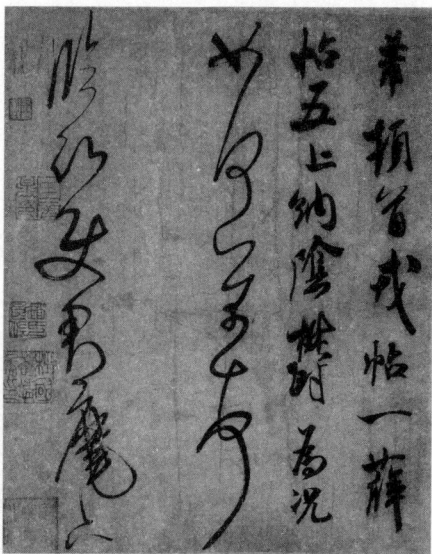

图 4-53　米芾《临沂使君帖》

米芾顿首。戎帖一幅、薛帖五幅呈上,心情阴郁,近况如何?米芾顿首。临沂使君麾下。

(四)临习解析

此帖头二行以行书写出,将要言之事交代清楚,至第三行"如何"开始变为草书,连绵而下。第四行为受信札者,故空约一行位置,此虽为格式如此,客观上却形成了丰富多变的章法。临习此帖前面两行应该比较容易,难就难在后面两行草书,因为是一气呵成,所以临写之前需要认真分析每个字的形态及笔法特点,可以先进行单字训练,再一步步连起来,在掌握了笔法、结体之后一笔到底。

第六节　颜真卿《祭侄文稿》

(一)简介

颜真卿《祭侄文稿》全名《祭侄季明文稿》,纸本墨迹,颜真卿书于唐乾元元年(公元 758 年),曾经宣和内府、鲜于枢、清内府等收藏,现藏台北故宫博物院。

天宝十四载（公元 755 年），安禄山、史思明在范阳（今北京南）起兵，著名的"安史之乱"开始。颜氏家族在这场平叛中，死了三十余人。天宝十五年（公元 756 年）颜杲卿被俘，押解至洛阳，英勇不屈，慷慨赴死。直到乾元元年（公元 758 年）五月，颜杲卿才被朝廷追赠太子太保，谥忠节。颜真卿时任蒲州太守，听到这个消息以后，即派杲卿长子颜泉明到常山、洛阳寻找季明、杲卿遗骸。只得到季明头部和杲卿部分尸骨，为了暂时安葬这些尸骨，颜真卿写下了这篇祭侄文草稿。

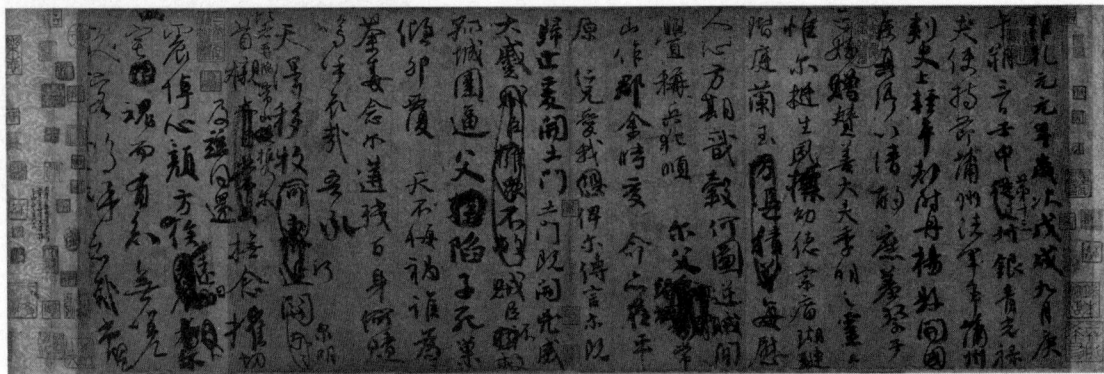

图 4-54　颜真卿《祭侄文稿》

此稿是在极度悲愤的情绪下书写，顾不得笔墨的工拙，故字随书家情绪起伏，纯是精神和平时工力的自然流露，这在整个书法史上都是不多见的。《祭侄文稿》是极具史料价值和艺术价值的墨迹原作之一，至为宝贵。

(二)释文

维乾元元年，岁次戊戌。九月庚午朔三日壬申。[1]第十三叔、银青光禄（大）夫、使持节、蒲外诸军事、蒲州刺史、上轻车都尉、丹阳县开国侯真卿，以清酌庶羞，祭于亡侄赠赞善大夫季明之灵[2]：惟尔挺生，夙标幼德。[3]宗庙瑚琏，阶庭兰玉。[4]每慰人心，方期戬榖。[5]何图逆贼间衅，称兵犯顺。[6]尔父竭诚，常山作郡。余时受命，亦在平原。[7]仁兄爱我，俾尔传言。[8]尔既归止，爰开土门。[9]土门既开，凶威大蹙。[10]贼臣不救，孤城围逼。[11]父陷子死，巢倾卵复。天不悔祸，谁为荼毒！[12]念尔遘残，百身何赎？[13]呜呼哀哉！吾承天泽，移牧河关。[14]泉明比者，再陷常山。[15]携尔首榇，及兹同还。[16]抚念摧切，震悼心颜。方俟远日，卜尔幽宅。[17]魂而有知，无嗟久客。[18]呜呼哀哉！尚飨。[19]

1. 维：语助词，常用于句首，有时也用在句中。乾元：为唐肃宗李亨年号，乾元元年即公元 758 年。岁次戊戌：岁次也叫年次。古代以岁星(木星)纪年。古人将天空的赤道部位分作 12 等份，每等份中以某些恒星为标志。木星正好每年走一等份，12 年走一周。每年岁星(木星)所值的星次与其干支称为岁次。该年的干支为戊戌。九月庚午朔三日壬申：古人以干支纪年，也以干支纪月和纪日。纪月法从丙寅开始，60 个月(五年)为一周期。纪日亦以甲子为第一日，60 日一周期。朔：月亮运行到地球与太阳之间，地面看不到月亮时称朔，一般以农历初一为朔，十五称望。庚午为"朔"，则三日"壬申"，即九月三日。

2. 第十三叔：颜真卿兄弟姐妹共十人，真卿排行第七。但其同祖兄弟有十五人，他排行第十三，故称。银青：指银质印章和青色绶带。秦汉时期凡吏秩比在二千石以上者，皆可佩银印青绶。光禄大夫：原为郎中令的属官。汉武帝以后无固定职守，为散官，相当于顾问。唐宋时期光禄大夫加银章青绶者为从三品文阶官。原帖"光禄大夫"之"大"字漏写。使持节：为刺史的加衔。加此衔后有诛杀中级以下官吏之权。"使持节"为持节中的最高一级，次为"持节"，再次为"假节"。刺史：隋唐时期刺史为一州之行政长官。刺史本兼军民两政。然汉代以后管军之职权实际已废，故唐代管军事要另加衔，颜真卿任蒲州刺史后，加州防御使之衔，以示兼管诸军事。故其州刺史的全称就是"使持节、蒲州诸军事、蒲州刺史"。其他州刺史情况也大致如此。轻车都尉：本为汉代特别兵种将领的称号，唐宋时为勋官号。自上柱国至武骑尉共设十二转，第八转为"上轻车都尉"。开国侯：为爵名。唐代将爵位分作九等，"开国县侯"为第六等。侯前多冠以县名，但食邑不一定由该县供给。颜真卿的丹阳县开国侯的名衔，也为他出任蒲州时所赐。清酌庶羞：酌，指酒，也指斟酒。清酌，指菲薄、便宜的酒类。羞，通馐，食物。庶羞，指普通的食物。赞善大夫：大夫，古代在国君之下有卿、大夫、士三级。隋唐以后以大夫为高级阶官称号。"赞善"为赞美之词。颜季明为颜杲卿第三子，乾元元年，他被朝廷追赠赞善大夫。

3. 惟：语助词，用在句首。挺：特出、出众。夙：早。

4. 宗庙：庙同庙。瑚琏：宗庙中盛黍稷的祭器，夏代称瑚，殷代称琏，比喻国家宝贵的人才。阶庭兰玉：以芝兰(香草)玉树(仙树)比喻优秀子弟。

5. 此句上涂去"方凭积善"四字。戬谷：指福、禄。戬，指福。谷，为粮食的总称。

6. 衅：同"衅"。间衅：伺隙、乘隙。称兵犯顺：以逆犯顺，指起兵作乱。

7. 尔父：颜真卿从兄颜杲卿。竭诚：初稿作"制"，涂去后改"被胁"，再涂去写"竭诚"。

8. 俾：使也。归止：止，助词。

9. 爰，乃，于是。土门，今河北井陉，时为战略要地。

10. 蹙：促、迫。局促不安。

11. 此句上涂"贼臣拥兵不救"六字，"不"旁又涂去"拥"字。

12. 天不悔祸：上天并不悔恨自己的过错。荼毒：荼指苦菜，毒药毒虫。按：此两句似乎在隐喻朝廷的成败和用人不当。

13. 遘：遭遇。呜呼哀哉：对死者的叹词。百身何赎：就是一百个躯体赎回死者的真身。

14. 天泽：皇帝的恩赐。河关：河流和关隘。此指蒲州，时颜真卿调任蒲州刺史。他在《蒲州刺史谢上表》中说："此州之地，尧舜所都。表里山河，古称天险。"

15. 泉明旁涂去"尔之"两字。比：近来、最近。此处"陷"字似误书，当以"至"字为宜。

16. "携"字上涂"提"字。榇（chèn）：原指梧桐树，多用于制作棺材，此处指棺木。首榇：指盛装季明首级的棺木。此句旁涂去"亦自常山"四字。

17. "卜"字旁涂去"为"字。幽宅：阴间的住宅，指坟墓。

18. 颜氏家族祖籍在山东，按祖制，应葬在山东，葬于长安乃权宜之计。故说"魂而有知，无嗟久客"。

19. 飨：指以酒食款待，此处指祭祀时希望死者能享用这些祭品。旧时用作祭文的结语。

（三）译文

乾元元年（公元758年），时在戊戌年九月三日，第十三叔、银青光禄大夫、使持节、蒲州诸军事、蒲州刺史、上轻车都尉、丹阳县开国侯颜真卿，以清酌和各种食物来祭奠亡侄赠赞善大夫颜季明在天之灵。

你生而出众，很早就显出良好品德，就像宗庙中的瑚琏宝器，又如庭院中的芝兰玉树，每每使长辈们感到欣慰。正当期望你能得福禄安宁，谁想到逆贼安禄山乘隙挑衅，起兵造反。你的父亲颜杲卿竭诚尽力，在常山担任太守。我那时接受朝廷任命，也在平原郡上任太守。仁兄杲卿出于对我的爱护，让你给我传话。你回到常山后，土门被夺。土门夺回以后，叛军便大举围逼过来。贼臣王承业拥兵不救，致使常山孤城被攻陷。你们父子被抓被杀，巢倾卵覆，岂能保全！上天不知悔恨自己的过错，是谁制造了这场灾难？念及你遭遇这样的残害，我就是死一百次又如何能救赎啊，多么悲哀！

我承受圣上的恩泽，被派往蒲州任刺史。颜泉明最近再次去了常山，带着盛有你头颅的空棺，一同回来。我追思悼念，心如刀绞，悲痛欲绝。待将来再选择好的墓地安葬你，你的灵魂如果有知的话，请不要埋怨，以为在这里要长久滞留。呜呼哀哉！请享用这些祭品。

(四)临习解析

圆转遒劲的篆籀笔法。《祭侄文稿》以圆笔中锋为主，藏锋出之，厚重处浑朴苍穆，如黄钟大吕；细劲处筋骨凝练，如金风秋鹰；转折处，或化繁为简、遒丽自然，或杀笔狠重，戛然而止；连绵处，笔圆意赅，痛快淋漓，似大河直下，一泻千里。

开张自然的结体章法。此稿一反二王茂密瘦长、秀逸妩媚的风格，变为宽绰、自然疏朗的结体，点画外拓，弧形相向，顾盼呼应，形散而神敛。字间行气，随情而变，不计工拙，无意尤佳，圈点涂改随处可见。在不衫不履的挥写中，生动多变，可以强烈地感受到刚烈耿直的颜真卿感情的起伏和宣泄。行笔忽慢忽快，时疾时徐，欲行复止。字与字上牵下连，似断还连，或萦带娴熟，或断笔狠重；或细筋盘行，或铺毫直下，可谓跌宕多姿，奇趣横生。集结处不拥挤，疏朗处不空乏，可谓疏可走马，密不透风，深得"计白当黑"之意趣。行与行之间，则左冲右突，欹正相生，或纽结粘连，或戛然而断，一任真性挥洒。尤为精彩的是末尾几行，由行变草，迅疾奔放，一泻而下，大有江河决堤的磅礴气势。至十八行"呜呼哀哉"，前三字连绵而出，昭示悲痛之情已达极点。从第十九行至篇末，仿佛再度掀起风暴，其愤难抑，其情难诉。写到"首榇"两字时，前后左右写了又改，改了又写，仿佛置身于情感旋风之中。长歌当哭，泣血哀恸，一直至末行"呜呼哀哉尚飨"，令人触目惊心，撼魂震魄。

渴涩生动的墨法。此稿渴笔较多，且墨色浓重而枯涩。这与颜真卿书写时所使用的工具(短而秃的硬毫或兼毫笔、浓墨、麻纸)有关。这一墨法的艺术效果与颜真卿当时撕心裂肺的悲恸情感恰好达到了高度的和谐一致。而此帖中，渴笔和牵带的地方都历历可见，能让人看出行笔的过程和笔锋变换之妙，对于学习行草书有很大的益处。

临习此帖，笔宜用硬毫，不需笔锋尖利，有锋即可。纸宜用半生不熟或手工毛边纸，最好是一张整纸。笔法与墨法是学习的重中之重，行笔以篆籀法,多绞转,少提按;蘸墨一笔写到枯,最好是颜真卿一笔到哪,临写就写到哪,若把握不准,中途需要蘸墨,可以用一张废纸把刚蘸的墨吸一下,以和上一笔基本吻合,如此练习并非机械模仿,主要是为了体会枯笔的妙处,练习多了,墨法自然就掌握了。章法布局可忠实原帖,涂抹处照样依葫画瓢,目的是保持原作章法的完整性,意临时可减省,《祭侄文稿》的章法在行书创作时,非常值得借鉴。通篇原大或放大临摹以表现整体效果。

第七节 苏轼《黄州寒食诗帖》

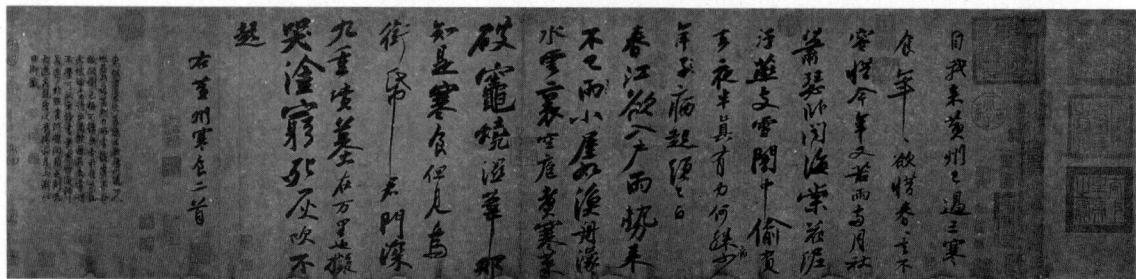

图 4-55 苏轼《黄州寒食诗帖》

(一)简介

《黄州寒食诗帖》苏轼撰诗并书,墨迹素笺本,行书 17 行,129 字,现藏台北故宫博物院,还有一种说法存台湾私人手中。此帖写于宋神宗元丰五年(公元 1082 年),那时苏轼因宋朝最大的文字狱"乌台诗案"受新党排斥,贬谪黄州团练副使,在精神上感到寂寞,郁郁不得志,生活上穷愁潦倒,在被贬黄州第三年的寒食节作了二首五言诗。诗中表达出因寒食节与苦雨而感到眼前的一切萧瑟难耐,暗藏着自己来黄州后的抑郁心绪。开始娓娓道来,继而感情的闸门渐开而不可遏止,一任自然,于"乌衔纸"处到达宣泄的顶峰,至末又渐次收敛,全诗在一派肃杀的气氛中结束。

此帖中书法与诗相得益彰,其书就像孙过庭《书谱》上说的:"穷变态于毫端,合情调于纸上。无间心手,忘怀楷则。"笔致自然沉着,点画粗壮丰满,字体真行相间,上下左右松紧欹侧,错落有致,浑然一体。字形忽大忽小，各随其意，极尽姿态。用笔"或重若崩云，或轻如蝉翼"。节奏上有快有慢，布局上疏密有度，不愧为苏轼的神来之作。

（二）释文

自我来黄州，已过三寒食。[1]年年欲惜春，春去不容惜。今年又苦雨，两月秋萧瑟。[2]卧闻海棠花，泥污燕支雪。[3]暗中偷负去，夜半真有力，何殊病少年，病起头已白。[4]

春江欲入户，雨势来不已。[5]小屋如渔舟，蒙蒙水云里。空庖煮寒菜，破灶烧湿苇。[6]那知是寒食，但见乌衔纸。[7]君门深九重，坟墓在万里。[8]也拟哭涂穷，死灰吹不起。[9]

右黄州寒食诗帖二首。

1. 元丰二年（公元 1079 年），因"乌台诗案"，苏轼被贬为黄州团练副使，次年二月抵达贬所。寒食：寒食节，在清明前一日或两日。

2. 两月秋萧瑟：形容春时如秋时之萧瑟。

3. 燕支：即胭脂。胭脂雪，花落于地，如胭脂之雪。

4. 暗中偷负去，夜半真有力：此处用典，《庄子·大宗师》："夫藏舟于壑，藏山于泽，谓之固矣。然而夜半有力者负之而走，昧者不知也。"王先谦集解："舟可负，山可移。宣云：'造化默运，而藏者犹谓在其故处。'"后用以比喻事物不断变化，不可固守。

5. 春江欲入户：形容江水暴涨，接近门口。不已：不止。

6. 空庖：空无所有的厨房。

7. 那：哪。乌衔纸：乌鸦衔着纸钱，古有在寒食节祭扫祖坟的习俗，祭扫时添土并挂纸钱。

8. 君门深九重：此句是指欲归朝廷，而君门有九重之深，欲归不能。坟墓在万里：祖坟在万里之外，相当于说故乡远在万里。寒食节本祭扫祖坟，故苏轼有此感慨。

9. 涂：通"途"。此处用典，《晋书》卷四九《阮籍传》："（阮籍）时率意驾车，不由径路，车迹所穷，辄恸哭而反。"比喻自己也像阮籍那样在路头恸哭。死灰吹不起：表示自身身心如死灰，不可能复起。

（三）译文

自从我来到黄州，已经过了三个寒食节。每年都想珍惜春光，但春光飞逝，丝毫不容我挽留。今年春季又苦于雨水泛滥，两月之间，仿佛秋风萧瑟，天气衰寒。夜听海棠花纷纷飘落，如胭脂之雪，被湿泥污染。

造化之神在暗中将春光偷换，谁能具有它这般的大力。我就像病中的少年，病起之时，头发已经斑白。

春江水涨，已经逼近我的家门，而雨势仍然不见止歇。我的小屋犹如一叶渔舟，在濛濛的水云之间飘摇欲倾。厨内空空，我准备煮冷菜为食，土灶已破，唯有将潮湿的芦苇当柴。哪里想到今天又是寒食节，乌鸦衔着纸钱在空中飞来飞去。欲回归朝廷，君门深有九重；欲祭扫祖坟，家乡远在万里。我也要像阮籍那样在路头恸哭，因为此身已如死灰，不再能重新吹起火苗。

右为黄州寒食诗二首。

(四)临习解析

《黄州寒食诗帖》运笔浑厚中带俏丽，圆转中又见劲挺；字形欹正参错，或大或小，结构左右疏密相间，时紧时放；布白时疏能走马，时又密不通风，浑然天成，自然生动，形成强烈的节奏韵味，反映了他的感情起伏波动，或冷如死灰，或悲情愤慨；有时仰天叹息，有时不甘压抑，是当时苏轼感情的生动流露。从"自我来黄州"起到"病起头已白"，特别是前三行，结体斜正、大小变化悬殊，斜斜正正，大大小小，运笔尚未放开，布白也很萧疏，犹如重抚窘境，心情抑郁，欲诉难言，欲哭无泪，希望破灭，苦境难移，反映出一种"年年欲惜春，春去不容惜"的无限失望的伤情。从"春江欲入户"句，到"死灰吹不起"，字体明显放大，笔画奔放急促，运笔不计工拙，随心所欲，似无缰骏马，一任其驰骋奔腾，布白密结，似乎透不过气来，反映出苏轼心潮澎湃，悲愤齐涌，不可遏制的感情。"烧湿苇""乌衔纸"二句布白突然萧疏，墨色惨淡，直笔无限拉长，就是反映了这种慨叹人生的感情，由于"君门深九重"，"死灰"再也吹不起了，只有叹息而已。对《黄州寒食诗帖》思想感情的把握，便于在临习更好地传达出作者的情感。

临习此帖，注意把握好苏轼的用笔特点，苏轼用笔主要是提按顿挫，轻重变化比较丰富，临起来相对容易把握，但是需要注意的是细笔画要写出质感，不能弱，粗笔画要写饱满，不能形成片状显得浮。注意前后文字形大小的变化，注意字距、行距的疏密变化。墨色方面，通篇基本保持一致，以浓墨为好。原大临摹。

第五章　行书创作

第一节　行书创作意识

行书创作需要培养三种意识：作品意识、精品意识、探索意识。

(一)作品意识

所谓作品意识，就是经过认真构思、设计，形成完整的有一定水准作品的意识过程。行书创作的初级阶段需要具备作品意识。从临摹到创作的过程中会存在两种情况，一是畏惧心理，总是认为自己不具备创作能力而创作不出像样的作品，或者认为积累不够，还没有到创作的时候，仍然按部就班亦步亦趋的模仿，缺少创作的意识。二是轻视创作，态度不严谨，认为创作就是随意书写，表现自我，没什么难度，这是作品意识不够的典型表现。畏惧心理是自信心不足的表现，需要鼓励和培养，漠视创作时是自以为是的表现，需要引导和纠正。

临摹是为了创作，同时临摹也是学习创作的过程。对传统经典法帖的笔法、结体、章法布局的临习是个积累的过程，是为创作做准备，因此，临摹时要有意识地培养自己的协调能力，将所临法帖的章法布局、结体变化、笔法精准这三个基本要素有机地结合到一起。对初学者来说，保证笔法、结体到位不难，难在字距、行距的布局、安排与协调。临习过程也就是作品意识的培养过程，古人所谓的"意在笔前"就是对作品构思的思考。创作作品主要是将书写内容和形式和谐统一的过程，选择什么样的内容适合什么样的表现形式，心中有一个逐渐明晰的轮廓。意识具备了，就可以尝试以某一家或某一种风格为主创作一幅作品。需要注意的是，初学创作，个性风格意识不要太强烈，主要以学习效仿为主，过分地强调个性风格就会冲淡对传统的学习，误事误时，欲速不达。

(二)精品意识

精品，本意是指物质中最纯粹的部分，提炼出来的物件，等级，性质。对于书法创作来说，精品即精心创作的、上乘的、最精美的作品。

书法创作需要有精品意识。具备了较好的创作能力，下一步需要培养作品的精品意识。多创作一些自己满意的，能够表现某一个特定时段最高水准的精心之作，对自己来说有成就感，对他人来说具有启发和借鉴意义。艺术创作的精品意识表现在多方面的，他可以是精美华丽的作品，也可以是粗犷写意的作品；既可以是表现功力的传统经典型的，也可以是表现个性追求的朴拙生辣型的。无论是哪一种表现形式，作品都必须是将功力与个性，才情与学养结合起来。历代都留下了大量精粹之作，无论是表现功力的技术风格还是表现性情的写意风格，都是我们学习的经典范本。精美与精致则是相通的，一件精美而有韵味作品所表现出来的美感体现了作品外在的审美视觉，传达出作者各个方面的学养和作品意识。因此，精品意识主要体现个体性，纯粹性、完美性、审艺性、代表性。然而，能否创作出精品需要多方面的综合因素，从主观因素来说，精品的出现需要创作者深厚的技法基础，丰富的创作经验以及脱俗的审美视角；从客观因素来说，创作环境和创作氛围也是精品意识形成的不可或缺的条件。精心创作的作品，需要保持良好的心态，可以是有意识的也可以是无意识的，达到心手双畅。

(三)探索意识

探索就是在传统经典的基础上有所创新，创作出具有不同于常规意义的作品，书法创作要有探索意识，这是创作的高级阶段。探索意识的作品在某一特定的阶段，超出当时的主流审美意识，脱开某一特定的风格范围而独具一格，远离视觉经验。当下，书法的探索意识和作品形式比较多样化，吸收的元素也比较多，主要表现在笔法的探索，墨法的探索，结体的探索，形式材料的探索。笔法、结体的探索取法比较具体客观，古代经典的墓志、造像以及所谓的"民间书法"都会带来很多启示；墨法的探索更注重墨韵，受美术等相关学科的影响可能大一些；形式的探索不再局限于宣纸，许多现代的书写材料和器物都可以被用来书写。

近三十年，随着书法艺术的迅速发展，现代书法艺术作品已经不再仅仅满足于传统的阅读文本，而成为环境装饰的组成部分，在形式上逐渐向艺术的图式转变，欣赏成为主要目的。从作品的内涵来说，作品需要具有视觉冲击力，视觉冲击力的一个重要因素就是对比，作品的对比关系越丰富，内涵就越广大，对比悬差越悬殊，视觉效果就越强烈。民间书手的无意识创作提供了可供参考的范例，现代探索意识的书法创作开始从民间书法寻求艺术元素。因此，一段时间内，出现了大量具有探索意识的作品，曾经被人们称为"丑书"。有些探索是成功的，将传统的审美与民间书法的野趣巧妙的结合在一起，运用现代的创作材料，收到了较好的艺术效果，有些则过于夸张变形，误入歧途，变得不伦不类，这是不可取的。因此，探索意识需要把握住度，书法艺术创作毕竟还要受到汉字约束，完全脱离就不叫书法艺术了。

第二节　行书创作过渡

临摹是书法学习的初级阶段，通过对经典法帖的临习从而进入自由、自觉的书法创作阶段，创作则是书法学习的终极目的。从临摹到创作需要一个转化过程，在不能自如创作的状态下，可分两步走：一是集字创作，二是独立创作。

1. 集字创作

所谓集字，就是在临习某一书家或某一种风格的法帖之后，完全按照临习的技法，即原作的笔法、结体甚至是章法布局进行尝试创作。创作的方法有几种：换一种形式书写原帖的整体或部分，比如原作是条幅而将其写成长卷，风格与原帖保持一致；或者从原帖中抽出一些字组成一幅对联或一段话创作；或者是将原帖内容打乱再重新组合；或者是确定书写内容，用所学法帖的风格来创作。集字创作的目的是通过对于原帖字的再书写强化记忆，巩固基本笔法、结体，务必强调的是精到，切忌囫囵吞枣。在有了基础之后，以某种风格为主，用几种形式进行尝试性创作，书写的过程可以看帖也可以不看帖，一招一式，一点一画按所学的原帖风格特点去完成。一遍不行可以再写几遍，目的是将所临的法帖烂熟于心，为下一步创作积累技巧。集字创作对于初学者来说会产生一定的效果，一来检验、检查临习效果，查漏补缺，二来调整临帖的节奏，缓解疲劳感和腻烦感。这种办法可能比较慢或比较笨，但是能够让初学者在一定时间内较快掌握一门技法。一通百通，掌握了一种法帖的技巧，再临其它会比较容易。集字创作为独立创作搭起一个过渡的桥梁并形成一种良好的学习习惯。

2. 独立创作

用这个标题其实主要是为了突出创作的独立性，书法学习的目的就是创作出自己满意的有水平的作品。这里讲的独立型不是标新立异，有什么新奇独特的技法创意，就是指独立完成一件作品。临摹要学会变通，见什么临什么，机械模仿，不思考，不融会贯通，事倍功半，最后形成不了自己的作品也是不可取的。有些人临习功夫很过硬，但是自己独立创作完成一件作品就不是那回事了。究其原因一是积累时间没到，二是临习与创作之间的关系没把握好，三是缺少作品意识。积累是一个单调枯燥的过程，每个人感悟不一样，时间长短也不一样。时间长短是量的积累，必须要到位，否则就没有以后的质的飞跃。对初学者来说，创作存在风格统一的问题，集字创作就是训练风格统一性。在经过多个风格特点的集字创作过后，取长补短，化为己有，创作便顺理成章。书法创作在初学阶段难以达到预料效果，手不随心，缺少作品意识并不是说没有作品意识，有的是力不从心，有的是意识不够，我行我素，不善于思考，缺少与他人交往，对作品的创作懒于构思，形式知之甚少。

写好一幅作品，就是处理好形式与内容的关系。如果形式是固定的，寻找合适的表现内容。比如，扇面，折扇，造型独特，适合写绝句或律诗，每一行字数相等，整齐划一，规范好看，便于布局；若写小短文，则可以采用一行长一行短的章法，形成参差错落的节奏感，落款与正文字体差不多，使之融为一体。斗方，适合写宋词、美文，注意章法参差错落，最好不要写满。如果内容是固定的，根据内容选择形式，相对好办一些，字数少的楹联适合写对联，主要有五言、七言或多言，比较容易把控。字数很多的适合写手卷。内容字数的多与少，看宣纸的大小及形式，条幅、中堂、斗方、扇面、册页等，适合写哪种就写哪种，字体以适宜美观为主。比如，内容豪放的适宜用行草书创作，内容优美的适宜用优雅的小行书创作。总之，不管采取哪种形式，要做到形式与内容的和谐统一。

在作品创作时，可多参考一些传统经典作品和近现代优秀的书法作品，重点在章法布局、款式、印章的钤盖等方面。近年来中国书法家协会搞了各式各样的展览，推出了一大批专业书法创作者，他们技法水平高，作品构思有想法，创作了大量的形式与内容都非常好的作品，可以借鉴。

第三节 行书创作形式

书法创作的形式主要有：中堂、横批、条屏、册页、斗方、楹联、手卷、扇面等，这些都可以用行书来创作。

中堂。在整张宣纸上作书或绘画，然后装裱成轴，张挂在中堂中间，左右一般配有对联，故称中堂。中堂多以四尺为多，另外也有三尺、五尺、六尺，超出六尺的，八尺、丈二、丈六的就属于大中堂。中堂的内容一般以积极向上的诗文或者治家格言等为主。为了便于远观，字形较大，可以讲究行距与字距，也可以只注重行距，不计较字距，章法布局以传统幅式为主，从右向左竖式满章法书写，落款根据所剩余的尺幅空间，可长可短，也可另起一行，字形等于或略小于正文字形。印章不能低于正文的最后一个字。

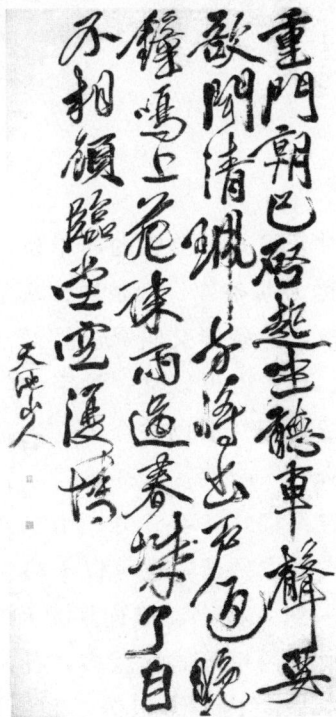

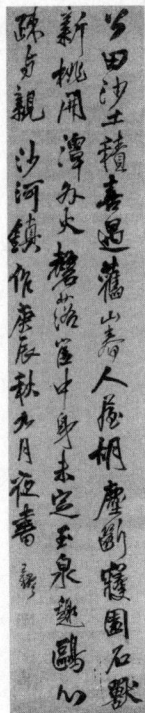

图 5-1　徐渭中堂《行书王维"待储光羲不至"　　图 5-2　王铎行书条幅沙河镇作轴
五律诗轴》

条幅。条幅是整张宣纸的竖式对开，狭长条，故又有"单条"、"长条"之称，一般几尺的宣纸就是几尺的条幅。装裱成轴的条幅，一般被称为"立轴"。目前的展览此类条幅较多，自上而下，有一种纵势美，便于展厅布置。条幅的内容一般以诗词为主，字形可大可小，章法布局也是以传统幅式为主，自由向左竖式书写。落款根据所剩余的尺幅空间，可长可短，字形等于或小于正文字形。印章不能低于正文的最后一个字。

横披。横披又称横幅，形式多与条幅相同，只不过是横式书写。横披可做匾额用或题写斋号，字数多以三、四字为多。目前楼房空间较低，横披书写四字较多，比如"厚德载物"，另外，诗文、美文也是横披长写的内容。横披的书写主要采用传统的写法从右往左，款落在左面，竖写，印章钤在款下（不低于正文）或最左面。受现代书写格式的影响，四个字内容的也可以从左往右。

图 5-3　何绍基行书横披

条屏。条屏一般是一整张宣纸的对开竖式，单张的叫单条，条屏大多由四张、六张、八张组合在一起，称为四条屏、六条屏、八条屏，或者更多的。较小的条屏又叫"琴条"，较矮的条屏又叫"炕屏"。条屏的字体要求不一，可以是真、草、隶、篆、行，也可以是一种字体。可以是一人所写，也可以是多人创作。条屏的内容一般以古今美文为主，章法布局均自右往左竖式书写。款和印章落、钤在最后一条。

册页。册页大小不等，如以四尺宣纸而论，有八开、十二开、十六开等等，小的也有二十四开的，可以八幅成一册，也可以十幅、十六幅成一册。册页源自古代蝴蝶装书籍的一种，故名。横向册页称"横册"，竖向册页称"竖册"。目前市面上有的册页内里形式比较多，有斗方、各种扇面等等。受册页幅式大小的限制，书写内容多以美文和诗词为主，小行书最佳。每页的章法布局可单独成篇，单独落款，比如扇面、斗方册页；也可以统一布局，款落在最后一页。

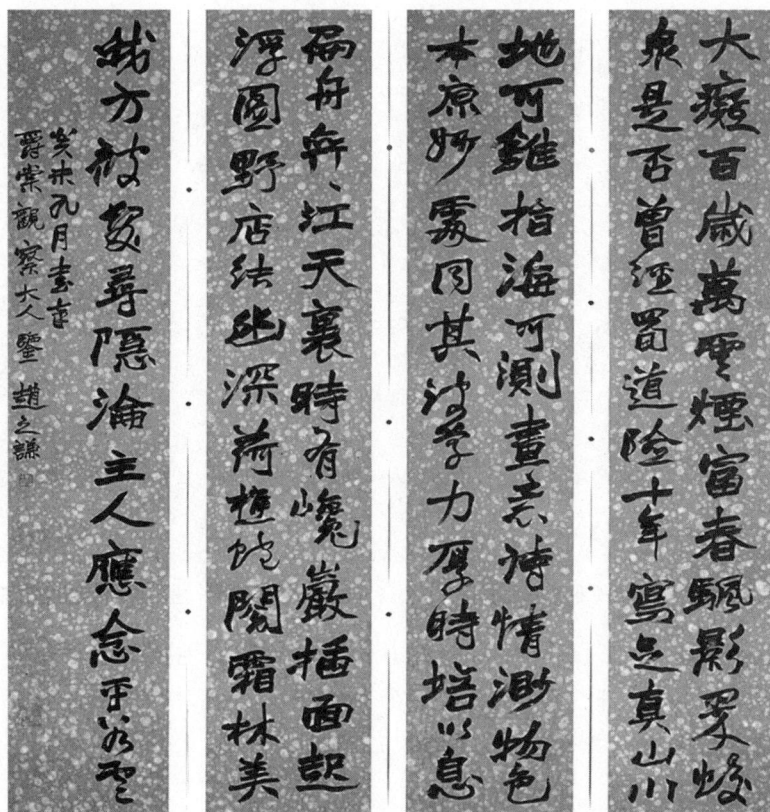

图 5-4　赵之谦行书四条屏

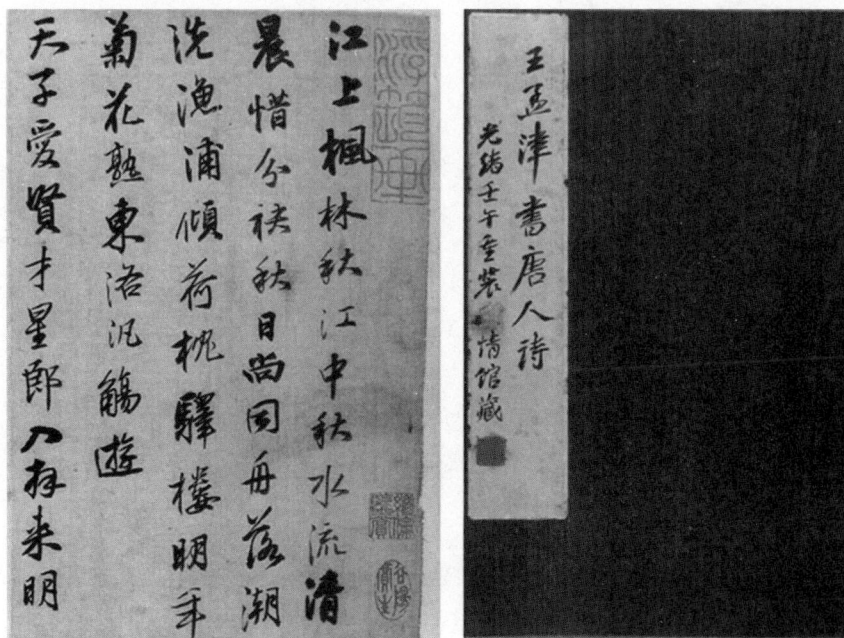

图 5-5　王铎书《唐人诗》册

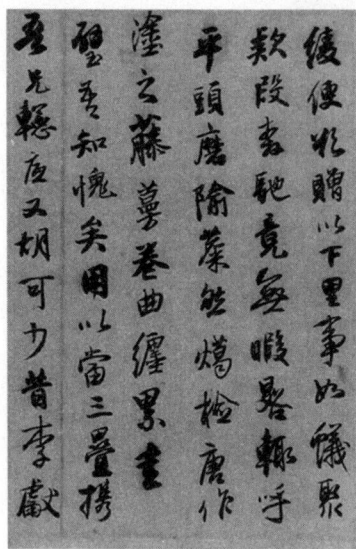

图 5-6　王铎书《唐人诗》册

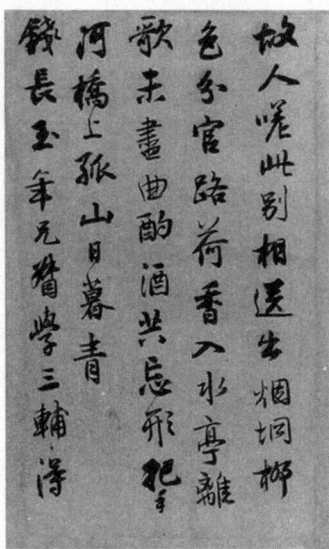

图 5-7　王铎书《唐人诗》册

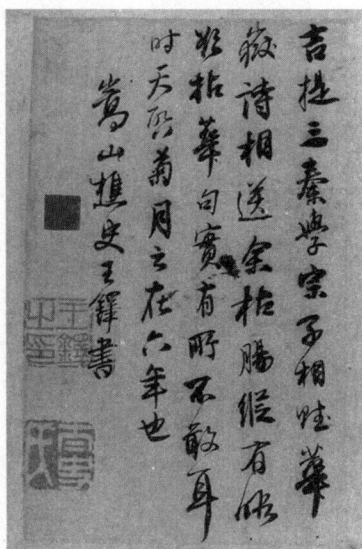

斗方。斗方大约是一尺左右见方的小品，形似手帕，是从册页变来的，有人称为"方册"，适合写优美的小品。斗方的内容比较适合书写优美的宋词，以小行书为主，章法布局可灵活多变，落款与正文要和谐统一。

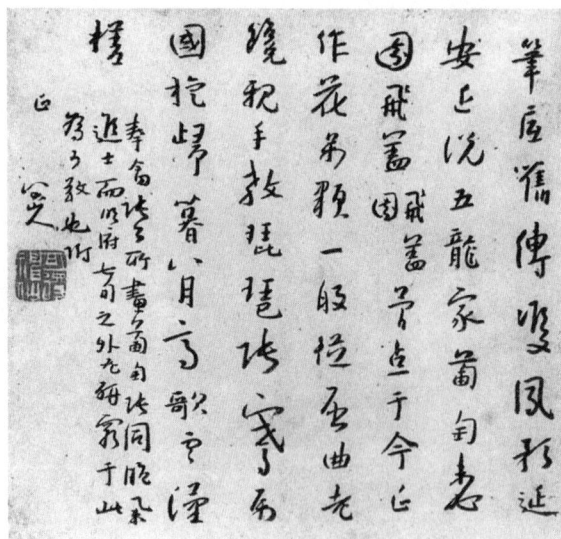

图 5-8　朱耷行书斗方

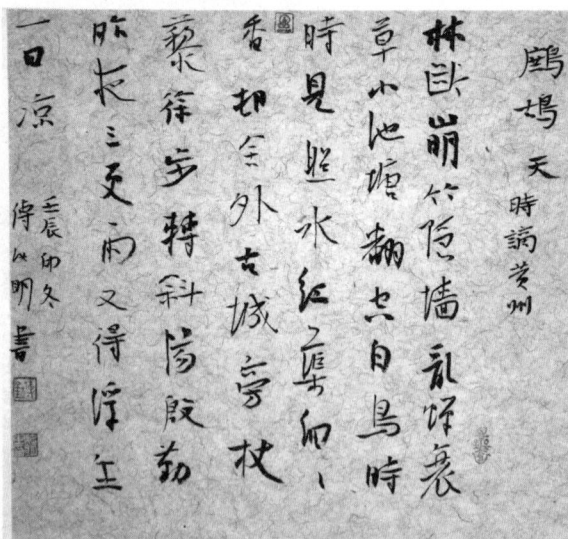

图 5-9　傅如明行书斗方

楹联。一般称对联，由两条同样大小的单条相对组成。右边为上联，左边为下联，讲究对仗，一般以五言、七言居多，也有多字联。大门上的叫门联，新春贴的叫"春联"，祝寿用的叫"寿联"，贺婚用的叫"婚联"，哀悼用的叫"挽联"。用木板复制成的对联叫"硬对"，做成瓦形相对挂在厅堂两柱子上的对联叫"楹联"，也叫抱住对。根据对联纸张的大小来确定对联字书写的大小，上下联字与字对应均匀分布，款可落上款与下款。需要落上款的，款多落在上联右上方，一般是赠送人的名字或时间，下款落在下联，低于上联的上款，落款主要是时间和姓名，款不要落得过低，印章不能低于最后一个字。

图 5-10　查士标行书五言联

手卷。手卷其实就是长的横披，因为过于横长，不便张挂，只能用手展卷欣赏，故称"手卷"，一般手卷外面有"签"，卷内前有"引首"，后有"跋"。手卷内容多以美文为主，通篇布局可以是一个整体也可以是分段，最后落款，款与正文要和谐统一。

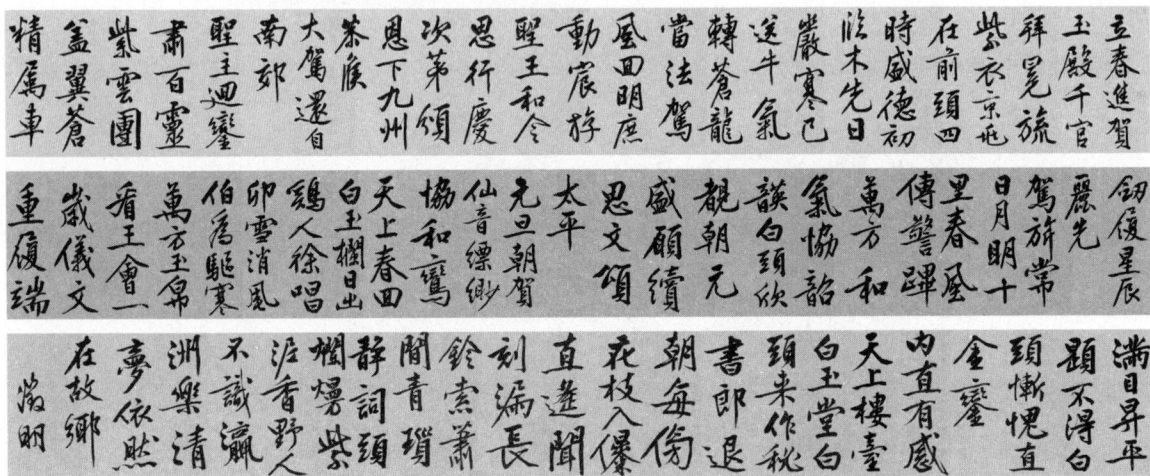

图 5-11　文征明行书自作诗卷

扇面。扇面顾名思义就是扇子的形状，较为常见有折扇、团扇、芭蕉扇等。折扇成辐射状，上大下小，书写多呈长短穿插或等字布局，团扇、芭蕉扇则根据内容、字体等因素，创作出不同的样式。

图 5-12　董其昌行书扇面

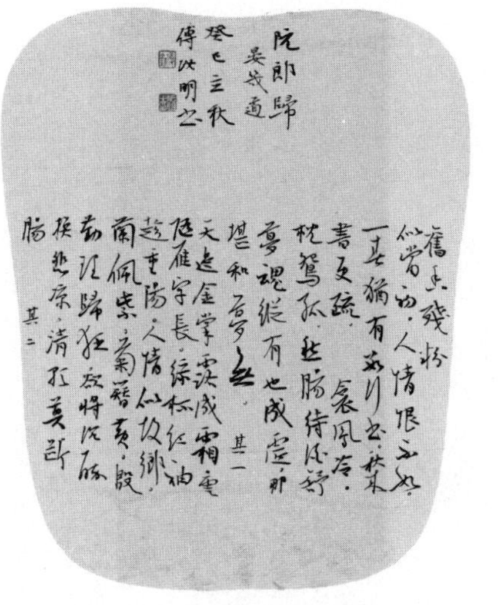

图 5-13　傅如明行书芭蕉扇 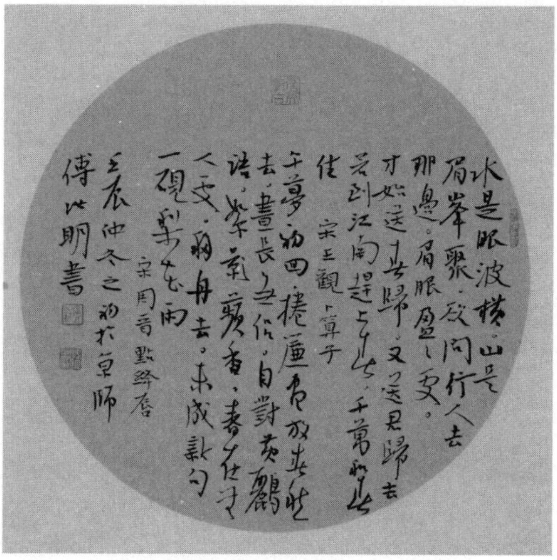　　　　　图 5-14　傅如明行书团扇

　　行书创作的难度大于楷书，因为行书书写始终处于变化之中，是动态的，无论是点画还是结体，每一笔、每个字都在变化，章法的布局更是如此。我们既要有精到的技法表现技巧，又要具备宏观的把控能力，这样才能创作出一幅满意的作品。平时多读古帖，与古为徒，多看水平高的大家的作品，不断地吸收借鉴丰富和完善自己，同时要多读书，吸收各个方面的营养，开阔眼界，提高作品的品味格调。眼高手低不可怕，可以不断学习提升自己，最可怕的是眼低手低，还不好好学习，自以为是。内行看门道，外行看热闹，既然入了这个门，没有什么捷径可走，只有踏踏实实继承传统，功到自然成。